Ein Zipfel der besseren Welt

Leben und Lernen in der Bielefelder Laborschule

Von Annemarie v. d. Groeben und Maria F. Rieger
Mit einer Einführung von Hartmut von Hentig

Neue Deutsche Schule

CIP-Titelaufnahme der Deutschen Bibliothek

Groeben, Annemarie von der:
Ein Zipfel der besseren Welt : Leben und Lernen in der Bielefelder Laborschule / Annemarie v.d. Groeben ; Maria F. Rieger. Mit einem Vorw. von Hartmut von Hentig. - Essen : NDS, Neue Deutsche Schule, 1991
ISBN 3-87964-266-4
NE: Rieger, Maria Friederike:

1. Auflage 1991
copyright: Neue Deutsche Schule Verlagsgesellschaft mbH, Essen
Druck: BASIS-DRUCK, Duisburg
Umschlaggestaltung: AM-Graphik, Mülheim a.d. Ruhr

Inhalt

Hartmut von Hentig

Zur Einführung

Ob dieses Buch den Leser von der dargestellten Pädagogik überzeugt, hängt nicht nur von der - wie mir scheint - außerordentlich
gut gelungenen Beschreibung der Laborschule ab. Es kommt ebenso darauf an, daß der Leser die Idee bejaht, die Idee, daß die allgemeine Menschen-Schule ein Lebens- und Erfahrungsraum sein
solle. Ich bin wie die Autorinnen sicher, daß die gründliche und
unvoreingenommene Wahrnehmung des Alltags der Bielefelder
Einrichtung dazu führt, daß man diese Idee wenigstens ernst
nimmt. Aber reicht das aus, um die fundamentalen Einwände
auszuräumen, die dem Kenner alsbald kommen:

- Kann man es für einen Segen halten, wenn die rund 800 000
  Lehrer, die es in der vereinigten Republik Deutschland gibt, nun
  auch noch das Leben der Kinder - nicht nur ihren notwendigen
  Unterricht - gestalten, kontrollieren, zum Lernpensum machen?

- Ist nicht längst klar, daß die wirksamste Veränderung der Schule
  sich bisher immer als ihre Vermehrung zugetragen hat und
  nicht als ihre Verlebendigung, ihre Vermenschlichung, ihre sachliche Verbesserung? Und:

- Ist der Grund dafür nicht wiederum in der Tatsache zu sehen,
  daß es so viel Menschen nicht gibt, die auch nur dem klassi-
  schen Anspruch des Lehrerberufs - durch Unterricht zu bilden -
  gewachsen sind, geschweige denn dem weitaus höheren neuen
  Anspruch: am Leben zu bilden, bedeutende Erfahrungen zu ermöglichen und daraus Anlaß, Anregung und Ansporn zu Selbständigkeit zu machen, eine Hilfe beim Erwachsenwerden in
  dieser Welt?

- In einer Welt zudem, der die Lehrer selber in nur geringem Maß
  ausgesetzt worden sind: sie sind von der Schulbank in den Hörsaal, aus dem Hörsaal ins Seminar, aus dem Seminar zurück ins
  Klassenzimmer gewechselt und blicken von dort - geprüft, be-
  amtet, auf Lebzeit gesichert - durch's Fenster auf "das Leben da
  draußen".

- Ist nicht die Vorstellung überhaupt falsch, daß man an dem, was ist, mehr lernen könne als eben, was ist? Muß nicht immer in einer großen Anstrengung aus Leben erst "Schule" gemacht werden - ausgewähltes, verdeutlichtes, vereinfachtes, gesteigertes Leben -, damit man *lernen* kann, was das ist? Der Fellache *lernt* nichts über die Idee der Pyramide, die er baut; wer Auto fährt, *versteht* dadurch weder, wieso das Ding fährt, noch welche Gefahr es bedeutet, noch wie es unser Leben insgesamt beeinflußt, wie es unsere Kultur verändert hat; wer sich um seine jüngeren Geschwister gekümmert hat und mit seinen Eltern oder seinen Lehrern zurechtkommt, ist darum noch nicht *geübt*, mit Macht und Mächtigen umzugehen, Gegensätze auszugleichen, als Bürger mit anderen, zum Teil sehr fremden Menschen gemeinsam Verantwortung zu tragen.

- Schule, ist das nicht das Resultat der Bemühung, die unermeßliche Fülle von Problemen und Chancen, die das Leben bereithält, zu sortieren und in jede Sparte das aufzunehmen, was bildend ist: dem Kind die Grundkenntnisse und Grundfertigkeiten zuteil werden lassen, mit denen dann das Leben angegangen werden kann - neugierig, zuversichtlich, weiterführend, ökonomisch?

In der Tat dürfte man mit der Parole "Die Lernfabrik durch saftiges Leben ersetzen" nicht weit kommen. Das Tor öffnen und "das Leben hereinlassen", das "verschulte" Pensum gegen echte, wichtige, nicht aufgeteilte, "ganzheitliche" Erfahrung auszutauschen - das bezeichnet nicht die Lösung, sondern die Schwierigkeit. Wo wäre denn dieses "ganze", erfahrungsträchtige Leben - jedenfalls für die Mehrheit der Kinder in der verstädterten, industrialisierten, durch Fernsehen und Computer vermittelten, durch Walkman verschallten, durch die Systeme verzweckten und funktionalisierten Zivilisation der Gegenwart?

Schule versus Leben - dieser Gegensatz will mir als Ausgangs--punkt für die Verbesserung der, ach, noch so verbesserungswürdigen Erziehung und Bildung immer weniger einleuchten.

Ich werde nicht müde, den Schlüsselsatz aus Ivan Illichs Schulkritik zu zitieren: "Schule lehrt in ersten Linie die Unentbehrlichkeit von Schule" - sie lehrt, daß man ohne Lehrer nichts Nennenswertes, nichts von den anderen Ernstgenommenes lernen kann. Ich halte ebenso unermüdlich dagegen: daß ein Kind auf der Straße einer mittleren heutigen Großstadt nichts Nennenswertes oder Ernstgenommenes lernen kann. Dort stehen Mülltonnen und Autos. Gearbeitet wird dort nicht, außer wenn die Post ein Kabel verlegt oder die Kommune die Straßendecke erneuern läßt. Die Menschen folgen Zwecken, die man nicht sieht, sie haben es so eilig, daß man sie nicht danach zu fragen wagt. Das Kind oder der Jugendliche erfährt hier nur, daß man schon wissen muß, wozu man da ist, schon haben muß, was man braucht, schon stark sein muß, um zu bestehen. Sie werden sich darum dem anschliessen, der ihnen das Attribut in die Hand verspricht. Das schwierige Verstehen, das Lernen und Lernenwollen wird nicht gelernt; das noch schwierigere Verantworten, der mühselige Gemeinsinn, das notwendige alltägliche *politeuein*, nämlich Bürger sein, erst recht nicht. Und weil ich nicht in einer Welt leben mag, in der die anderen nicht einmal wissen, was auf dem Spiel steht, geschweige denn bereit und in der Lage sind, an der Wahrung öffentlicher Vernunft mitzuwirken, weil mir ein Leben mit anderen ohne ein Minimum gemeinsamer Aufklärung und gemeinsamen Ethos' zu riskant ist, bin ich für die Veranstaltung, die wir Schule nennen - die öffentliche, gemeinsame, zur Pflicht gemachte Schule.

Die aber muß sich wandeln - ungleich radikaler, als alle bisherige Reform das vermocht oder auch nur versucht hat. Und weil "radikal" an die Wurzeln gehend meint, muß man Geduld haben, sich Zeit dafür nehmen, mit den Voraussetzungen beginnen: Man muß die Schule neu denken und mit ihr das Verhältnis von Erwachsenen zu Kindern überhaupt.

Warum dies nötig ist, will ich hier in der Form eines kleinen Gedankenspiels dartun - in einer Deklination des Begriffes "Schule" durch fünf klassische Fälle oder Funktionen. Am Ende mag der Leser dann wählen, welchen er für die richtige Antwort auf die Schulfrage unserer Zeit hält oder ob er eines sechsten Falles bedarf. Ich bin zuversichtlich, daß er von der so gewonnenen Position wohlwollend und neugierig in die Darstellung der Laborschule durch Annemarie von der Groeben und Maria Rieger eintreten wird. Er wird sich überzeugen wollen, ob, was er theoretisch bejaht, auch praktisch möglich ist, ob "Schule als Lebens- und Erfahrungsraum" eine in dieser Welt vertretbare Form von öffentlicher Schule ist oder nur eine poetische Formel für eine menschenfreundliche Veranstaltung.

Der erste Fall von Schule ist jene aus der Geschichte wohl vertraute Einrichtung, an der man bestimmte Kenntnisse oder Fertigkeiten erwirbt, die man nicht auf der Straße lernen kann, die man aber für bestimmte private oder öffentliche Tätigkeiten in unserer Kultur braucht. Rechnen, Schreiben, Lesen galten und gelten noch immer als solche Künste, obwohl sie zu dem Teil, zu dem wir sie tatsächlich brauchen, auch ohne Schule zu erwerben sind. Ein plausibleres Beispiel wären die Fremdsprachen, weil nicht jeder nach England oder Frankreich reisen und sich dort lang genug aufhalten kann. Aber auch die Grundlagen der Naturwissenschaften und Technik gehören dazu, weil sie als solche nicht mehr in unserem Leben vorkommen, sondern nur in komplizierten, abgeleiteten, ohne die Elementaria gar nicht zu durchschauenden Spezialfällen. Und wenn das erfolgreiche Leben in einer Gesellschaft voraussetzt, daß man Auto fahren, einen Computer bedienen, sich auf einer Party richtig benehmen, seine Gesundheit regulieren kann, bevor man sich oder anderen die jeweilige Sache verdirbt, wird man einen entsprechenden Unterricht an den Schule einrichten. - Ich nenne dies die Else-Bockfisch- oder Karl-Wursthorn-Schule. Else Bockfisch war meine Tanzlehrerin, Karl Wursthorn war mein Fahrlehrer.

Der zweite Fall von Schule, die zweite Vorstellung, die man sich von dieser Einrichtung machen kann, ist: ein vom Leben der Erwachsenen kunstvoll abgetrennter Ort, an dem besondere, für das Aufwachsen von Kindern geeignete Verhältnisse herrschen. Weil die Erwachsenen nicht vorbildlich leben, weil sie auf ihre Freiheiten, Freuden, Frivolitäten weder verzichten wollen noch können noch müssen (meinen sie doch, die Folgen berechnen und bemeistern zu können), richten sie einen Schutz- und Schonraum ein, in dem die Kinder und Jugendlichen weitgehend vor dem schädlichen Einfluß der Gesellschaft - vor unbekömmlichen Gewohnheiten und verwirrenden Widersprüchen, vor Verführung und Verfrühung - bewahrt werden. Sie sollen sich "natürlich" und "zu sich selbst" entwickeln können und werden so der sie erwartenden Zivilisation am besten gewachsen sein. - Ich nenne diese Schule nach ihrem konsequentesten Vertreter die Rousseau-Schule.

Die dritte Auffassung von Schule ist den Fundamental-Konservativen und den Revolutionären gemeinsam: die einen fürchten, die Welt könne mit jeder neuen Generation in die Barbarei zurückfallen; die anderen hoffen auf die neue Generation, mit der die ersehnte Zeit anbrechen kann - eine neue Welt, die mit den Alten nicht zu haben ist. Beide legen darum den jungen Menschen auf ein vorgefaßtes Bild, ein fertiges Programm fest: an ihrer Schule werden Menschen - so oder so - gemacht, geformt, gegen das Alte oder das Neue gepanzert. - Diese Schule ließe sich gleichermaßen untern den Namen Platons oder Makarenkos, Loyolas oder Margot Honeckers bringen.

Die vierte Grundfigur von Schule haben die meisten von uns im Sinn, wenn sie an die heutige öffentliche Schule denken: Sie sei eine Einrichtung, die die Erziehung der Familie in der Form von Bildung durch Unterricht fortsetze, sie wolle den Kindern eine allseitige gemeinsame Hilfe beim Hineinwachsen in die Gesellschaft geben; sie bereite sie auf die Berufswahl, die Bürgerpflichten, das Leben in einer von Wissenschaft und Politik, von Tradition und Fortschritt geprägten Welt vor - auf ein Leben, das es außerhalb und nach der Schule gibt. - Wir können diese Schule nach Humboldt oder Pestalozzi oder Dewey benennen, je, wie wir selber gesonnen sind.

Den fünften Fall von Schule haben wir fatalerweise ebenfalls verwirklicht: Schule haben wir ja auch mit einer Vielfalt gesellschaftlicher Aufgaben betraut, die sich am besten in der Kindheit und Jugend, an Kindern und Jugendlichen erfüllen lassen und die sich gebieterisch vor ihren eigentlichen Auftrag geschoben haben. Die Schule ist ein Instrument der Gesellschaftspolitik geworden:

- zur zweckmäßigen Vorbereitung und gewünschten Verteilung der Menschen auf die Berufe

- zur Einübung in bestimmte notwendige soziale Rollen

- zur gerechten Zuteilung von sozialen Chancen

- zur sicheren, kompetenten, phantasievollen Betreuung in der Zeit, die den anderen Aufgaben nicht dient.

Ich nenne sie die KMK-Schule, weil die Kultusministerkonferenz, die für anderes auch gar nicht recht brauchbar ist, sich fast nur hierum gekümmert hat.

Keine dieser fünf Schulen gibt es in reiner Form; sie kommen - im Bewußtsein der an den Schulen beteiligen Personen und in den an ihr getroffenen Maßnahmen - in gemischter Form vor. Und darum ist es auch so schwer zu sagen, was eine Schule zu einer besseren Schule machen würde: man bedarf dazu ja eines *gemeinsamen* Maßstabs.

Der Leser, der sich jetzt dafür entscheidet, welchen der fünf Archetypen er der heutigen Schule zugrunde legen will, macht dadurch in erster Linie eine Aussage über sich selbst, er macht ein Bekenntnis. Das tun auch die Autorinnen dieses Buches und der Schreiber dieser Zeilen. Aber sie geben auch eine sachliche Begründung - dafür, daß sie einen sechsten "Fall" von Schule für notwendig halten. Ihre Gründe sind an der Bielefelder Laborschule erfahrbar und konvergieren gegeneinander: (1) Leben und Schule sind, auch wenn man es wollte, gar nicht mehr in der Weise zu trennen, wie es selbst das vierte Modell noch voraussetzt, und (2) die in der Schule gelehrten Vorstellungen, Ordnungen und Verhaltensformen passen immer weniger zu der draußen erfahrenen Wirklichkeit der Kinder. Ja, immer mehr Menschen erwarten - wider ihr besseres Wissen über die Wirksamkeit von Schule -, daß diese sich als eine Gegenkraft zu der beschädigten, überreizten, einseitigen, richtungslosen, schamlosen, sinnlosen Lebenswelt der Erwachsenen erweise. Schule und Leben gehen ineinander über, und Schule und Leben widerstreiten einander vehement. Diese beiden Sätze sind gleichzeitig wahr.

Wenn die Kinder am Montagmorgen in die Schule kommen, sind sie randvoll mit eindrücklichen, gänzlich unverarbeiteten und also in keiner Weise bildenden, sondern nur verwirrenden Fernseherlebnissen vom Wochenende. Da hat es keinen Sinn, mit der lateinischen Grammatik fortzufahren oder mit dem liegengebliebenen chemischen Versuch vom Freitag. Der Lehrer muß über den Film reden, der die meisten unter den Kindern am meisten aufgeregt hat - und er darf das nicht für einen Zeitverlust halten. Dies ist nur ein Beispiel unter unzählig vielen dafür, wie das Leben in die Schule hineinwirkt und sie verändert. Gewiß, Familienprobleme, Geldsorgen, Krankheit, soziale Spannungen, unbewältigte Vergangenheit und unbewältigte Gegenwart, Angst vor einem möglichen oder gar schon stattfindenden Krieg haben immer ablenkend oder störend in den Unterricht hineingewirkt. Jetzt aber verdichtet sich für die Kinder die Wahrnehmung, wie wenig die Erwachsenen Herr ihrer eigenen Welt sind. Sie leben mit etwas, was man das Tschernobyl-Syndrom unserer Kultur nennen könnte. Die Fernseh-Nachrichten schütten Katastrophen und politische Skandale, den unnützen Reichtum und das unverständliche Elend in die Wohnstube; Drogen, Sex, Mord, lässige Gauner und schuftige Polizisten sind dem Kind vertrauter als das biedere Leben ihrer Nachbarn; sie sehen, daß in der Tschechoslowakei Gasmasken an Schüler ausgegeben werden - gegen den Smog, den es auch bei uns gibt, und fragen, warum sie keine bekommen; sie hören den Vater auf die verdammten Ausländer schimpfen, die Eltern vielleicht jenes Kindes, mit dem sie an einem Schultisch sitzen; sie sollen gute Noten mit nach Hause bringen und pünktlich sein und haben einen tüchtigen älteren Bruder, der seine Zeit in Arbeitslosigkeit vergeudet.

Dies alles verwirrt - im besseren Fall; es verleitet zu Nachahmung - im schlechteren; es macht zynisch - auf Dauer. Dabei ist in unserer Welt nichts so wichtig wie, daß der Mensch wieder zum Subjekt seiner Verhältnisse wird - daß er diese drei Dinge lernt: Verstehen, Verständigung und Verantwortung - und sie mit Zuversicht ausübt. Von den drei Bedeutungen, die Bildung haben kann: sie ist ein Stoff, den man weiß oder hat; sie ist eine Fähigkeit, die man anwendet; sie ist eine Formung der Person, die man ist oder wird, haben wir uns um die letztere am wenigsten gekümmert und wissen doch, daß es auf sie in unserer Welt vor allem ankommt.

- Weil die ersten Erfahrungen, die wir mit der Gesellschaft machen, für unser Verhältnis zu ihr entscheidend sind;

- weil die Schule nicht lehren kann, wie man die Welt heilt;

- weil die Lehrer die Welt selber nicht verändern;

- weil die Probleme der Zukunft noch einmal ganz andere sein werden als die der Gegenwart, auf die wir mit den Mitteln vorbereiten, die allenfalls die Probleme von gestern gelöst hätten;

- weil Schulwissen, in der herkömmlichen Weise gelehrt, bei heutigen Kindern noch schlechter haftet als bei uns, die wir in ruhigeren Verhältnissen gelernt haben;

- weil die Schule für die Mehrzahl der Kinder der eigentliche Aufenthaltsort für den größeren Teil des Tages geworden ist;

- weil sie also dort nicht nur unterrichtet werden, sondern auch leben,

sollte aus ihr ein "Lebens- und Erfahrungsraum" werden, ein Ort, an dem man (a) die für unsere Welt kennzeichnenden Schwierigkeiten und Chancen, (b) die von ihr gutgeheißenen Einrichtungen und Einstellungen erfahren kann - einen "Zipfel der besseren Welt" erfassen, wie der Titel dieses Buches sagt; und an dem dadurch die wirksamere Form des Lernens - eben durch Erfahrung – die unwirksamere durch bloße Belehrung ersetzt.

Man sieht, ich habe hier die schon stereotype Formel "Lebens- und Erfahrungsraum" aufgebrochen. Ich sollte noch weiter gehen: ein "Lebensraum" zu sein - das teilt die Schule mit anderen Bereichen: Familie und Wohnung, Stadt und Straße, Natur; ein "Erfahrungsraum" zu sein - das ist ein didaktischer oder mathetischer Auftrag: Er macht diese Schule zu einem Gegenmodell zur Belehrungs-, Beförderungs- und Bewahrungsanstalt.

Die neue Schule wird an diesem Teil ihrer Veränderung noch lange und phantasievoll zu arbeiten haben: wie man die Sachen so klärt, daß die Menschen sich über diese und ihre Zwänge erheben. Das allein macht Menschen in unserer Welt stark. Will man sie lehren, den eigenen Verstand zu gebrauchen (vgl. S. 138 f.), dann nicht abstrakt. Der Schachspieler, der Logiker, der Mathematiker mögen dies besser können als andere Zeitgenossen; aber über unsere Lebensverhältnisse denken sie darum nicht klüger und gewissenhafter als andere. Sie müssen die Welt kennen, sich in ihr zurechtfinden, in ihr erprobt haben, um dies tun zu können. Die Reihenfolge ist: ich muß

- aus gegebenen Dingen und Umständen "meine Sache" machen

- mir die allgemeinen Mittel aneignen, die mir helfen, diese meine Sache zu verstehen

- dabei erkennen, welche anderen Sachen dazu nötig sind: Geschichte und Mathematik, Latein und Religion, Physik und Philosophie - und wahrnehmen, wie interessant und bedeutend sie sind.

Die Didaktik als Lehrkunst, die Mathetik als Lernkunst werden schwieriger und wichtiger in der offenen, an der Erfahrung erwachsenden, auf selbständige Anwendung angelegten Art, Schule zu halten. Über kaum etwas belehrt dieses Buch so nachdrücklich wie hierüber: Man muß die Spannung bejahen, die zwischen der "alten" Ausrichtung an den Ordnungen der Gegenstände und der "neuen" Ausrichtung an den Bedürfnissen entsteht, ja, die Ambivalenz muß von jedem einzelnen Lehrer in der eigenen Seele ausgemacht und ausgehalten werden; es genügt nicht, wenn beide "Richtungen" im Kollegium vertreten sind.

Wer dieses Buch richtig liest, dürfte am Ende dreierlei erkannt haben:

- Man muß in der Tat in den meisten Beziehungen radikal umdenken, wenn man die Schule als "Lebens- und Erfahrungsraum" verstehen will.

- Man kann in der Praxis schon mit kleinen Veränderungen beginnen und wird sich dabei doch weit von der alten Schule entfernen, wenn man sie in der neuen Absicht unternimmt.

- Man wird gerade die alten Ziele der Schule - Menschenbildung, angeeignetes Wissen, Verantwortungssinn - besser verstehen und erfüllen, wenn man dem Leben der Kinder, wie sie es hier und jetzt leben, stattgibt. Freilich: die Aufgabe des Lehrers wird dadurch schwerer - aber auch ungleich befriedigender.

Dieses Buch zeigt also keine neue Variante der "Pädagogik vom Kinde aus", die einer "Pädagogik von den Sachen aus" oder "… von den Ansprüchen der Gesellschaft aus" widerspricht. Der Auftrag der hier dargestellten Pädagogik liegt in deren Versöhnung. Die muß heute freilich noch vorwiegend in der aufmerksamen und intelligenten Berücksichtigung des Kindes gesucht werden.

Einleitung

Die Bielefelder Laborschule - im Bewußtsein der Kinder und Jugendlichen, die sie besuchen, der Lehrenden, die diese betreuen und
unterrichten, der Eltern, die ihre Kinder dieser Schule anvertraut
haben, der Ehemaligen, die sie nun von außen sehen, und, ganz
allgemein, der pädagogisch interessierten Öffentlichkeit - ist diese
Einrichtung untrennbar verbunden mit der Person ihres Gründers.
Was Hartmut von Hentig in seinen Schriften begründet und in der
Öffentlichkeit immer wieder vertreten und gefordert hat, sollte
und soll hier verwirklicht werden. Nicht nur Schule will die Laborschule sein, sondern zugleich und vor allem ein *Lebensraum
für Kinder und Jugendliche* (Paul Goodman: "a place for kids to
grow up in"). Nicht nur Wissen soll hier vermittelt, sondern zunächst und vor allem Erfahrung ermöglicht werden: Eine *Schule
als Erfahrungsraum* will die Laborschule sein, die sich nicht von
der Fülle eines riesigen, unüberschaubar gewordenen Wissens, also
vom "Lernstoff" überwältigen läßt, sondern stattdessen Lernanlässe, -situationen und -orte bereitstellt, in denen Verstehen nicht als
gradliniges Fortschreiten erzwungen wird, sondern sich natür-
lich/ganzheitlich entwickeln kann, in denen also Wissen nicht
aufgepfropft wird, sondern an-geeignet werden kann. Und dies
geschieht nicht nach vorgegebenen Richtlinien und abstrakten
Normen, sondern die Schule kann und soll auf das einzelne Kind
eingehen, seine Lebensprobleme ernst nehmen, ihm Zeit geben, es
ermutigen und fördern, in der Überzeugung, daß Lernen nur dann
erfolgreich sein kann: Sie will *"die Menschen stärken, die Sachen
klären"* (Hentig 1985).

Also die beste aller Schulen? Nein, gerade dies soll sie nicht sein.
Hartmut von Hentig ist der Meinung, daß es so etwas auch gar
nicht geben kann. Aber wenigstens "ein Zipfel der besseren Welt"
- das kann und soll Schule für heutige Kinder sein; die Laborschule soll es mit diesem Anspruch besonders ernst nehmen und
insofern als Versuchsschule beispielhaft sein.

Das gilt auch für ihre zweite Funktion. Schulen wandeln sich; sie
müssen auf immer wieder neue Herausforderungen reagieren,
immer wieder neue, eigene Antworten finden. Aus dieser Aufgabe

ist ein Gründungsauftrag der Laborschule abgeleitet: Sie soll *neue Formen des Lehrens und Lernens entwickeln und erproben* und damit zugleich ein *Experimentalfeld für die Erziehungswissenschaft* sein. Die übliche Kluft zwischen Praxis und Wissenschaft soll hier überwunden werden: "*Erkennen durch Handeln*" - so der Titel eines Buches von Hartmut von Hentig - ist das Motto der auch als Wissenschaftliche Einrichtung verfaßten Laborschule.

Und wie sieht das alles in der Praxis aus? Je nach Standort des Betrachters wird diese Frage eher kritisch, neugierig oder hoffnungsvoll gestellt. Ihre Gegner mögen diese Einrichtung als "Reformruine", Skeptiker ihr Programm als idealistische Überforderung abtun, ihre Anhänger sie als Hoffnungsträger ansehen und hochhalten. Sie alle aber werden, wenn sie es ernst meinen, genaue Fragen an und über diese Schule stellen: die einen, um ihre Vor-Eingenommenheit einer kritischen Prüfung zu unterziehen, die anderen, um ihre Hoffnungen an der Wirklichkeit zu messen. In jedem Jahr kommen ca. 1500 Besucher, die solche Fragen stellen: nach Gruppengrößen oder Großraum, nach Grammatik oder Garten, Wahlkurs oder Werkstatt, Zensuren oder Zoo. Und dahinter steht immer auch die generelle Frage, ob denn diese Pädagogik sich bewähre, was aus den Kindern später werde, ob die Schule nach wie vor an ihrem Programm festhalte und wie dies in den verschiedenen Altersstufen aussehe.

Auf so unterschiedliche Fragen kann und muß es unterschiedliche Antworten geben. Ein *Strukturplan*[1] gibt Auskunft darüber, wie die Schule verfaßt ist, wie sich ihre pädagogischen Prinzipien organisatorisch niederschlagen, eine *Abgänger-Untersuchung*[2], durchgeführt von einer Projektgruppe der Universität Bielefeld, gibt Auskunft darüber, was aus ehemaligen Laborschülerinnen und -schülern geworden ist und wie sie ihre Schule nachträglich beurteilen.

Andere Fragen können sinnvollerweise nur von den Lehrerinnen und Lehrern dieser Schule beantwortet werden. Sie sind "Experten" für das, was hier alltäglich geschieht, denn sie sind es ja auch, die diesen Alltag gestalten und verantworten. Mit diesem Bericht soll ein solcher Beitrag zur Beantwortung der genannten Fragen geleistet, soll also "aus der Schule geplaudert" werden.

Dabei zeigt sich sogleich eine Schwierigkeit: *Die* Lehrenden gibt es ebenso wenig wie *den* Schulalltag. Jeder Betrachter nimmt anders und anderes wahr, jeder Tag ist verschieden vom anderen, die Wirklichkeit immer eine andere. Wer also darüber berichtet, wählt aus, setzt Schwerpunkte und tut gut daran, die Kriterien offenzulegen, nach denen dies geschieht. Hier werden Szenen geschildert, die nach Einschätzung der Lehrerinnen und Lehrer typisch für den Alltag heranwachsender Kinder in der Laborschule sind. Ebenso wie sie sind auch die Erwachsenen sehr unterschiedliche Personen und oft unterschiedlicher Meinung. Aber sie alle haben die Pädagogik dieser Schule zu ihrer Sache gemacht; dies ergibt, bei aller Verschiedenheit der Auffassung und Ausführung, doch immer wieder ein einigendes Band. Und darum sollen die Szenen aus dem Alltag zugleich sichtbar machen, wie hier auf unterschiedliche Weise versucht wird, Prinzipien in Praxis umzusetzen; nach diesem Kriterium sind die Beispiele ausgewählt. Jede Szene ist kommentiert im Hinblick auf das, was an ihr typisch ist. Alle Beschreibungen und Kommentare sind mit den beteiligten Personen abgesprochen, ihre Rückmeldungen in den Bericht mit eingegangen. Die Namen der Kinder sind geändert, die der Erwachsenen teilweise (nach Absprache). Bisweilen wurden auch - aus Gründen des Datenschutzes - Angaben so "montiert", daß sie so für keine der zur Zeit an der Laborschule befindlichen Personen oder Gruppen zutreffen. Sie sind jedoch, für sich genommen, ebenso authentisch wie die geschilderten Szenen und so zusammengestellt, daß ihre Mischung die "normale" Realität möglichst genau wiedergibt.

Gegen dieses Verfahren der Darstellung ließe sich einwenden, es verführe zur Schönfärberei; dazu, einfach nur das Gelungene auszuwählen, solche Szenen aneinanderzureihen und dann zu behaupten, dies sei das Ganze. Ebenso könnte man auch das Umgekehrte tun: das Mißlungene aneinanderreihen und behaupten, dies sei die Wirklichkeit. Beides wäre gleich falsch. Zwischen diesen Extremen eine redliche Mitte zu finden, soll hier versucht werden durch Öffentlichkeit und Kritik: durch Gegenlese und Beteiligung aller beteiligten Personen, durch Offenlegung des Verfahrens und durch selbstkritische Reflexion.

Der Bericht beschränkt sich im wesentlichen auf den Alltag in den Jahrgangsstufen 5, 6 und 7, die an der Laborschule zur "Stufe III" zusammengefaßt sind. Das hat zwei Gründe. Es würde ein Buch vom Umfang eines dicken Romans ergeben, wollte man die ganze Schule nach dem beschriebenen Verfahren schildern; also ist Einschränkung geboten. Und die Wahl gerade dieser Altersstufe läßt sich mit der Aufgabe begründen: Die letzten Jahre sind wesentlich geprägt durch die Orientierung auf den Abschluß, also auf Außenerwartungen; die Grundschule hingegen ist hier, wie überall, pädagogisch besser als die Sekundarstufe mit ihren besonderen Schwierigkeiten. Will man also Laborschul-Pädagogik möglichst "rein", d. h. noch nicht verfälscht durch den Druck von Außenerwartungen, kennenlernen, andererseits aber auch wissen, mit welchen Problemen sie es aufzunehmen hat, liegt es nahe, die Schule "aus der Mitte heraus" zu verstehen. Dem dient dieser Bericht. Er verweist an vielen Stellen zurück auf die Primarstufe oder voraus auf die oberen Jahrgänge, so daß die Stufe III als Teil eines Ganzen, daß aber umgekehrt auch das Ganze in diesem Brennpunkt zusammengefaßt erscheint.

Geschildert wird also der Schulalltag zehn- bis dreizehnjähriger Kinder, wie er jetzt ist. Natürlich wäre es auch wichtig, Entwicklungen zu beschreiben; die Geschichte dieser Schule ließe sich leicht erzählen als Geschichte ihrer Versuche und Irrtümer. Um die Geduld der Leser nicht übermäßig zu beanspruchen, soll diese "historische" Perspektive nur für wenige Beispiele gewählt werden, an denen sich Entwicklungen besonders deutlich zeigen lassen.

Das erste Kapitel vermittelt zunächst nur Bilder aus dem Alltag: unterschiedliche Szenen, die sich zu einem ersten, noch unsystematischen Gesamteindruck zusammenfügen lassen. Dann folgt - für Leserinnen und Leser, die die Laborschule nicht kennen oder noch einmal wichtige Informationen in Kurzfassung lesen wollen - ein Überblick über ihre pädagogischen Prinzipien, über die vier Stufen und den äußeren Rahmen.

Die Kapitel 3, 4 und 5 sollen dann, wie oben beschrieben, zeigen, wie im Alltag der Stufe III versucht wird, den pädagogischen Auftrag in Praxis zu verwandeln.

Dieser Aufbau bringt es mit sich, daß nicht alle Besonderheiten dieser Schule gleich zu Beginn mit der gebotenen Gründlichkeit erklärt werden. Darum finden sich im ersten Teil häufig Querverweise auf die später folgenden Systematik-Kapitel. Die Leserinnen und Leser werden also um Geduld gebeten. Im Anhang findet sich ein kurzes Glossar, das ihnen helfen soll, sich in dieser Schule und deren Eigenheiten zurechtzufinden.

Die Entstehungszeit dieses Erfahrungsberichts fällt zusammen mit einer Umstrukturierung der Laborschule. Die Regierung hat, nachdem Hartmut von Hentig in Ruhestand gegangen und somit als Wissenschaftlicher Leiter ausgeschieden ist, die Schule und die Wissenschaftliche Einrichtung gleichen Namens institutionell getrennt. Es gibt also nicht mehr, wie bisher, den doppelten (pädagogischen und wissenschaftlichen) Auftrag der *einen* Einrichtung, sondern zwei Einrichtungen unter einem Dach: Die Schule, in der Zuständigkeit des Kultusministeriums, und die Wissenschaftliche Einrichtung, in der Zuständigkeit der Fakultät für Pädagogik der Universität Bielefeld und des Wissenschafts-Ministeriums. Die Zukunft der Schule wird davon abhängen, ob und wie diese neue Struktur sich bewährt. Viele der Lehrenden und der Eltern sehen darum den nächsten Jahren mit Vorbehalten und Befürchtungen entgegen.

In dieser Situation kann eine Selbstdarstellung wie diese kaum euphorisch ausfallen. Aber es wäre schlimm, wenn ihr Fazit Resignation und Trauer wäre. Was sie für die Schule leisten kann, ist bestenfalls dies: Nachdenken über die bisher geleistete Arbeit, Besinnung auf das, was pädagogisch gewollt und gemeint ist und damit Bestärkung und Selbstbewußtsein im Hinblick auf die zukünftigen Aufgaben. Die Schule braucht darüber hinaus, mehr denn je, die Unterstützung einer interessierten Öffentlichkeit durch Ermutigung und Kritik; beides anzuregen ist das wichtigste Anliegen dieses Erfahrungsberichts.

1. Drei Tage und ein Rückblick - Erste Eindrücke

Die folgenden Alltagsszenen spielen im Schuljahr 1988/89. Geschildert wird zunächst der erste Tag einer Gruppe in der Stufe III, also im Jahrgang 5, sodann ein normaler Schultag eines Mädchens und eines Jungen aus dem 6. Schuljahr und schließlich die Arbeit einiger Schülerinnen des Jahrgangs 7 an einem Projekt. Einmal steht also mehr die Gruppe im Vordergrund, einmal mehr das einzelne Kind und einmal die Sache. Der letzte Abschnitt dient der Rückschau: Eine Schülerin, die die Stufe III gerade hinter sich gelassen hat, erinnert sich an das, was ihr in diesen drei Jahren besonders wichtig war, und vermittelt so einen - natürlich subjektiv getönten - Überblick.

1.1 Zwanzig Kinder gehen über - der erste Tag einer Stammgruppe in der Stufe III

Ein Übergang, der keiner war ...

Montag, 22. August 1988. Erster Tag im neuen Schuljahr. Für die Laborschulkinder, die heute ins 5. Schuljahr kommen, beginnt zugleich eine neue Stufe ihrer Schulzeit: die Stufe III. Ebenso ist es für die neuen "Achter": Die gehen in die Stufe IV über. Für die 6 neuen Stammgruppen dieser beiden Jahrgänge sind im Großraum Plätze eingerichtet worden, "Stammflächen", wie das an der Laborschule heißt (darüber mehr im Kapitel 2.3).

8 Uhr Die Schule füllt sich mehr und mehr. Zwar beginnt der Unterricht erst um 8.30 Uhr, aber die meisten Schülerinnen und Schüler sind schon da, begrüßen einander, erzählen, lachen, plaudern. Die neuen "Achter" sind weithin hör- und sichtbar; lautstark und selbstbewußt nehmen sie Besitz von ihrem neuen Terrain. Nur auf den Flächen der neuen "Fünfer" sind noch keine Kinder zu sehen.

Je näher der Unterrichtsbeginn heranrückt, je voller die Schule und je vielfältiger das Stimmgewirr wird, umso sonderbarer erscheint diese unerwartete Leere. Die neuen Betreuungslehrerinnen der drei "Fünfer"-Gruppen sind längst da und tun letzte Handgriffe. Aber wo sind die Kinder?

Schließlich macht eine der Lehrerinnen sich auf, ihre Gruppe zu suchen. Die Kinder sind auf ihre alte Fläche gegangen, dorthin, wo sie die Stufe II (das 3. und 4. Schuljahr) verbracht haben. Dort sitzen sie, still und brav im Kreis, und warten! Dabei wissen sie genau, wo ihre neuen Flächen sind und wer ihre neue Lehrerin sein wird; sie kennen sich im Gebäude bestens aus und sind schon viele Male dort gewesen, wo sie eigentlich heute morgen hätten erscheinen sollen. Ja, für eine der neuen Gruppen ist die neue Fläche ganze 6 Treppenstufen von der alten entfernt. Trotzdem: Sie haben diesen Weg von sich nicht angetreten. Offensichtlich haben sie erwartet, beim Übergang in die neue Stufe werde etwas Besonderes geschehen, ähnlich dem, was sie früher erlebt haben..

Übergang - das ist für Laborschulkinder nicht nur ein Wort, sondern eine erlebte Tradition. Als Fünfjährige sind sie aufgenommen worden, in eine altersgemischte Gruppe (in der Eingangsstufe der Laborschule leben und lernen die "Nuller" zusammen mit den Kindern des 1. und 2. Schuljahrs in einer Gruppe von ca. 14 Kindern) und haben dann am Ende ihres ersten Jahres erlebt, wie die "Großen" aus ihrer Gruppe, die ihnen beim Einleben geholfen hatten, übergingen - "rüber", wie die Kinder sagen, in das große Haus, in die Stufe II, und wie danach, wenige Tage später, die neuen "Nuller" empfangen wurden. Ein Jahr später wiederholte sich die gleiche Prozedur, nur daß sie dann schon wußten, wie alles geht: wie die "Großen" verabschiedet werden, wie aufregend der Übergang und wie schwer der Abschied für sie ist und wie man sie "drüben" empfängt, wie dann die neuen "Nuller" mit einem großen Fest begrüßt werden - alle singen "Wir werden immer größer", und der Wissenschaftliche Leiter hält eine Rede, und alle warten gespannt, was er sich dieses Jahr wieder ausgedacht hat als Überraschung (welche Verkleidung oder welches Spiel oder ob er ein Geschenk mitgebracht hat), und dann gehen die Gruppen auseinander, alle "Nuller" bekommen eine Sonnenblume und eine Schultüte, und für den ersten Imbiß ist schon der Tisch gedeckt und geschmückt. Und wieder ein Jahr später: da kam die Reihe dann an sie. Die ersten Tage im 3. Schuljahr haben sie noch im Haus I, in ihrer gewohnten alten Gruppe verbracht (der Übergang in die Stufe II erfolgt immer erst einige Tage nach Schulbeginn, damit die Kinder zunächst noch den Rückhalt der bisherigen "Heimat" haben und damit sie in einen schon eingespielten, geordneten Schulalltag kommen). Am Tag des Übergangs gab es, wie immer, eine Abschiedsversammlung, Blumen und Tränen, die neuen Lehrerinnen und Lehrer waren da, um die Kinder abzuholen, vor der Eingangstür zum Haus 2 wurden sie vom 4. Schuljahr mit englischen Liedern begrüßt und konnten unter den Sängern ihre "alten" Freunde wiederfinden; dann gingen sie hinüber in das große Gebäude, zogen, angeführt von erwachsenen Musikanten, in einer Polonaise durch das Haus und trennten sich dann in die drei neuen Stammgruppen auf, folgten ihrer Lehrerin oder ihrem Lehrer auf die neuen Flächen, wo wiederum ein Frühstück auf sie wartete.

Vielleicht ist dies der längste und schwerste Weg in ihrem bisherigen Schulleben gewesen: der Übergang von Haus I nach Haus II, diese wenigen Meter, die sie in den drei Jahren davor zahllose Male hin und her zurückgelegt hatten. Das neue Gebäude war für sie nicht neu: Sie kannten es vom ersten Schultag an durch das tägliche Mittagessen in der Mensa, durch die regelmäßigen Besuche in der Bibliothek und viele andere Gänge.

Auch die neuen Lehrerinnen und Lehrer kannten sie schon lange vorher, ebenso die neuen Flächen, und sie hatten den Übergang durch Erkundungsgänge und -aufgaben lange vorbereitet. Trotzdem und trotz aller Vorfreude und Aufregung: an *diesem* Tag war *dieser* Weg mühsam und schwer; der Übergang von einer Zeit, die mit dieser Minute Vergangenheit wird, in eine unbekannte neue - bildlich gesprochen: das Betreten einer neuen Stufe.

Und nun, nach zwei weiteren Jahren, ein weiterer Übergang, scheinbar leicht und undramatisch, denn das Gebäude ist ja vertraut, und die neuen Flächen sind den alten nicht unähnlich. Das Verhalten der Kinder zeigt, wie sehr dieser Eindruck täuscht. In den letzten Jahren hat sich diese Erfahrung immer wieder bestätigt, daß der Übergang in die Stufe III nicht weniger schwer zu vollziehen ist, nicht weniger an Neuem mit sich bringt, als der in die Stufe II. So ist das Prinzip der Stufung ja auch gemeint:

"Während der elf Jahre, die ein Schüler an der Laborschule ver-
bringt, erfährt er mehrfach deutlich den inzwischen erreichten
Zuwachs seiner Leistungsfähigkeit an der Veränderung der
Lernsituation: sie erweitert sich, wird komplexer, mutet dem
Schüler mehr Selbstverantwortung und Freiheit zu."
(Strukturplan der Laborschule, S. 15)

Wenn die neuen "Fünfer" zögern, von sich aus auf ihre neuen Flächen zu gehen, wenn dieser äußerlich nur symbolische Übergang
für sie zur realen Mühsal wird, so läßt sich daran erkennen, daß
und wie sehr das Wort "Zumutung" auf ihre Seelenlage zutrifft
und wie groß diese Zumutung sein muß. Ja, auch das lautstark zur
Schau getragene Selbstbewußtsein der "Achter" ist vielleicht nichts
anderes als der Versuch, mit dieser Unsicherheit beim Betreten
einer neuen Stufe fertigzuwerden, eine altersgemäße Variante eines im Grunde ähnlichen Verhaltens also, während die Jüngeren
es vorzogen, sich symbolisch zu verkriechen. Vielleicht ist es
falsch, daß die Laborschule diese beiden Übergänge in die Stufen
III und IV nicht ebenso ausdrücklich begeht und aufwendig feiert
wie den in die Stufe II und wie die Aufnahme- und Abschlußfeier,
und vielleicht haben die Kinder, die nicht übergehen wollten, unbewußt eine Tradition eingeklagt, die sie bis dahin als gut und
hilfreich erlebt hatten.

Vorstellung(en) von Unterricht

Erster Schultag, 9 Uhr. Inzwischen sind die "Fünfer" alle da, wo
sie jetzt hingehören. Die 20 Kinder der Gruppe "purpur" und ihre
Betreuungslehrerin Gisela W. sitzen im Kreis auf der neuen Fläche. Es gibt viel zu besprechen. Eben wird der künftige Stundenplan vorgestellt. Er werde, sagt die Lehrerin, Abkürzungen enthalten, die den Kindern sicher zunächst unverständlich seien: "WuG",
"Nawi", "Sowi" ... Sogleich gehen viele Finger hoch. Doch, die Kinder wissen, was die Abkürzungen bedeuten, und sind ganz erpicht
darauf, ihr Wissen loszuwerden. "WuG" heißt "Wahrnehmen und
Gestalten", "Nawi" steht für "Naturwissenschaft" und "Sowi" für
"Sozialwissenschaft". "Und was ist das, Sozialwissenschaft?" fragt
die Lehrerin. Schweigen. Keines der Kinder hat auch nur eine
Ahnung. (Wie sollten sie auch!) Hingegen löst das Wort "Grammatik" einen Disput aus: Einige glauben zu wissen, das habe etwas
mit Sprache zu tun, während andere meinen, es müsse mit "Mathe" zusammenhängen.

24

Gra-Mathik - nomen est omen!

Sicherlich ist es nicht im Sinne von Laborschul- oder überhaupt irgendeiner Pädagogik, wenn Kinder unverstande Fremdwörter im Kopf haben. Hätten die *Erfahrungsbereiche,* von denen hier die Rede ist, noch ihre ursprünglichen Bezeichnungen, wäre dies so nicht passiert. "Umgang von Menschen mit Menschen" - das können Kinder verstehen, ja, es ist gar nichts Neues. Die Unterscheidung verschiedener Erfahrungsbereiche trägt nur der Tatsache Rechnung, daß sich mit zunehmendem Alter verschiedene Weisen des Zugangs zur Welt und ebenso Formen des Wissens über sie immer deutlicher herausbilden. Aus ihnen entwickeln sich dann schließlich einzelne Fächer; und die Organisation des Unterrichts in den Stufen III und IV soll diese allmähliche Differenzierung abbilden. Die ursprünglichen Bezeichnungen ("Umgang von Menschen mit Menschen", "Umgang mit Sachen: beobachtend, messend, experimentierend", "Umgang mit Sachen: wahrnehmend, gestaltend, spielend", "Umgang mit Gedachtem, Gesprochenem, Geschriebenem", "Umgang mit dem eigenen Körper") haben sich im Laborschul-Alltag nicht durchgesetzt, vielleicht, weil sie schlicht zu lang, vielleicht auch, weil sie zu "poetisch" waren. Aus "Umgang von Menschen mit Menschen" wurde, als man amerikanische Curricula dafür nutzbar machte, der in den USA gebräuchliche Begriff "social studies", daraus dann die Rückübersetzung "Soziale Studien" und schließlich, weil man sich darunter auch nichts Rechtes vorzustellen vermochte, das Lehrerwort "Sozialwissenschaft", das nun in den Köpfen der Kinder herumspukt. Richtig daran ist, im Sinne von Laborschul-Pädagogik, daß sie *nicht* wissen, was das ist!

Später verlieren diese Wörter schnell ihren Schrecken, wenn die Kinder sie mit Erfahrungen verbinden. Sie machen z.B. ein Selbstdarstellungs-Poster, überlegen und erproben, wie man Selbstwahrnehmung gestalten kann, und auf diese Weise füllt der zunächst leere Begriff "Wahrnehmen und Gestalten" sich allmählich mit Sinn, ohne daß dies ausdrücklich zum Thema gemacht werden muß. Oder: Sie lernen, mit dem Atlas umzugehen und beschreiben mit seiner Hilfe die Reise in ein Land eigener Wahl, stellen eine Gepäckliste zusammen, für die sie verschiedene Vor-Informationen brauchen, und versuchen diese dem Atlas zu entnehmen. Sie lernen dabei, daß und warum die verschiedenen Tabellen und Karten in verschiedener Form Antwort auf verschiedene Fragen geben:

nach dem Klima z.b. oder der Einwohnerzahl von Städten oder der Nutzbarkeit des Bodens für die Landwirtschaft, also nach der natürlichen Beschaffenheit des Landes ebenso wie nach den Lebensbedingungen der Menschen; und es ist dann leicht nachzuvollziehen, daß bei solchen Wissenssammlungen, wie sie ein Atlas darstellt, viele Fachleute zusammengewirkt haben; solche, die mehr den Fragen der einen Art nachgehen (Naturwissenschaftler) oder denen der anderen (Gesellschafts- oder Sozialwissenschaftler) und daß man selbst, je nach Interesse, die Welt auf ganz unterschiedliche Weise betrachten und erkunden kann.

Manches, was jetzt auf dem Stundenplan steht, ist für die Kinder nicht neu, z.b. Englisch oder Sport oder Mathematik. Anderes können sie sich vorstellen, z.b. Deutsch. Sie wissen auch, daß sie jetzt, wenn sie wollen, Latein oder Französisch lernen können, daß es "Club"-Angebote gibt, unter denen man das wählen kann, was man am liebsten mag, und andere, sogenannte Wahl-Kurse, bei deren Wahl man aber nicht ganz frei ist (darüber mehr im Kapitel 4.8). Insgesamt sind das bis zu 8 Stunden Wahlunterricht in der Woche: auf diese Weise versucht die Laborschule, die ja Kinder nicht nach ihren Leistungen sortiert, benotet oder gar "sitzenläßt", deren unterschiedlichen Interessen, Bedürfnissen und Fähigkeiten Rechnung zu tragen.

Bleibender Rückhalt: die Stammgruppe

Erster Schultag, ca. 9.30 Uhr. Inzwischen sind die Fragen der Unterrichts-Organisation geklärt, und die "purpur"-Kinder können sich wesentlicheren Dingen zuwenden. Über die Gestaltung ihrer neuen Fläche haben sie schon geredet; die sieht noch sehr kahl und unbewohnt aus und soll in den nächsten Tagen und Wochen durch Pflanzen und Bilder verschönt werden. Jetzt aber steht ein schwieriges Thema an: Tischgruppen. Wer soll bei wem sitzen? Die Kinder wissen, worauf es ankommt: Man muß sich gut verstehen, und man muß gut zusammenarbeiten können. Sie sind offensichtlich gut aufeinander eingespielt: Die Bildung neuer Gruppen geht erstaunlich reibungslos und schnell. Aber natürlich gibt es auch in dieser Gruppe "Schwierige", mit denen es eben nicht leicht geht. Spätestens jetzt werden diese "Problem-Kinder" als solche sichtbar. Schon vorher war ein Junge als "Schwieriger" aufgefallen; weniger durch sein Verhalten - er war ganz still und brav - als dadurch, daß die anderen ihn nicht aus den Augen ließen. Die Kinder waren die ganze Zeit über vorbildlich diszipliniert, geradezu angestrengt aufmerksam und fürchteten offenbar, er könne diesen Eindruck stören. Sowie er sich auch nur rührte, richteten sich die Blicke aller Brav-sein-Wollenden auf ihn, sozusagen ein stummer Chor, der ihn beschwor, doch ja jetzt nicht diese erste Versammlung zu verderben, gelegentlich ihn leise anzischelnd:"Olli...!" Dieser Olli meldet sich nun zum Thema Tischgruppen und sagt, ganz ruhig und selbstbewußt, sozusagen ein Sachverständiger seines Schwierig-Seins, er müsse allein sitzen, er ticke sonst nämlich durch. Jetzt wendet sich der stumme Chor der Lehrerin zu: Es stimmt! Ja, meint Gisela W. freundlich, dann sei Alleinsitzen wohl gut für ihn. Aber was, wenn er einen Arbeitspartner brauche? Das sei ja oft nützlich, ja notwendig. Ob es denn kein Kind gebe, mit dem er sich eine Zusammenarbeit vorstellen könne? Olli läßt seinen Blick über die Gruppe schweifen und trifft schließlich eine Entscheidung: Er möchte, daß Jann zu ihm kommt. Der ist einverstanden, und der stumme Chor signalisiert ebenfalls Zustimmung: Das geht! So ist dieses Problem also vorerst gelöst. Aber sogleich meldet sich ein weiterer Einzelgänger: Er müsse auch allein sitzen. Der stumme Chor nickt: So ist es! Nun, meint die Lehrerin, etwas verzagt, wenn es noch mehr solcher Wünsche gebe, dann reiche der Platz nicht aus für so viele Einzeltische. Ob er sich denn nicht zu den beiden anderen Jungen setzen wolle? Der stumme Chor zeigt heftiges Entsetzen: Nur nicht - das geht nicht gut! Gisela W. rettet die Situation dadurch, daß sie dem zweiten Einzelgänger vorerst ihren Schreibtisch anbietet. Sie wolle später noch einmal mit ihm über andere Lösungen nachdenken. Damit ist die Frage der Sitzordnung vorläufig gelöst. Bleibt nur noch zu klären, wo welche Gruppe sitzt. Olli möchte einen Platz an der Wand; die brauche er als Halt. Alle wissen, daß das stimmt. Das übrige Arrangement ist schnell geregelt.

Es gibt die Gruppe "purpur" in dieser Zusammensetzung seit Beginn des 3. Schuljahrs, und, wenn keine Ab- und Zugänge erfolgen, wird sie so bleiben bis zum Abschluß. Ursprünglich war das nicht so vorgesehen. Die Planer der Schule gingen vielmehr davon aus, mit zunehmendem Alter werde auch das Bedürfnis nach Einzelarbeit und/oder dem Zusammenschluß freier Gruppen wachsen und die Stammgruppe mehr und mehr überflüssig machen. Letzteres hat sich jedoch nicht eingestellt. Im Gegenteil: wie die bereits erwähnte Untersuchung von Laborschulabsolventen gezeigt hat, kann der Einfluß der Stammgruppe auf das Schulleben, ihre Wichtigkeit für die Entwicklung der einzelnen Schülerinnen und Schüler in der Schule gar nicht hoch genug eingeschätzt werden.[3]

Warum das so ist, macht dieses Beispiel vielleicht deutlich. Für die Kinder ist alles an diesem Tag neu, aufregend und anstrengend; das einzig Vertraute ist die Gruppe, die nun zum wichtigsten Halt für sie wird. Die unerwartete Ängstlichkeit dieser mit ihrer Schule eigentlich ur-vertrauten und sonst sehr munteren Laborschulkinder läßt zugleich eine Ahnung aufkommen davon, wie an diesem Tag den vielen Gleichchaltrigen in anderen Schulen in der gleichen Situation zumute sein mag, die diesen Halt nicht haben, und warum der Übergang von der Grundschule in eine Real- oder Gesamtschule oder ein Gymnasium für manche von ihnen zu einem ersten Bruch in ihrer Schul-Biographie werden kann.

An der beschriebenen Situation ist vielleicht besonders bemerkenswert, daß die Kinder hier zu Sachverständigen ihrer eigenen Angelegenheiten werden und die Lehrerin "belehren" - und nicht umgekehrt. Sie nimmt deren Wissen ernst, erkennt die Ordnungen, auf die die Kinder sich berufen, ausdrücklich an, akzeptiert ihre Vorschläge als vernünftig und gewinnt auf diese Weise bei den Kindern schnell Vertrauen und Ansehen. So gibt es keine neuen Ordnungen "von oben"; stattdessen werden gewachsene und bewährte Ordnungen neu bestätigt. Es gibt auch keine "Machtproben", und es gibt vor allem keine Verlierer. Olli hat sich durchgesetzt und damit vielleicht fürs erste genug Aufmerksamkeit auf sich gelenkt, um den Anfang des neuen Schuljahrs zu überstehen. Und der zweite Einzelgänger, für den noch keine Lösung gefunden wurde, fühlt sich erst einmal geehrt durch das Angebot, am Schreibtisch seiner neuen Lehrerin arbeiten zu dürfen. Später wird man weiter sehen.

Das Ende eines Vormittags Erster Schultag, ca.12.30 Uhr. Die "purpur"-Kinder haben mittlerweile den Stundenplan abgeschrieben und nach der Frühstückspause an einer ersten Aufgabe gearbeitet. Jetzt haben sie sich noch einmal im Kreis versammelt, berichten und vergleichen, und die Lehrerin macht noch einige Ankündigungen. Und nun, sagt sie, werde sie zum Schluß noch eine Geschichte vorlesen. Das wirkt wie ein Signal, löst bei den Kindern eine Reaktion aus, die einen außenstehenden Betrachter wohl verwundern würde: Sie machen es sich auf dem Teppich bequem, die meisten legen sich bäuchlings auf den Boden, den Kopf zur Mitte, oder auf den Rücken, einige sitzen, aneinandergelehnt. So hören sie zu, ganz still und entspannt, bis die Geschichte zuende ist und damit auch ihr erster Schultag in der Stufe III.

Vorlesen - das ist für sie eine Tradition, die sie schon als "Nuller" kannten. Jeder Tag in der Stufe I begann damals mit dem "Vorlese-Stern": alle lagen bäuchlings auf einer großen, von Eltern gehäkelten Decke, die jeden Morgen zur gleichen Zeit zu diesem Zweck auf dem Boden ausgebreitet wurde, Köpfe nach innen, Füße nach außen, weil man so am nächsten beieinander ist. Natürlich wurde im 3. und 4. Schuljahr auch vorgelesen, und so haben sie in dieser vertrauten Situation ganz normal, eben auf die vertraute Weise, reagiert.

So haben die Kinder an diesem Morgen, bei allem Neuen, das es zu verkraften galt, zugleich die Beruhigung erfahren, daß die Welt auch in der Stufe III in Ordnung ist, und mit spürbarer Erleichterung darauf reagiert. Natürlich war dieser Übergang durch Hospitationen und Gespräche zwischen der abgebenden und der neuen Betreuungslehrerin vorbereitet, und dieser Erfahrungsaustausch über die Entwicklung der einzelnen Kinder und der Gruppe insgesamt wird sich bis weit ins 5. Schuljahr hinein fortsetzen. Trotzdem hatten beide die Ängstlichkeit der Kinder an diesem Tag unterschätzt und werden daraus beim nächsten Mal Konsequenzen ziehen.

"Eine Schule vor allem, die Fehler machen darf, weil man nur aus Fehlern wirklich lernen kann" - so hatte Hartmut von Hentig in der Eröffnungsrede ihren Auftrag umschrieben. Anders gesagt, die ganzheitliche Pädagogik, die diese Schule zu ihrem Programm gemacht hat, muß gerade an den "Nahtstellen", also den Stufen-Übergängen, jedesmal neu als Möglichkeit gesehen und als Chance genutzt werden. Einer der schwierigen Jungen aus dem neuen Jahrgang 5 wollte am Ende dieses ersten Schultags noch nicht nach Hause gehen. Er besuchte seine "alte" Betreuungslehrerin und erzählte ihr haarklein alles, was er an diesem Vormittag erlebt hatte. Dann ging er wieder, aber nicht etwa nach Hause, sondern ins Haus I zu seiner "alten" Erzieherin, die die "Nachmittagskinder" betreut. Dort war gerade "Ruhezeit", die Kinder lagen, wie üblich, auf Kissen, mit Decken zugedeckt, und schliefen oder malten oder hörten eine Kassetten-Geschichte. Sie kannten den Jungen; es kam oft vor, daß er diese Zeit mit ihnen verbrachte, und so machten sie ihm bereitwillig seinen Stammplatz neben der Betreuerin frei. "Jetzt muß ich erstmal Ruhezeit machen", sagte er, als er sich hingelegt hatte, "ich bin völlig fertig."

1. 2 An diesem Mittwoch ...

ein Tag mit Tina, Joscha und der rosa 6

Die Gruppe "rosa" (jetzt 6. Schuljahr) hat ihre Stammfläche, wie die meisten anderen, mitten im Großraum (darüber mehr im Kapitel 2.3). Um 8.30 Uhr beginnt der Unterricht. Die meisten Kinder sind schon früher da: Um 7.30 Uhr, wenn die Schule geöffnet wird, kommen die ersten, und zwischen 8.00 und 8.15 Uhr die meisten anderen. Sie halten sich auf der Fläche auf, plaudern oder spielen, und wenn dann der Unterricht beginnt, setzen sich alle im Kreis auf den Teppich oder auf die von Eltern gebauten Holzbänke; "Sitzkreis" nennt sich das.

Heute, Mittwoch, beginnt der Unterricht aber nicht auf der Fläche: Auf dem Stundenplan steht für die ersten beiden Stunden die Abkürzung "WGK". Die Kinder wissen natürlich, was das bedeutet: "Wahlgrundkurs". Eigentlich ist die Bezeichnung falsch; es müßte "Wahlkurs" heißen, aber der Begriff, der früher einmal eingeführt wurde für etwas, was es inzwischen nicht mehr gibt, hält sich hartnäckig (darüber mehr im Kapitel 4.8).

Heute also finden sich die 20 Kinder der Gruppe rosa nur kurz auf ihrer Fläche ein und verteilen sich dann auf die verschiedenen Lernorte, an denen die Kurse stattfinden.

Wahlgrundkurs (8.30 bis 10.30 Uhr)

Tina geht mit ihren drei Freundinnen in die Werkstatt. Die Mädchen hatten Glück : Sie haben den Kurs ihrer Erstwahl bekommen *und* konnten zusammenbleiben.

In den Werkstätten herrscht zu diesen Kurszeiten Hochbetrieb: In drei nebeneinander liegenden Räumen arbeiten drei verschiedene Gruppen. Die einen töpfern, die anderen bauen eine Waage und lernen dabei grundlegende Techniken der Metallverarbeitung (Bohren, Fräsen, Feilen usw.), und die dritten arbeiten mit Holz. Zu ihnen gehören die vier Mädchen.

Als sie beim Werkmeister Wünsche anmelden durften, kam eine von ihnen auf den Gedanken, eine "Federmappe" aus Holz zu bauen, und daran arbeiten sie nun. Das ist nicht so leicht: Erst einmal muß ein Kasten hergestellt werden, und dann muß man einen beweglichen "Zwischenboden" einbauen, in den später kleine Spalten gesägt werden. Zum Schluß kann man daran die Halterungen für Stifte anbringen.

Tina fand den Vorschlag nicht so gut; sie wollte lieber einen Schmuckkasten haben. Also ließ sie den Zwischenboden weg und ist nun fast fertig; ihr Kasten muß nur noch lackiert und verziert werden. Ganz zufrieden ist sie nicht mit ihrem Werk: die Scharniere hat sie aus Versehen etwas versetzt angebracht. Aber da der Kasten gut schließt und auch sonst gut aussieht, macht ihr der Schönheitsfehler nicht viel aus. "Kann ich jetzt lackieren?" fragt sie den Werkmeister. Der prüft das Holz und stellt fest, es sei nicht gut genug geschliffen. Also schmirgelt Tina nach Leibeskräften, bis ihr Kasten die Prüfung besteht. Dann zeigt Willi S., der Werkstattleiter, ihr verschiedene Lacke und erklärt ihr das Verfahren. Der nächste Arbeitsschritt besteht also darin, den Kasten zu grundieren. Danach muß er trocknen, und Tina hat Zeit, einer Freundin zu helfen, die gerade damit beschäftigt ist, ihr Werk zu verzieren. Da gibt es ein neues Gerät, "Brenn-Peter" genannt. Der ist so begehrt, daß man Glück hat, wenn man eine Weile damit arbeiten kann: Ein Brennstab mit regelbarer Stromzufuhr, mit dem man kleinere oder größere Punkte und Linien in das Holz einbrennen kann. Es hat schon Mißgeschicke gegeben, wenn jemand nicht aufpaßte und sein Werk plötzlich durch ungewollte Brennspuren verunziert sah. Tinas Freundin will nun ihren Namen als "Punktwerk" auf den Kastendeckel brennen, und sie soll die Stromzufuhr überwachen. Die beiden üben erst an einem Stück Abfallholz, bis sie die richtige Einstellung gefunden haben, und gehen dann mit großer Konzentration ans Werk.

Zur gleichen Zeit beugen sich vier Jungen aus der "rosa"-Gruppe mit ähnlicher Konzentration über einen Kochtopf. Der Zufall will es, daß sie, die im ersten Halbjahr in der Holzwerkstatt waren, wo die Mädchen jetzt arbeiten, im Kochkurs gelandet sind, den die Mädchen gerade hinter sich haben.

"Wenn ich dich sehe, kommen mir die Tränen", sagt der eine zum anderen. "Heul doch! Heul doch!" antwortet der.

Wenig später heulen beide. Heute steht "Französische Zwiebelsuppe" auf dem Programm, und sie sind gerade beim entscheidenden

Arbeitsschritt des Zwiebelschneidens. Zu Beginn haben sie, wie immer, das Rezept besprochen, die Lehrerin hat ihnen genau erklärt, was in welcher Reihenfolge zu tun ist, und dann haben sie beides, die Zutaten und die Arbeitsschritte, in ihr "Kochbuch" eingetragen, wo sie im Lauf der Wochen schon viele Rezepte gesammelt und z.T. liebevoll verziert haben. Die Stunden verlaufen immer nach diesem Muster: Nach der Besprechung folgt die eigentliche Koch-Arbeit, dann wird gegessen, dann aufgeräumt und abgewaschen. Was nicht sogleich verzehrt wird, gelangt später zum Verkauf, auf der Schulstraße oder in der Teestube; das eingenommene Geld geht in die Koch-Kasse, so daß der Kurs sich zu einem guten Teil selbst finanziert.

Die Lehrerin, Heike N., hat in dieser Phase alle Hände voll zu tun. Einige "Fünfer"-Jungen, die wohl nicht gut genug aufgepaßt haben, sind gerade dabei, ihre Zwiebeln zu bräunen - mit Erfolg, aber ohne Butter. Spätestens jetzt bleibt kein Auge mehr trocken, und ein unglücklicher Koch, der sich mit seinen Zwiebelfingern die Tränen aus den Augen wischen wollte, heult nun "echt" und wird weggeschickt, damit er Gesicht und Hände waschen und sich an der frischen Luft erholen kann.

Joscha und seine Freunde aus der "rosa"-Gruppe behaupten selbstbewußt, so etwas könne ihnen nicht passieren. Sie bezeichnen sich selbst als die "Meisterköche" und haben in der Tat, wie ihre Lehrerin bestätigt, viel Ahnung vom Kochen und viel gelernt. Einige "purpur"- Mädchen nebenan lächeln milde; sie finden, daß die Jungen "tierisch angeben"; was die können, können sie schon lange!

In diesen Wahlkursen wird wieder aufgenommen, was den Kindern von ihrer Zeit im Haus I her vertraut ist: Der Unterricht in altersgemischten Gruppen. Außerdem versucht die Schule, geschlechts-spezifischen Vorurteilen vorzubeugen oder zu begegnen durch sanftes "Gegensteuern" - bei weitem nicht mit dem gewünschten Erfolg übrigens. Für die Lehrenden ist das eine doppelte Schwierigkeit: Sie haben in ihrem Kurs Kinder aus drei Jahrgängen und darunter etliche, die eigentlich lieber etwas anderes gewählt hätten.

Für die "rosa"-Jungen trifft das allerdings nicht zu. Sie wollten unbedingt in die Koch-Gruppe. Eben sind sie bei einem Experiment: Da es keine feuerfesten Tassen gibt, in denen man die mittlerweile fertig gegarte Zwiebelsuppe portionsweise anrichten könnte, lassen sie sie im Topf, streuen den Käse darüber und überbacken sie "en bloc". Eine halbe Stunde später sitzen alle beim Essen, mit erstaunlichem Appetit und wickeln genüßlich Käsefäden um ihre Löffel. Man muß wohl anstrengende und spannende Koch-Arbeit geleistet haben, um morgens gegen 10 Uhr Zwiebelsuppe zu mögen! Der Kochkurs ist zeitlich festgelegt durch ein "Band" im Stundenplan, und die Kinder scheinen ihren Hunger mühelos darauf einstellen zu können. Nur mit dem Verkaufen läuft es an diesem Tag nicht so gut.

Aber auch andere Produkte müssen sich natürlich die Frage nach ihrer Verwertbarkeit gefallen lassen. Tinas Kasten zum Beispiel: Er ist schön, aber viel zu groß für einen Schmuckkasten. Oder sie müßte später Millionärin werden!

Religion (11.00 bis 12 Uhr)

Jetzt, zu Beginn der dritten Stunde haben die Kinder die Frühstückspause gerade hinter sich. Sie sind alle im Sitzkreis versammelt mit Heike N., der Religionslehrerin. Viele haben bei ihr auch noch anderen Unterricht: Latein oder Kochen oder beides.

Die Kinder sind anfangs ziemlich quirlig - was in dieser Gruppe eher Normalzustand ist - und haben offensichtlich noch nichts mit Religion im Sinn. Die Lehrerin ignoriert das, kündigt eine neue Geschichte an, die Kinder entspannen sich zusehends, setzen oder legen sich zum Zuhören auf den Teppich.

Die Geschichte heißt "Wie Schlemihl Geschäfte machte" (aus dem Buch "Wie Schlemihl nach Warschau ging" von Isaac B. Singer). Sie handelt von besagtem Geschäftemacher, der auf dem Markt von Lublin eine junge Milchziege mit prall gefülltem Euter kauft; auf dem Rückweg kehrt er in einem Wirthaus ein, prahlt mit seinem Kauf, und der betrügerische Wirt vertauscht heimlich die Ziege mit einem alten mageren Geißbock, ohne daß der Besitzer etwas merkt. Umso größer ist dann die Blamage in seinem Heimatdorf. Wütend macht er sich auf den Rückweg, um den vermeintlich betrügerischen Händler aufzusuchen, kehrt wieder in dem Wirtshaus ein, erzählt dem Wirt, daß er die Polizei einschalten wolle, und dieser, der Scherereien fürchtet, vertauscht, während der Gast beim Essen sitzt, wiederum den alten Geißbock mit der jungen Ziege. Auf dem Markt muß Schlemihl erleben, daß der Händler seine Vorwürfe erstaunt zurückweist, und beginnt an seinem Verstand zu zweifeln; und als er, um den guten Ausgang des Handels zu feiern, wiederum in dem Wirtshaus einkehrt, betrügt der Wirt ihn ein weiteres Mal, so daß er schließlich wieder mit dem alten mageren Bock in seinem Dorf landet. Alle sind erschreckt und verwirrt, der Ältestenrat berät sieben Tage und Nächte, mit dem Ergebnis: "Wenn man eine Ziege von Lublin nach Chelm bringen will, verwandelt sie sich unterwegs in einen alten Geißbock." Es wird daher ein Gesetz erlassen, das die Einfuhr von Ziegen aus Lublin verbietet.

Die Kinder haben gespannt zugehört, die Geschichte hat ihnen sichtlich Spaß gemacht. Einige schütteln die Köpfe über solche Logik ("Oh nein, wie doof!"), andere meinen, die Ältesten hätten doch eigentlich ganz vernünftig gedacht. Die Weisheit in der Torheit, das Unglück zum Naturgesetz zu erklären, leuchtet ihnen als Pointe ein: Das sei für Schlemihl doch gut, denn nun sei er ja nicht mehr schuld an seinem Unglück.

Das Thema, um das es zur Zeit im Religionsunterricht der rosa 6 geht, heißt "Leben in Israel". Bilder, Erzählungen und Geschichten fügen sich allmählich zu einem Ganzen: die Landschaft, wie sie heute ist, Tiere und Pflanzen, die Lebensbedingungen der Menschen "früher", als es noch keine modernen Maschinen und Hilfsmittel gab, ihre Kleider und Werkzeuge, Speisen und Getränke, Bräuche und Gesetze - das alles kennenzulernen soll die Grundlage bilden für ein vertieftes Verständnis jüdischen Denkens und Glaubens und damit des Alten Testaments, dessen Geschichten die Kinder im 3. und 4. Schuljahr kennengelernt haben. Darum eignet sich auch die vorgelesene Geschichte, die ja nicht in Israel, sondern in Polen spielt, sehr gut als Mosaikstein in dieser Einheit: als Beispiel für jüdischen Humor.

In den letzten beiden Stunden ging es um jüdische Namen; die Kinder haben an Beispielen herausgefunden, daß Namen ganz Verschiedenes ausdrücken können: eine gewünschte Beziehung zu Gott oder eine gewünschte Eigenschaft oder auch, wie das Kind nicht werden soll, oder einfach, bei welcher Gelegenheit oder in welchem Ort es geboren wurde. Dann haben sie mit Hilfe eines Lexikons der Vornamen weitere Bedeutungen herausgefunden, und die Ergebnisse dieser Gruppenarbeit sollen nun vorgetragen werden.

In der Gruppe gibt es zwei Jungen, die Tobias heißen, außerdem einen David und eine Anna, und in den Nachbargruppen einen Michael, einen Jakob, einen Johannes und eine Sara; so ist es nicht verwunderlich, daß die Kinder mit großen Eifer "geforscht" haben. "Tobias" bedeutet etwa: "Meine Güte ist Gott"; die beiden Knaben dieses Namens passen aber nicht recht dazu, sind eher quirlig und manchmal ziemlich nervig. Beide werden "Tobi" genannt und wollen wissen, was das denn bedeute; die Lehrerin erntet einen Lacherfolg, als sie, mit entsprechender Mimik, antwortet: "Meine Güte!"

Inzwischen ist etwa eine halbe Stunde vergangen. Die Lehrerin kündigt etwas Neues an. Sie zeigt ein großes Blatt mit Abbildungen von Bäumen und Zweigen und legt auf dem Teppich Kärtchen aus, auf denen die Bezeichnungen stehen. Für die Kinder ist dies eine Wiederholung und darum leicht: Unter jede Abbildung ist der passende Name zu kleben. Dann folgen weitere Blätter: landwirtschaftliche Geräte, Musikinstrumente, Kleider, Häuser, Gefäße, Schrift-Zubehör, Hirten-Ausstattung. Die Kinder sind sehr darauf aus, Kärtchen aufzukleben, und so geht das schnell. Dazu bekommen sie eine kleine schriftliche Aufgabe: Blätter mit verschiedenen Abbildungen richtig zu beschriften. Und dann gibt es noch etwas Besonderes: für jede Tischgruppe ein Quartettspiel, die gleichen Abbildungen mit den gleichen Oberbegriffen enthaltend. Schnell löst sich der Sitzkreis auf. Die Kinder gehen an ihre Tische und arbeiten, wie gewohnt, in Gruppen zusammen. Sie beeilen sich, um schnell ans Spiel zu kommen.

Wer nur das letzte Viertel dieser Stunde sähe, würde sich wohl wundern über so einen Religionsunterricht: Da sitzen Kinder auf Tischen oder Stühlen, einige auch auf dem Teppich, und spielen Karten. Und beim Näherkommen würde man Sätze hören wie diese: "Ich brauche die Libanon–Zeder" oder: "Hast du die Zimbeln?" oder: "Her mit dem Bußgewand!"

Wahrnehmen und Gestalten (12 - 13 Uhr)

Die folgende Stunde, die letzte vor der Mittagspause, ist wieder mit einem Ortswechsel verbunden. Die Kinder der Gruppe "rosa" finden sich auf der sogenannten "Projektfläche" ein, einem großen, geschlossenen Raum, der, wie der Name sagt, für unterschiedliche Zwecke und in unterschiedlichen Funktionen nutzbar ist. Hier kann man malen, basteln, nähen, drucken, modellieren, mit Farben oder Gips, Ton oder Stoff umgehen. Solche Tätigkeiten, aber auch Musik, Tanz und Theater, werden an der Laborschule unter dem Begriff und in dem Erfahrungsbereich "Wahrnehmen und Gestalten" zusammengefaßt; diese Unterrichtsstunden finden in der Regel in besonderen Funktionsräumen statt, weil es sich von selbst verbietet, Tätigkeiten wie die genannten auf den Stammflächen im Großraum durchzuführen.

Die Kinder der Gruppe "rosa" haben in der letzten Stunde mit einer neuen Arbeit begonnen: Portraitzeichnen mit Wasserfarben. Ihr Lehrer, Gerd F., hat ihnen Großaufnahmen von Film- und anderen Stars im Din-A-4-Format als Vorlage zur Verfügung gestellt. Sie haben zunächst die Umrisse mit Bleistift abgezeichnet oder abgepaust, und es geht jetzt darum, das Gesicht mit Hilfe der Farben "lebendig" zu machen. Wie malt man z.B. die Haut? Wie mischt man dazu welche Farben? Wie kann man Augen zum Glänzen bringen? Die Kinder sollen zunächst einmal verschiedene Farbmischungen herstellen und probieren, wie man diese hell-dunkel schattieren kann. Der Lehrer gibt ihnen dazu Anregungen und Tips, erklärt besonders die Möglichkeiten, Weiß einzusetzen, und läßt sie dann "loslegen".

Joscha arbeitet mit großem Eifer. Er hält sich nicht lange bei den Vorbereitungen auf, sondern macht sich bald daran, die Umrisse seines Portraits zu kolorieren. Das Ergebnis zeigt er den Nachbarn - es wird zum Lacherfolg. Joscha kann mitlachen, denn ihm ist klar, daß sein Bild eher ein Monster als einen Menschen wiedergibt: gelbhäutig, mit grellroten Vampir-Lippen, starrt es aus toten, schwarzen Augen böse gradeaus. Was nun? Joscha beschließt, dieses Werk wegzulegen, ein anderes Foto auszuwählen und noch einmal neu zu beginnen. Zuvor aber will er sich ausführlich von seinem Lehrer beraten lassen.

Einige Mädchen haben sich inzwischen einer anderen Aufgabe

zugewandt. Bevor sie mit den Portraits anfingen, hatten alle "rosa"-Kinder ein Heft gezeichnet und getextet; das im Taschenkalender-Format zugeschnittene farbige Papier wurde gefaltet und gebunden, und dann konnte man es zu einem selbstgewählten Thema nach eigenen Vorstellungen gestalten. Einige füllten es mit Fan-Sprüchen, Witzen oder erfundenen Werbespots, andere mit ausgeschnittenen Bildern, die sie dann beschrifteten, wieder andere zeichneten eigene Comics. Die Mädchen verwendeten dieses Heft für Themen, die ihnen besonders wichtig waren, und brauchten darum auch besonders viel Zeit. Mit Einverständnis ihrers Lehrers haben sie also jetzt die angefangenen Portraits weggelegt und überlegen gemeinsam, wie man welches Heft noch verschönern könnte. Inga hat ihr Heft mit "Rolli"-Sprüchen gefüllt - sie ist Rollstuhlfahrerin - und Bilder von Alltags-Situationen dazu gezeichnet, vor allem solchen, die schwierig oder ärgerlich, weil von einer achtlosen Umwelt verschuldet sind: da steht sie z.B. vor einem Kantstein, dessen Höhe für sie nicht zu bewältigen ist, und fordert die Mitmenschen, insbesondere die Straßenbauer, durch die Bildunterschrift auf: Denkt an die Rollis! Jetzt will sie noch eine andere, typische Situation im Straßenverkehr zeichnen und berät darüber mit den anderen. Ihre Freundin Karin hat so etwas wie ein eigenes Poesie-Album aus ihrem Heft gemacht; es enthält ihre Lieblingssprüche und -verse, in schönster Schrift geschrieben, und soll nun noch illustriert werden. Und Tina schließlich hat ihr Lieblingstier zum Thema gewählt. Alle, die sie kennen, wissen von ihr, daß sie ein "Schweine-Fan" ist. Sie hat zu Hause Dutzende von Büchern und Spiel-Schweinen verschiedenster Größe, darunter eines, das kaum kleiner ist als sie, und nun hat sie also auch ein selbstgemachtes "schweinisches" Heft, das "Stammbuch von dem Gestüt Oink Oink". Da gibt es einen streng blickenden Gutsverwalter Knorzel Bär mit seiner Helferin Charlotte, und dann folgen, angefangen von Picasso Oink Oink ("ein großer Ahne" ist unter seinem Bild zu lesen), die Portraits und Namen der übrigen Familienmitglieder, bis hin zu Willerich, dem Sohn. Mit dessen Darstellung beendet Tina ihr Heft und zugleich auch diese Stunde.

.

Sport (14-15 Uhr)

Die Mittagspause von 13 bis 14 Uhr haben die "rosa"-Kinder an unterschiedlichen Orten und auf unterschiedliche Weise verbracht (darüber mehr im Kapitel 3.3). Jetzt, zu Beginn der Sportstunde, finden sie sich zunächst in den Umkleideräumen ein und versammeln sich dann in der Mitte der Halle, wiederum im Sitzkreis. Heute, das wissen sie, ist "Wunschstunde"; die kann man, wie der Name sagt, nach eigenen Wünschen gestalten, während die beiden anderen Sport-Wochenstunden dazu dienen, verschiedene Techniken, Spiele, Sportarten systematisch zu lernen und zu üben.

Für diese Wunschstunde gibt es ein eingespieltes Ritual. Man versammelt sich, die Wünsche werden reihum genannt; danach werden Gruppen gebildet, Flächen abgegrenzt, Geräte ausgegeben, und gegen Ende der Stunde versammelt man sich noch einmal, um deren Verlauf zu besprechen.

Nun also, zu Beginn, sitzen die "rosa"-Kinder mit ihrer Lehrerin im Kreis. Heidi S. ist zugleich die Betreuungslehrerin dieser Gruppe und unterrichtet sie, außer in Sport, auch in Englisch.

Es dauert nicht lange, bis sie die Wünsche der Kinder entgegengenommen hat, denn die sind ganz erpicht darauf, anfangen zu können. Auch die Aufteilung der Halle ist schnell geregelt. Die Badmintonspieler möchten eigentlich eine Hälfte für sich haben, sehen aber ein, daß der Platz dann für die anderen nicht reicht, und begnügen sich mit einem Drittel. Die Grenze wird durch eine Bank markiert. Im mittleren Hallendrittel wird ein kleines Trampolin-Gerät aufgebaut, davor ein Kasten. Die Kinder haben in der vorigen Sportstunde einige Turnübungen am Kasten gelernt, und einige von ihnen, darunter Tina, wollen sich nun an einer besonders schwierigen versuchen und sie als Extra-Nummer einstudieren. Die übrigen acht Kinder, die sich keiner der beiden Grupen zugeordnet haben, teilen sich das letzte Hallendrittel; zwei spielen Tischtennis, zwei werfen sich Bälle zu, ein Mädchen will Rhönrad fahren, Inga übt sich in ihrer Lieblings-Sportart Basketball und trainiert den Korbwurf, und zwei Jungen, Joscha und Andreas, wollen sich eine besondere Schaukel herrichten. Zwischen zwei Ketten, an denen üblicherweise Stangen oder Ringe befestigt werden, spannen sie eine Matte, ziehen sie dann in eine Höhe von etwa 2,50 Metern und hangeln sich hinein. Die Schaukelei kann beginnen.

Währenddessen hat die Turngruppe begonnen, den Handstand-Überschlag über den Kasten zu üben. Heidi S.. ist dabei, gibt Hilfestellung und Anweisungen; sie hat aus der Nachbar halle einen zweiten Erwachsenen herübergebeten, der hilft, die Kinder im entscheidden Moment abzustützen. Tinas Freundin Johanna kann die Übung bereits sicher und ohne Hilfe, und Tina will sie unbedingt in dieser Stunde lernen. Sie und die übrigen trainieren die ganze Stunde: Anlauf, Sprung auf das Trampolin, Schwung holen, Absprung/Überschlag zum Handstand auf dem Kasten, Absprung. Tina ist zierlich, gelenkig, eine gute Turnerin. Sie schafft es nach einigen Versuchen ohne Hilfe. Und auch die übrigen beherrschen diese Übung am Ende der Stunde einigermaßen sicher.

Heidi S. müßte sich zeitweise mindestens dreiteilen, um alle Wünsche erfüllen zu können. Während sie hier Hilfestellung leistet, ist bei den Badmintonspielern ein Streit ausgebrochen, wie an dem erregten Geschrei zu hören ist. Inga und die übrigen, allein oder zu zweit spielenden Kinder wollen Zuspruch und Beratung, und die Schaukelei der beiden Jungen sieht bisweilen gefährlich aus. Beide sind groß und stämmig und dabei im Sport ziemlich ängstlich. Sie mögen keine "harten" Spiele, auch nicht Fußball. Auch an die Turnübung trauen sie sich nicht heran. So schaukeln sie in ihrem "Himmelbett" herum und beteiligen sich von da aus am Bälle-Zuwerfen, bis alle zur Schlußversammlung gerufen werden.

Nun berichten sie reihum, wie die Stunde für sie war. "Super", sagen die einen. "Nicht so gut", sagen die anderen. Es sind die Badmintonspieler. Heidi S. fragt, was denn los gewesen sei. Ein Junge, wütend, beschuldigt eine Mitschülerin: sie habe zu ihm "behinderte Flasche" gesagt. Das entsetzte Schweigen der übrigen zeigt, wie schlimm und verletzend dieses Schimpfwort in ihren Ohren klingt. Das Mädchen verteidigt sich: er habe vorher etwas viel Schlimmeres zu ihr gesagt, das wolle sie jetzt nicht wiederholen. Beide sind den Tränen nahe. Heidi S. sagt, man werde ausführlich darüber reden, warum und wie so etwas immer wieder entstehe, obwohl es eigentlich niemand wolle. Jetzt aber ist dafür keine Zeit mehr. Die Kinder müssen aufräumen und sich umziehen. Nur die beiden Kontrahenten bleiben noch zu einem kurzen Gespräch; ihre Lehrerin möchte nicht, daß sie ihre Wut mit in die nächste Stunde nehmen, und besänftigt beide, so gut es geht. Und der "Stoff" für die nächste Betreuungsstunde steht fest.

"Sowi" (15-16 Uhr)

Zur letzten Stunde an diesem Mittwoch finden die Kinder sich wieder auf ihrer Stammfläche ein, wo Jürgen S., der sie im Mathematik und "Soziale Studien" unterrichtet, sie bereits erwartet. Er weiß, daß eine 6. Stunde um diese Tageszeit nicht eben günstig ist für neue Inhalte, und plant den Unterricht daher in der Regel so, daß die Kinder in der Mittwochstunde an längeren schriftlichen Aufgaben arbeiten. So nimmt der Tag für alle einen ruhigen Ausgang. Die Kinder wissen, was sie zu tun haben: zur Zeit steht "Europa" auf dem Plan, und alle schreiben, allein oder zu zweit, ein Referat über ein Land ihrer Wahl. Nach einer kurzen Besprechung im Sitzkreis teilt sich die Gruppe auf. Viele gehen in die Bibliothek, die übrigen bleiben auf der Fläche, weil ihr Lehrer dort zur Verfügung steht und ihnen helfen kann. Diese Stunde ist ihnen darum besonders wichtig, weil er endlich einmal so viel Zeit für sie hat, wie sie es sich auch sonst oft wünschen.

Tina und Joscha gehören nicht zu ihnen. Sie sind in der Bibliothek, haben sich Atlanten und Bücher geholt und schreiben - Tina über Norwegen und Joscha über Irland - bis zum Ende der Stunde und damit dieses Schultages.

Ähnlich verläuft für diese Kinder jeder Mittwoch. Nach ihren Vorstellungen ist er ein "guter" Tag: bei allen sind die Wahlgrundkurs- und Sportstunden besonders beliebt.

Obwohl an diesem Tag (und darum in diesem Abschnitt) viele Fächer bzw. Erfahrungsbereiche nicht vorgekommen sind, enthält er vieles von dem, was für Unterricht in der Laborschule, insbesondere in dieser Stufe, charakteristisch ist: den Wechsel zwischen Pflicht- und Wahlunterricht, die Lernorte, das Lernen mit dem Kopf, aber auch mit der Hand und mit dem ganzen Körper, die Wichtigkeit der Stammgruppe und der Stammfläche. Das Beispiel zeigt auch, wie verschieden ein solcher Tag für die verschiedenen Kinder sein kann, und welchen Einfluß sie selbst darauf haben. Tina z.B. hat im Wahlkurs *ihren* Kasten gebaut, in "Wahrnehmen und Gestalten" *ihr* Schweine-Heft gezeichnet, in Sport *ihre* Übung gelernt und in "Sowi" *ihr* Referat geschrieben, und für Joscha und die anderen war es ähnlich. Auf diese Weise versucht die Schule, die sehr unterschiedlichen Voraussetzungen, Wünsche, Fähigkeiten, die die Kinder mitbringen, angemessen zu berücksichtigen. Von den Schwierigkeiten, die das mit sich bringt, wird noch zu reden sein, und auch von den Problemen, die Kinder und Erwachsene an dieser Schule miteinander haben können.

Das hindert aber nicht, daß die Kinder gern in die Schule gehen, esonders mittwochs; denn der Mittwoch ist, wie gesagt, ein "guter" Tag.

1. 3 Das Labyrinth

Oktober 1988, ein warmer, sonniger Herbsttag. Besuchern, die an diesem Freitag, vom Parkplatz kommend, zur Laborschule hinuntergehen, bietet sich ein unerwartetes Bild. Etwa acht Mädchen arbeiten an einem Bauwerk, dessen Form und Zweck sich dem Betrachter erschließen, sobald er, näherkommend, den Überblick gewinnt: Es ist ein Labyrinth, etwa zehn mal zehn Meter in der Grundfläche, bestehend aus Ziegelstein- Mauern unterschiedlicher Höhe (von 40 bis 90 cm.).

Ein Mädchen kommt, schwer beladen mit Steinen, zu den anderen zurück. "So, ich hab' mir erstmal genug Kinder geholt!" "Kannst du mir welche abgeben?" fragt ihre - offenbar kinderlos gewordene - Freundin. "Nein, die brauche ich alle selber." "Na gut, dann hol' ich mir eben neue." Eine Mitschülerin, die sich an einer Ecke abmüht, ruft ihr nach: "Bitte, bring mir eins mit, ich brauche nur eins!" "Ist gut, mach' ich!"

Was in diesen Sätzen wie Kinderspiel klingt, ist in Wirklichkeit Ernstfall. Es gilt, ein Bauwerk zu vollenden, an dem viele Mädchen und Jungen unter Anleitung von fachkundigen Erwachsenen viele Wochen lang, verteilt auf zwei Jahre, gearbeitet haben. Einige Mauern müssen noch erhöht, Fehler korrigiert, Ecken vermauert werden. Die Mädchen und ihre Mitmaurer und -maurerinnen aus den Parallel-Gruppen des gleichen Jahrgangs geben also dem Ganzen seine endgültige Gestalt; es liegt in ihrer Verantwortung, ob diese sich in den kommenden Jahren erhalten und bewähren wird.

Ayshe schimpft vor sich hin: "Verdammt! Wer hat denn diese Ekke gesetzt? Guckt euch doch mal die Fugen an, da kann man ja die Hand dazwischenlegen!"

Was ist zu tun? Ayshe fürchtet, daß der Mörtel später abbröckeln könnte, wenn sie diese allzu große Lücke damit verfugt. Also entschließt sie sich zu einer Not-Operation: Sie will von einem Ziegelstein ein kleines Stück abschlagen, um damit das Loch zu vermauern, und dann noch eine Schicht darüberlegen, damit die Schadstelle geschützt ist und damit man' s nicht so sieht.

Von den anderen Mädchen wird sie offenbar als besonders fachkundig angesehen. "Wir brauchen neuen Speis", sagt Martina, "kannst du uns nicht mal schnell welchen anrühren?" Ayshe zögert. Zwar kennt sie sich mit der Maschine aus und weiß auch genau, in welchen Verhältnis die Zutaten gemischt werden müssen. Aber es soll immer ein Erwachsener dabei sein, und jetzt ist gerade niemand da.

Kurz darauf kommt ihr Lehrer, Christian F., zurück. Er hilft beim Anrühren und beim Abschlagen des Steins, berät Ayshe bei der geplanten Operation, begutachtet die inzwischen gemauerten Ekken, spannt die Richtschnur für eine neue Schicht. Gestern hat er den Tag über die fertigen Mauern gereinigt, d.h. mit Säure die Mörtelreste entfernt und gefährliche, scharfe Kanten mit einer Schleifmaschine abgerundet; eine Dreckarbeit, die er keinem Kind und auch den übrigen Projektbetreuern nicht zumuten wollte.

Die Idee des Labyrinth-Baus entstand schon vor wenigen Jahren. Das Betreuungsteam des damaligen Jahrgangs 6 plante ein neues Projekt. Etwas Laborschul-Gerechtes sollte es sein, eine richtige, ernsthafte Arbeit (also nicht so ein Pseudo-Produkt, das nur zu Lernzwecken hergestellt und dann irgendwann vergessen wird oder auf dem Müll landet), etwas, was man mit den Händen tut und was zugleich auch Lern-Arbeit erfordert, in diesem Fall besonders mathematisches Denken. Denn das "Schulfach" Mathematik soll an der Laborschule, soweit möglich, in andere Lern- und Arbeitsprozesse "integriert" sein: man lernt also Mathematik dann, wenn man sie braucht, und dadurch - so ist die Hoffnung - prägt sie sich besser ein und wird verständlicher als durch irgendwelche Lehrbuchaufgaben und Lehrererklärungen. Dieser Anspruch war für dieses Projekt der entscheidende Anstoß.

Hinzu kamen günstige äußere Voraussetzungen: Auf dem Gelände um die Schule herum gibt es Spielgeräte und -gelände, aber auch freien Platz. So kamen die drei Erwachsenen, angeregt durch Unterrichtsvorschläge und Berichte über ähnliche Projekte[4], auf den Gedanken, die Kinder des von ihnen betreuten Jahrgangs sollten die Grundzüge des Mauerns lernen und ein Labyrinth zur allgemeinen Nutzung bauen.

Der Plan fand allgemeine Zustimmung: bei den Kindern, den Eltern, den Schulgremien.

Aber wie bringt man Kindern das Mauern bei, wenn man selbst nicht vom Fach ist?

Das Team wandte sich an die für Maurer-Ausbildung zuständige Stelle: das Handwerker-Bildungszentrum der Stadt Bielefeld. Die Resonanz war positiv, und so wurde vereinbart, daß jeweils 20 Kinder einen zweitägigen Maurer-Lehrgang auf dem Ausbildungs-Gelände absolvieren sollten.

Zuvor aber wurden sie in der Schule darauf vorbereitet: Sie bastelten "Steine" aus Papier in Originalgröße mit dem Ziel, größtmögliche Paßgenauigkeit zu erreichen. Es wurde schnell klar, daß man dazu vorher genaue Zeichnungen anfertigen muß, und dabei wiederum ergaben sich alsbald Probleme und Fragen. Die gegenüberliegenden Seiten müssen z.B. parallel verlaufen. Aber wie macht und wie mißt man das? Was heißt überhaupt "parallel"? Scheinbar selbstverständliche Worte mußten auf diese Weise durchdacht und definiert werden: waagerecht, senkrecht, orthogonal, Winkel, Rechteck, Quader.

Später, im Handwerker-Bildungszentrum, waren den Kindern ganz andere Dinge wichtig: Sie waren zum erstenmal in der "richtigen" Arbeitswelt, konnten zusehen, wie Berufsausbildung vor sich geht, erlebten, wie ihre Lehrerinnen und Lehrer mit ihnen zu Lernenden wurden und wie alle Autorität wie selbstverständlich auf den ausbildenden Meister überging. Sie bekamen richtiges Handwerkszeug - Helm, Kelle, Wasserwaage - und bauten richtige Mauern und merkten, wie schwer das ist. Sie erfuhren am eigenen Leib, was das ist: ein Arbeitstag. Und sie mußten es hinnehmen, daß am Ende alles abgerissen wurde, was sie gebaut hatten, damit der Platz am nächsten Morgen wieder frei war. Umso mehr waren sie erpicht auf ihr eigenes, "echtes" Bauwerk. Das sollte im nächsten Frühjahr und Sommer entstehen.

Aber noch gab es keinen Entwurf. So wurde ein Wettbewerb für die Jahrgänge 6-10 ausgeschrieben, und eine Jury, bestehend aus einem Architekten, dem Leiter des Handwerker-Bildungszentrums und einem Mitglied der Schulleitung, prämierte die besten Entwürfe, von denen schließlich einer ausgewählt wurde. Die Kinder des Jahrgangs (mittlerweile 7) hatten gute Chancen, nachdem sie im Unterricht ausführlich über Labyrinthe und Irrgärten gesprochen hatten, und so wurde denn auch einer von ihnen Sieger des Wettbewerbs.

Auf Grund seines Entwurfs wurden nun die Baukosten veranschlagt. Es zeigte sich, was zu befürchten war: Die Zuschüsse und privaten Spenden reichten nicht aus. In dieser Lage wandte sich das Team mit der Bitte um Unterstützung an die Robert-Bosch-Stiftung, mit Erfolg. Nun schien die Finanzierung gesichert, der Bau konnte beginnen.

Aber dann gab es eine herbe Enttäuschung: Die Kosten für das Fundament waren viel zu gering veranschlagt. Es dauerte weitere 1 1/2 Jahre, bis das Geld beisammen war. Inzwischen hatten auch die beiden nachfolgenden Jahrgänge den zweitägigen Lehrgang im Handwerker-Bildungszentrum absolviert, so daß also insgesamt 180 Laborschulkinder im Mauern "ausgebildet" waren.

Im Frühjahr 1987 war es dann endlich so weit: Der Meister kam mit 5 Lehrlingen, sie blieben drei Wochen, und mit ihnen und unter ihrer Anleitung arbeiteten jeweils 7 - 8 Kinder, die sich freiwillig dazu gemeldet hatten. Ständig waren sie von Neugierigen umringt, die mehr oder weniger staunend oder neidisch zusahen, und als das Werk vollendet war, gab es eine Einweihungsfeier mit viel Publikum und Musik, die Baustelle war bunt geschmückt, Hartmut von Hentig hielt eine Rede, und Fernsehen und Zeitung berichteten über das Projekt.

Aber noch einmal gab es Rückschläge und Enttäuschungen. Die Höhe der Mauern (30 cm) erwies sich als problematisch. Die fünf- bis siebenjährigen Kinder übten daran ihre Springkünste, die Größeren spielten auf ihnen Nachlaufen, und es gab bisweilen blutende Knie und einige leichtere Unfälle. Hinzu kamen einige mutwillige Zerstörungen durch ungebetene Gäste.

Was war zu tun? Die drei Lehrenden (Annelie W., Christian F. und Dieter S.) entschlossen sich zu einer neuen Initiative: ein weiterer Jahrgang 6, wiederum von ihnen betreut, sollte "ausgebildet", ein weiterer Bauabschnitt für das nächste Jahr beantragt werden. Unterschiedliche Mauerhöhen, so war die Überlegung, würden das Unfall-Risiko erheblich verringern und außerdem räumlicher wirken; später sollte dieser Effekt durch Bänke und Sitzgruppen noch verstärkt werden. So kam es also, daß die jetzigen "Siebener" zum vierten Maurer-Jahrgang wurden.

Angesichts dieser komplizierten Baugeschichte sind sie sich ihrer Verantwortung für die Vollendung des Werks sehr bewußt.

Was haben sie dabei erlebt und gelernt? Am Ende dieses Arbeitstages, der für sie 4 Maurer-Stunden gedauert hat (und außerdem normalen Unterricht enthielt) geben die Mädchen bereitwillig darüber Auskunft.

Natürlich wissen sie, wie man mauert: Man legt immer abwechselnd eine Rollschicht und eine Läuferschicht, und bei der obersten werden die Steine hochkant vermauert, und es müssen Vollsteine sein, also solche, die keine Löcher haben. Denn: "Wenn da Wasser reinkommt und das gefriert, dann platzen die Steine auf. Und dann muß man hochkant schichten, damit da nichts reinkommt."

Bei der "Ausbildung" haben sie ebenso gelernt, was man beim Mauern braucht und wozu: Maurerkelle, Wasserwaage, Steine natürlich, Hammer, Zollstock, Maurerband und einen extra dicken Maurer-Bleistift.

Was wissen sie noch von der Vorbereitung im Unterricht?

"Ja, also in Mathe, da hatten wir so' n... so' n Thema: Vom Ziegelstein bis zur Geometrie. Da mußten wir Ziegelsteine aus Pappe bauen und alles so was." "Also, die Ziegelsteine gehörten sozusagen mit zur Geometrie."

Im naturwissenschaftlichen Unterricht (genannt "Nawi") haben sie gelernt, wie man Mörtel herstellt und welche Rolle der Kalk dabei spielt. Sie haben Steinkalk gebrannt, das entstandene Puder mit Wasser gelöscht und dabei gelernt, wie diese Veränderungen zu erklären sind und wie man sie in der Maurerpraxis nutzen kann.

Zur Vorbereitung im Unterricht gehörte es auch, das Verfahren der Herstellung von Ziegelsteinen kennenzulernen. Der erste "Labyrinth- Jahrgang" hatte seinerzeit versucht, so zu arbeiten wie früher die "Ziegelbäcker", nach dem alten Verfahren des "Lehmbrands", also mit Holz-Schablonen, in die dann der Lehm gestrichen wurde. Diese Arbeit aber erwies sich als so schwer, daß der Versuch abgebrochen werden mußte.

Die jetzigen "Siebener" haben also die Herstellung von Ziegeln auf andere Weise kennengelernt: Sie sind in den Nachbarort Werther gefahren und haben dort die Ziegelei besichtigt; zuerst die Halle, wo in riesigen Mischmaschinen Lehm und Steinzusätze zermahlen werden. ("Das waren so zwei große Räder... Das drehte sich in sich, und dann hat sich das rund gedreht." "Riesengroß! Also, wenn man... ich meine, wenn man da drunter gekommen wäre. dann wär' man platt. Kannste dich nicht mehr retten!") Dann kam "so' n Silo oder was", wo die Masse aufbewahrt wurde. Danach haben sie gesehen, wie die vorgeformte Tonmasse auf Förderbändern in die Trockenkammer gelangt und unterwegs in Ziegelstein-Form geschnitten wird (... mit so 'nem komischen Draht, wie so' n Eierschneider"), wie diese "Rohlinge" zunächst getrocknet und dann gebrannt werden. Am meisten hat sie beeindruckt, wie "total heiß" die Ziegel nach zweitägiger Abkühlung noch waren." Echt, das war wie so' n... wie so' ne große Sauna.""Nein, das war wie ein Föhn... das nimmt einem total die Luft weg!" "Ja, da kannste nicht drin atmen."

Im Unterricht hatten sie übrigens schon vorher einen Film über die Herstellung von Ziegeln gesehen. Aber von dem wissen sie so gut wie nichts mehr.

Insgesamt fanden die Mädchen das Projekt "echt gut": Das Mauern und alles, was damit zusammenhängt, hat ihnen Spaß gemacht. Sie wissen auch zu schätzen, wieviel Zeit und Kraft ihre Lehrerinnen und Lehrer da hineingesteckt haben.

Die Frage, ob sie, außer dem Mauern, auch im Unterricht viel gelernt hätten, beantworten sie ohne Zögern mit Ja.

Sind solche Projekte wie der Labyrinth-Bau nun typisch für das Lernen in dieser Schule und Altersstufe?

Natürlich sind Lehrerinnen und Lehrer an der Laborschule, die ja diese Art des Lernens auf ihre Fahnen geschrieben hat, immer auf der Suche nach solchen Anlässen und Gelegenheiten. Aber natürlich teilen sie auch mit anderen, die solches ebenfalls wollen, das Problem aller Schulen: den Mangel an echter, d.h. praktisch-nützlicher Arbeit. Zwar sind die Voraussetzungen für solche Projekte hier besonders günstig, aber es gibt auch Grenzen: Nicht alle Kinder können immerzu Mauern bauen oder Ähnliches tun, und umgekehrt läßt sich nicht alles, was in der Schule vorkommen soll, an solchen Tätigkeiten lernen. Und schließlich: Bei einem solchen Unternehmen gibt es Probleme, Rückschläge, Schwierigkeiten, von denen alle ein Lied singen können, die Ähnliches je versucht haben. Da wäre von den besonderen Anforderungen an die

Erwachsenen zu reden, die zweifellos (bei vollem Unterrichtsdeputat!) eine hohe zusätzliche Belastung darstellen: das Planen und Vorbereiten, die Gremien-Anträge und Bittbriefe, Telefonate und Besuche, die Doppel-Aufgabe, selbst "Mit-Lehrling" beim Mauern zu sein und doch die Verantwortung für das Ganze zu haben, und schließlich die zahllosen Detail-Probleme, vom Fahrkartenkauf bis zum Bedienen der Mischmaschine, von der Werkzeugbeschaffung oder Getränkeversorgung bis zur Organisation der Einweihungsfeier. Hinzu kommen die "Durststrecken", die bei einem so langfristigen Projekt zwangsläufig auftreten und in der Regel entsprechende Unlust-Erscheinungen zur Folge haben. Was tut man, wenn Kinder sagen, sie wollten sich nicht die Finger schmutzig machen, wenn andere zwar eifrig loslegen, dann aber irgendwann die Kelle aus der Hand legen und erklären, sie wollten nun nicht mehr, oder gar, sie hätten lieber "richtigen" Unterricht? All das ist irgendwann passiert, und die Erwachsenen mußten sich dazu verhalten. Schwer war es auch für den ersten "Labyrinth-Jahrgang", die Enttäuschung darüber zu verkraften, daß *ihr* Projekt, das sie mitbeschlossen, -geplant und -verwirklicht hatten, von anderen weiter- und zuendegeführt werden mußte. Wie lassen sich solche Pannen verhindern? Und wie kann man umgekehrt dafür sorgen, daß die Theorie-Anteile über der praktischen Arbeit nicht zu kurz kommen, daß *alle* beim Labyrinth-Bau *auch* Geometrie und Chemie lernen? Vor solche und ähnliche Fragen sehen sich alle gestellt, die sich auf solche Unternehmungen einlassen. In ihnen spiegelt sich auch das Spannungsverhältnis zwischen Erfahrung und Belehrung, Hand-Arbeit und Kopf-Arbeit, Erlebnis und Systematik, Projektion und Produkt. Die Laborschule macht es sich zum Auftrag, nichts davon außer acht zu lassen, sondern zwischen den entgegengesetzten Polen jeweils zu vermitteln, wie es die Sache und die Situation erfordern, also ein schwieriges Gleichgewicht immer wieder neu herzustellen.

1. 4 Drei Jahre für Helen - ein Rückblick

Helen kam im August 1985 ins 5. und im August 1988 ins 8. Schuljahr. Sie hat also zum Zeitpunkt dieses Berichts die Stufe III hinter sich gelassen, aber noch gut im Gedächtnis.

Der folgende Abschnitt schildert im Rückblick, was sie in und mit ihrer Stammgruppe in diesen Jahren erlebt hat. Dabei kommt natürlich auch der Unterricht vor; vor allem das, was die Gruppe bei und mit ihrer Betreuungslehrerin Maria R. gemacht hat. Von den übrigen Fächern ist so gut wie gar nicht die Rede. Dieser Rückblick, basierend auf ihren Erzählungen, ist also bewußt subjektiv; er will nicht über Lernstoff und Unterrichtsinhalte informieren, sondern einen Eindruck vermitteln von dem, was einer Schülerin in ihrer Erinnerung an drei Laborschuljahre als wichtig und erzählenswert erscheint.

Auch für Helen und ihre Gruppe war der Übergang in die Stufe III nicht leicht: Alle Lehrer und Lehrerinnen waren neu, drei Schülerinnen waren abgegangen, dafür kamen zwei Mädchen und zwei Jungen als "Nachrücker". Es zeigte sich bald, daß für einen von ihnen die Umstellung zu groß war; nach einigen Wochen wurde er abgemeldet. Eine erste Belastungsprobe für die Gruppe und ihre Betreuungslehrerin.

In den ersten Wochen waren sie viel draußen. "Bielefeld im Mittelalter" hieß das erste größere Thema. Eigentlich fand Helen es nicht so gut, weil sie schon oft auf der Sparrenburg gewesen war und einiges über Bielefeld gelesen hatte. Manche Sachen gefielen ihr trotzdem, z.B. die Stadt-Rallye. Da mußte man erst Straßen finden, Inschriften entziffern, Leute befragen, Fassaden zeichnen und vieles mehr und zum Schluß dann die Betreuer suchen, die sich verkleidet hatten und irgendwo in der Fußgängerzone herumwanderten. Gut fand sie auch den Ausflug zur Ravensburg, dem Stammsitz der Grafen von Ravensberg. Einige Gruppen spielten "historische" Theaterstücke vor, die sie im Unterricht geschrieben hatten, und auf dem Rückweg gab es Eis, spendiert von der Betreuungslehrerin zur Feier ihres Geburtstags. Kurz darauf war dann wieder ein Geburtstag zu feiern, Hartmut von Hentigs "Sechzigster". Die meisten Gruppen hatten sich dazu etwas ausgedacht, so auch die von Helen: Gedichte sollten vorgetragen und

-gespielt werden. Helen hatte sich zunächst den "Zauberlehrling" vorgenommen, aber als sie sich dann die vielen Strophen ansah, beschloß sie, ihn doch lieber ihrer Freundin zu überlassen.

Besonders interessant fand sie einen Unterricht, der sich "Latein für alle" nannte (darüber mehr im Kapitel 4.6). Die fremdartigen neuen Wörter, die man da lernte, faszinierten sie. Später, als sie Latein als zweite Fremdsprache gewählt hatte und merkte, daß das Vokabellernen zum Alltag gehört, ließ ihr Interesse spürbar nach. Aber sie ist bis heute im Lateinkurs.

Im Herbst war die Gruppe ein Wochenende in der Senne, um einmal ganz ungestört zu sein. Das fand Helen "total gut". Besonders für die Mädchen war das wichtig, denn unter ihnen gab es infolge der Ab- und Neuzugänge oft Spannungen. Später kam eine japanische Gastschülerin, die kein Wort Deutsch konnte. Helen nahm sich ihrer auf wirksame Weise an: "Ich hab' die überall mit hingeschleift - und egal, ob die das verstanden hat oder nicht." Nach einem Jahr war June nicht mehr stumm, sondern sprach fließend Deutsch, aber dann mußte sie zurück und schilderte der Gruppe in ihren Briefen, wie anders Schule in Japan ist. Bis heute korrespondiert Helen mit ihr.

Von den größeren Unterrichtsthemen fand sie am spannendsten "Die Entstehung und Entwicklung des Lebens". Da war die Stammfläche dekoriert mit Bildern von allen möglichen Tieren, von den Einzellern bis zu den Menschenaffen; die Kinder "beteiligten sich" an Charles Darwins Reise auf der Beagle (mit Hilfe der bekannten Filmserie) und somit an der Entstehung der Evolutions-Theorie; sie suchten im Teutoburger Wald Versteinerungen und bestimmten deren Alter; sie schrieben zum erstenmal Referate, einzeln oder in Gruppen, und nebenbei bauten sie einen "Urwelt-Zoo" mit Dinosauriern aus Ton, Papier und Knetgummi.

Helen mag Geschichten und Gedichte. Die "Lesewerkstatt" fand sie darum besonders gut; da konnte, wer jeweils dran war, einen Text eigener Wahl vortragen. Irgendwann entwickelte sich daraus, mehr oder weniger zufällig, ein Gedicht-Wettbewerb zum Thema "In dieser Minute, die jetzt ist...". Ein Vorlesebuch gab es ohnehin immer in der Gruppe; in den drei Jahren der Stufe III wurden so ca. 12 Bücher gelesen (darüber mehr im Kapitel 4.5).

Im Frühling kam der Schock von Tschernobyl. Helen durfte nicht mehr draußen reiten, weil die Pferde kein frisches Gras fressen sollten. Sie durfte nicht barfuß laufen und sah, wie ihre Eltern frisches Obst in den Mülleimer warfen. In der Schule sprachen sie darüber, und viele nahmen die Anregung auf, ihre Ängste aufzuschreiben. Helen schrieb: "Meine größte Angst ist, daß mir meine Eltern nicht sagen, wie groß ihre Angst ist."

Mitte Mai setzte der normale Unterricht für eine Woche aus. Alle Laborschülerinnen und -schüler vom 3. bis zum 10. Schuljahr arbeiteten in diesen fünf Tagen für die Partnerschule in Nicaragua. Sie wußten, daß es dort an allem fehlte, besonders an Lernmaterial und natürlich an Geld. Die Gruppe von Helen hatte 10 Kilo Nicaragua-Kaffee zu günstigem Preis gekauft; der wurde in kleine, handgenähte Säckchen umgefüllt, jedes mit einem Begleitbrief versehen, und dann verteilten sich die Kinder auf die umliegenden Wohnsiedlungen, um dort ihren Kaffee zu verkaufen, natürlich zum Spenden-Preis. Sie erwirtschafteten einen stolzen Gewinn. In der restlichen Zeit ordneten sie sich einem der anderen Angebote zu, die es für den Jahrgang gab, und das Ganze endete mit einem großen Fest (darüber mehr im Kapitel 3.6).

Weil es sich im Sommer besser reist, hatten sie einen Plan hinausgeschoben, der irgendwann beim Nachdenken über die Evolution und die Arten-Vielfalt entstanden war. Nun wurde er verwirklicht. Zuvor hatten sie Referat-Gruppen gebildet, die jeweils "ihr" Tier den anderen vorstellen sollten, und so vorbereitet fuhren sie nun nach Münster und verbrachten einen Tag im dortigen Zoo.

Die "richtige" Jahresfahrt aber fand erst kurz vor den Ferien statt: Zwei der drei "Fünfer"-Gruppen fuhren für eine Woche auf einen Reiterhof in der Nähe. Dort gab es Reitstunden für Anfänger und Fortgeschrittene, Hitze, Stalldienst, Fliegen, Lagerfeuer mit Würstchengrillen (und hinterher Liedern, zu denen Helen Gitarre spielte) und - last not least - fremde Kinder, überwiegend Mädchen, was erste Liebesdramen bei den Jungen und entsprechende Eifersuchtsdramen bei den Mädchen zur Folge hatte.

Nach den Ferien hatten sich die Gemüter beruhigt, und das 6. Schuljahr begann unter dem Unterrichts-Motto "Leben in der Steinzeit". Im Oerlinghauser Freilicht-Museum konnte man sehen, wie die Menschen allmählich den Häuserbau gelernt hatten, wie sie Vorräte hielten, Werkzeuge, Kleider und Speisen herstellten. Es gab frisches "Steinzeit-Brot" als Imbiß und später in der Schule dann den Auftrag, ein Werkzeug oder einen anderen Gebrauchsgegenstand oder Wolle oder Brot herzustellen- natürlich unter Steinzeit-Bedingungen. Ein Sozialarbeiter im Anerkennungsjahr, der sich der Gruppe zugeordnet hatte, verstand sich vorzüglich auf solche Dinge. Er schaffte es zwar nicht ganz, mit einem Brett und drei Stäben mittels Reibung Feuer zu entzünden, aber alle sahen, wie er dem Holz dicke Qualmwolken entlockte und rackerten sich ab, um ein richtiges Feuer zustandezubringen - übrigens vergebens. Rohe Schafwolle wurde mit Handspindeln aufgefädelt und dann verwoben oder verstrickt; auf der steinernen Tischtennisplatte wurden Körner zu Mehl zerrieben, und zwei Jungen bauten, nur mit den Händen, eine "Steinzeit"-Axt. Und die Kinder verstanden sehr wohl, daß diese Mühe im Ernstfall nicht zum Überleben ausgereicht hätte: Die Axt hielt nicht stand, die Textilien kamen über Topflappen-Größe nicht hinaus, und das aus dem selbstgemahlenen Mehl gebackene Brot war platt, fade und bleischwer.

Trotzdem: Helen fand das alles spannend, vor allem die Höhlenbilder. Beim nächsten Thema spezialisierte sie sich wieder auf die Kunst. Diesmal ging es um Ägypten - zunächst um die Frage, wie und warum so etwas wie "Staat" entstehen konnte und welche Folgen sich daraus ergaben, eben für die Kunst zum Beispiel. Wieder wurden Referate geschrieben, die Kinder stellten sich Ägypten-Bücher mit vielen Abbildungen zusammen, und zum Abschluß fuhr der ganze Jahrgang nach Köln, wo gerade die Ausstellung "Nofret die Schöne" gezeigt wurde. Natürlich waren sie auch im Dom und vor allem auf dem Turm. Helen hatte einige Mühe, ihre Freundin hochzuhieven; die hatte nämlich ein Gipsbein, aber sie wollte unbedingt bis ganz oben hin. Die beiden schafften es.

Auf alten Abbildungen sahen sie, wie früher die Dom-Baustelle ausgesehen hatte, und erkannten darauf Maschinen, deren Wirkungsweise sie kurz vorher in der Schule ausprobiert hatten. Einige Kollegiatinnen und Kollegiaten vom benachbarten Oberstufen-Kolleg, zwei von ihnen ehemalige Laborschüler, hatten ihnen in einem kurzen Lehrgang einfache Maschinen erklärt. Um zu verstehen, wie man damit größere Lasten heben kann, hatten sie auf der Schulstraße der Laborschule einen "Kolli" mittels Flaschenzug nach oben gehievt - mit Erfolg übrigens. Umso mehr bewunderten sie nun auf dem Dom-Turm, daß die Leute "früher" mit solchen einfachen Maschinen solche Steinmassen tatsächlich in solche Höhen gebracht hatten.

Zu Weihnachten hatte der Jahrgang diesmal ein größeres Unternehmen geplant: Nicht weniger als drei Theaterstücke sollten an einem Abend gespielt werden. Die "Lateiner" führten die Weihnachtsgeschichte auf, die "Franzosen" einen kurzen Familien-Klamauk über vertauschte Geschenke, und fast der ganze Jahrgang spielte mit in dem Stück "Hilfe, die Herdmanns kommen" nach dem gleichnamigen Roman von Barbara Robinson (mehr darüber im Kapitel 3.4). Helen stand wieder vor ihrem "Zauberlehrling-Problem": Sie hatte große Lust zum Theaterspielen, aber keine zum Auswendiglernen langer Texte. Die Rollenverteilung war für sie günstig: Im lateinischen Stück war sie "nur" ein Hirte, und als Hedwig Herdmann stand sie zwar sehr oft auf der Bühne (besser gesagt, sie fegte rabaukig herum, wie die Rolle es vorschrieb), hatte dabei aber nicht viel zu sagen - *die* Traumrolle für sie!

Die "Lateiner" waren von ihrem Erfolg so beflügelt, daß sie beschlossen, sich selbst ein neues Stück auszudenken. Das wollten sie Hartmut von Hentig, der am Ende des Schuljahrs die Schule verließ, zum Abschied schenken. Im Unterricht hatten sie Teile aus "Caius, der Lausbub aus dem alten Rom" gelesen; nun dachten sie sich weitere "altrömische" Schulgeschichten aus, in denen Hartmut ("Duranimus") als freundlicher, aber geplagter Lehrer die Hauptrolle spielte, und diese wurden von Maria R. zu einem lateinischen Drama umgearbeitet und später dann von der Gruppe vor großem Festpublikum gespielt.

Zuvor hatte es natürlich noch viel anderes gegeben. Die Bundestagswahl z.B. führten die "Sechser" auf eigene Weise durch. Sie hatten dazu verschiedene Parteien befragt, in Gruppen ihre Fragen vorher ausgearbeitet und mit anderen vor-diskutiert. Die Antworten, die sie bekommen hatten - auf Kassette festgehalten - wurden in der Schule den anderen vorgestellt und besprochen. Dann fand die Wahl statt, mit "echten" (d.h. kopierten) Wahlscheinen und unter strenger Aufsicht durch die dazu berufenen Wahlleiter. Es stellte sich heraus, daß der Jahrgang einen ausgeprägten politischen Willen hatte: Die "Grünen" kamen auf über 70% und lagen damit deutlich über dem Laborschul-Durchschnitt von 65 %.

In einem ganz anderen Zusammenhang kam die Politik wiederum ins Spiel. Die Gruppe hatte einen Erdkunde-Lehrgang "Bundesrepublik Deutschland und DDR" durchgearbeitet. Eigentlich ging es dabei um reines Kartenwissen, aber bald ergaben sich Fragen: Wie leben die eigentlich in der DDR? Was ist bei denen anders? Durch ein Vorlese-Buch "Und keiner hat mich gefragt" (I. Heyne) lernten sie ein Mädchen ihres Alters kennen, das glücklich in der DDR lebt, dann aber erfährt, daß seine Eltern in die Bundesrepublik geflohen sind (der Vater kam dabei ums Leben), das dann gegen seinen Willen zur Mutter geschickt wird und darüber zu zerbrechen droht. Ein deutsch-deutsches Schicksal, aber von "drüben" gesehen - darüber wurde in der Gruppe lange gesprochen; und dann wollten die Kinder wissen, wie es weiterging, und lasen den Fortsetzungsroman "Treffpunkt Weltzeituhr". Natürlich gab es dabei viele Anknüpfungspunkte, über das Leben in der DDR zu sprechen. So weitete sich die Erdkunde-Übung zu einem der grossen Themen des Jahres aus.

In diesen Sommer fiel auch die "Maurer"-Ausbildung im Handwerker-Bildungszentrum. Die meisten fanden das sehr gut und halfen danach als Freiwillige mit beim Bau des Labyrinths.

Vor den Sommerferien sollte wieder eine Fahrt stattfinden; aber weil das Quartier schon ausgebucht war, mußte sie auf September verschoben werden.

So begann das 7. Schuljahr ganz im Zeichen des Reisens; denn in der Zeit vor den Osterferien - das wußte die Gruppe schon seit Jahren - würden sie, wie vor ihnen alle "Siebener" der Laborschule, für zwei Wochen zum Skilaufen nach Damüls fahren, wo die Schule für diese Zeit Jahr für Jahr eine Hütte mietete. Da traf es sich gut, daß sie für die Septemberwoche Wohnwagen gemietet hatten, in denen man sich, wie in der Skihütte, selbst versorgen mußte. Allen war klar, daß diese beiden Fahrten eine große finanzielle Belastung für die Eltern bedeuteten, und sie akzeptierten darum die Auflage, mit wenig Geld auskommen und dabei einmal am Tag warm essen zu müssen. In der Kochgruppe von Helen funktionierte das gut; die Mädchen hatten genau kalkuliert, günstig eingekauft, die Mahlzeiten unter sich aufgeteilt und jeweils ihr Gericht zu Hause vorgekocht. Die Jungen nebenan hingegen zerstritten sich völlig über der Frage, wieviel Pfeffer-, Salz- und Chili-Mengen welchem Gericht beizumischen seien. Sie trennten sich und lebten - mehr oder weniger verdrossene und hungrige Einzelgänger - von "Pommes", Eis und ähnlichen Dingen. Einem von ihnen gelang es, sich bei den Mädchen mit durchfüttern zu lassen. Er wußte ihr Mitleid zu erregen und akzeptierte die Bedingung: Abwaschen.

Die große Attraktion war das Wasser, ein kleiner Fluß mit einem Wehr, das man, auf Autoreifen sitzend, "befahren" konnte: man sauste hinunter und landete in strudelndem Tiefwasser. Für einige war dieser Sport wie berauschend. Das Wasser war um diese Zeit schon ziemlich kalt, und darum gab es ein Zeit-Limit; aber einige der "Fans" schafften es nicht, sich an die vorher gemeinsam getroffenen Absprachen zu halten. Aus diesem an sich geringfügigen Anlaß entwickelte sich ein schwerer Konflikt zwischen der Gruppe und ihrer Betreuungslehrerin, der ihre Beziehung zueinander eine zeitlang überschattete.

Überhaupt hatte diese Gruppe es ziemlich schwer mit sich und ihren Konflikten. Durch das Nachrücken mehrerer Mädchen (zu Beginn des 6. Schuljahrs waren zwei weitere hinzugekommen) war zwar das alte (für die Laborschule ganz untypische) Ungleichgewicht (75 % Jungen) etwas ausgeglichen, aber die Beziehungen zwischen Mädchen und Jungen hatten sich nie wirklich stabilisiert. Das Problem wurde durch ein anderes überlagert. Es gab in der Gruppe einige "Stars" (beiderlei Geschlechts, aber die Jungen dominierten); und die ließen die anderen deutlich spüren, daß sie "weniger wert" waren. Dadurch wiederum verstärkten sich die ohnehin vorhandenen Spannungen unter den Mädchen: die "Stars" blieben unter sich, und die "Minderen" reagierten entsprechend beleidigt oder aggressiv.

Die Betreuungslehrerin versuchte nicht, mit irgendwelchen Maßnahmen Änderungen zu erzwingen. Aber sie arbeitete über drei Jahre hinweg beharrlich an dem Problem, durch die einzig wirksamen Mittel, die Erwachsene an einer solchen Schule haben: durch Zuhören und Gespräch und durch die Wirkung der eigenen Person. Lange Gespräche, mit einzelnen Kindern, mit deren Müttern oder Vätern, mit Kinder- und Elterngruppen, ein gemeinsames Wochenende und viele Unternehmungen, Nachmittage, an denen die Gruppe unter sich war, Gespräche "unter Frauen" und schließlich die Tradition, daß jede Schulwoche mit einem Freitag-Nachmittag-Tee endete, für den sie die materielle Grundlage lieferte, die Gruppe hingegen die inhaltliche Gestaltung übernahm - das alles zusammen bewirkte, daß diese bisweilen in sich zerstrittene und zerfallene Gruppe langsam, langsam wieder zu einer Gemeinschaft wurde. Zwischendurch gab es immer wieder Rückschläge, eben jenen Konflikt zum Beispiel. Ein anderer Tiefpunkt war erreicht, als eine der "Star"-Schülerinnen gegen Ende des 6. Schuljahrs erklärte, sie werde vielleicht abgehen. In der Gruppe sei es doof, die Lehrer seien alle zu weich, überhaupt die ganze Schule, und sie kenne jemanden von der XY-Schule, der in Mathe schon viel weiter sei als sie.

Nach all diesen Krisen und Konflikten - die Schülerin war übrigens geblieben - war die Gruppe im 7. Schuljahr endlich so weit, daß sie den Ernstfall glänzend bestand: Die 14 Tage, die sie zusammen in einer Skihütte verbrachten, teilweise von der Außenwelt abgeschnitten, auf engstem Raum und unter ziemlich spartanischen Bedingungen lebend, waren für die Mädchen und Jungen ebenso vergnüglich wie abenteuerlich. Die Mädchen hatten beschlossen, alle zusammen in einem Zimmer zu schlafen, und der Spaß, den sie dabei hatten, überwog das gelegentlich wieder aufkommende alte Hickhack bei weitem.

Am Ende dieses Schuljahrs stand für die Gruppe dann ein Unternehmen besonderer Art: eine regelrechte Verschwörung. Ihre Betreuungslehrerin, das wußten sie, würde die Schule verlassen und in den Ruhestand gehen, und die Betreuungslehrerin der Nachbargruppe war für ein paar Jahre an die Universität abgeordnet, um dort an einem wissenschaftlichen Projekt mitzuarbeiten, ging also ebenfalls. Beide Gruppen hatten das Bedürfnis, "irgendwas Tolles" zum Abschied zu machen. Die Lehrerin der dritten Gruppe fragte vorsichtig an, ob sie Lust hätten, noch einmal Theater zu spielen, und zwar diesmal ein "richtiges", abendfüllendes Stück: "Cäsar und Cleopatra" von G.B. Shaw. Alle wollten mitmachen, und das war der Anfang eines ziemlich verrückten, anstrengenden und spannenden Unternehmens. Im 7. Schuljahr hatten sie sich lange mit römischer Geschichte beschäftigt, und mit Ägypten ja schon vorher. Außerdem hatten sie bei Maria R. Latein und bei Susanne T., der anderen Lehrerin, Englisch gehabt; es paßte also alles zusammen. Aber wie und wann sollte man so ein Riesenstück einüben, ohne daß diese beiden, die "unglücklicherweise" auch noch fast ständig in der Schule waren, es merkten? Nun, es entstand, wie gesagt, eine weitverzweigte Verschwörung. Alle Fachlehrerinnen und -lehrer waren eingeweiht und halfen mit, Kulissen wurden gebaut, Bühnenbilder gemalt und Helme gebastelt, Mütter trafen sich an Sonntagen in der Schule, studierten Abbildungen und nähten römische und ägyptische Gewänder, die Werkmeister bauten Waffen und Schiffsschnäbel. Und die Kinder blieben an Nachmittagen oder kamen am Wochenende und erfanden die unglaublichsten Notlügen, wenn sie fürchteten, die beiden Lehrerinnen könnten etwas merken. "Nebenbei" übte die Nachbargruppe auch noch ein englisches Stück ein, das sehr umfangreich und anspruchsvoll war, und die Mädchen und Jungen, die in beiden größere Rollen spielten, waren manchmal fast am Ende ihrer Kraft, konnten ihrer Lehrerin ja aber nicht sagen, warum.

Was zum Schluß niemand mehr für möglich gehalten hatte, gelang: Die beiden Lehrerinnen merkten nichts. Zwar war ihnen aufgefallen, daß die Kinder fahrig und müde wirkten, und auch über manche Bemerkung, die jemandem aus Versehen herausgerutscht war, hatten sie sich ebenso gewundert wie über herumliegende Textblätter und weit hergeholte Entschuldigungen für Zuspätkommen oder Fernbleiben vom Unterricht. Aber als sie dann, unter einem Vorwand in die Schule gelockt, in einen Saal geführt wurden, wo alle Eltern und Kinder sie mit Applaus empfingen, um dann ihr gemeinsames Abschiedsgeschenk vorzuführen, waren sie vollkommen überrascht.

Helen war ihrer Maxime treu geblieben und hatte wieder eine Hauptrolle mit wenig Text erwischt. Sie war Ptolemäus, Cleopatras kleiner Bruder. Auch alle anderen aus ihrer Gruppe hatten mitgespielt. Und es hatte keinen Streit gegeben - vielleicht weil die Aufgabe zu groß war, als daß man sich den hätte leisten können.

Überhaupt hatte es seit der Skireise kaum noch jene Konflikt-Situationen gegeben, die früher so viel Zeit und Kraft gekostet hatten. Den Mädchen und Jungen war jetzt anderes wichtiger, ihre individuellen Freundschaften vor allem, aber auch das Weiterkommen in der Schule. Viele aus Helens Gruppe wählten jetzt den Französisch-"Spätbeginn"-Kurs - ein Angebot der Laborschule für alle, die im 5. und 6. Schuljahr keine 2. Fremdsprache gewählt und dafür Förderunterricht gehabt haben. Wenn in diesem Kurs noch Plätze frei sind, kann es vorkommen, daß einige "Lateiner" mit einsteigen, für die Französisch also die dritte Fremdsprache ist. Das ist zwar eigentlich nicht vorgesehen, wird aber von Jahr zu Jahr versucht, damit die besonders Lerneifrigen eine besondere Chance haben. In Helens Gruppe gab es einige, die diese Möglichkeit wahrnehmen wollten, und nur noch vier Mädchen und Jungen, die keine zweite Fremdsprache lernten.

Helen gehörte zu den "Doppel-Lernern". Sie mußte nun, obgleich sie ja das Vokabellernen nicht sehr schätzte, diese Arbeit doppelt und dreifach leisten, und sie mußte ein hartes Opfer bringen: Weil die Latein- und Französischkurse parallel lagen, hatten die beiden Lehrerinnen sich darauf geeinigt, eine der drei Französisch-Stunden in die Zeit von 7.30 bis 8.30 Uhr zu verlegen, also vor die normale Unterrichtszeit. Außerdem hatte die Lateinlehrerin für diese Kinder eine freiwillige Frühstunde eingerichtet (für sie eine Überstunde), um diese in Latein bei der Stange zu halten. So hatten sie also zwei Stunden Latein und zwei der drei Französisch-Stunden und mußten zweimal in der Woche früh aufstehen. Dieses komplizierte Arrangement galt für ein Jahr. Danach sollten die "Doppel-Lerner" neu entscheiden. Zwei von ihnen verließen den Latein–Kurs und blieben beim Französisch; drei wollten weiterhin beides lernen, und Helen beschloß, Französisch aufzugeben und beim Latein zu bleiben. Nicht, daß sie sich überfordert hätte; aber sie wollte einfach mehr Zeit für andere Dinge haben, z.B. für die Reiterei.

Auch in der Schule bildeten sich ihre Neigungen und Interessen immer deutlicher heraus. Ihre alte Vorliebe für Geschichte und Kunst hatte ihr viele Kenntnisse auf diesem Gebiet eingebracht. Die im Unterricht oft gebotene Möglichkeit, allein oder in einer Gruppe an Themen eigener Wahl zu arbeiten, kam dem sehr entgegen. Als die griechische Geschichte "dran" war, schrieb sie ein Referat über die Olympischen Spiele - eine Variante ihres Lieblingsthemas "Spiele und Feste". Auch andere Mädchen der Gruppe hatten sich in ähnlicher Weise spezialisiert; und als sie im 7. Schuljahr die Entwicklung des Römischen Reiches besprachen, konnten sie ihrem mit dem "Steinzeit"-Referat begonnenen selbstgeschriebenen Geschichtsbuch ein weiteres Kapitel hinzufügen: die einen über Frauen, die anderen über Kindheit, und Helen, wie gesagt, über Spiele und Feste. In diesem Sommer konnten sie sich keine größere Reise mehr leisten, die sie ja bereits hinter sich hatten. Aber es reichte doch für kleinere Unternehmungen. Einmal radelten sie zu einem einsamen Waldhaus, das die Schule gemietet hatte, um so das Abschiedsgeschenk ihres Gründers

(Hartmut von Hentig hatte den finanziellen "Grundstein" für einen Kotten gelegt) zu konkretisieren. Es ging nicht nur darum, einen Blick darauf zu werfen; die künftigen "Achter" sollten sich auch an Ort und Stelle darüber Gedanken machen, ob sie bereit wären, längere Zeit an der Renovierung mitzuwirken. Die Reaktionen waren sehr unterschiedlich; einige waren begeistert, andere fanden die Vorstellung, in solcher Einsamkeit, ohne Fernsehen und andere Luxusgüter zu leben, eher schrecklich. Später erledigte sich die Frage für diesen Jahrgang: die Renovierungskosten wären zu hoch gewesen. Die Schule löste den Vertrag und sucht seitdem nach einem geeigneteren Objekt.

Als Abschlußfahrt für das Schuljahr hatte der Jahrgang eine Tagesfahrt nach Xanten geplant. Bei strahlendem Wetter waren sie in der Stadt und natürlich in dem großen Freilicht-Museum, der rekonstruierten Colonia Ulpia Traiana. Dort konnten sie ihr Wissen über römische Geschichte vor Ort vertiefen. Helen und ihre Gruppe arbeiteten ziemlich lange an ihren "Forschungsaufgaben" und hatten sich die anschließende Erholung im Freibad redlich verdient.

Ein anderes Thema, das sie schon im 5. Schuljahr beschäftigt hatte, wurde nun in veränderter Form wieder aufgenommen. Es hing mit der Person ihrer Betreuungslehrerin zusammen. Diese hatte als Kind erlebt, was es im "Dritten Reich" bedeutete, eine jüdische Großmutter zu haben. Der Vater verlor seine Arbeit, die Eltern lebten in ständiger Angst. Seitdem sie den Kindern einmal davon erzählt hatte, gab es kein Thema, das diese brennender interessiert hätte. Immer wieder verlangten sie, sie solle von "früher" erzählen. Darum hatten sie zusammen im 5. Schuljahr "Als Hitler das rosa Kaninchen stahl" gelesen - immer wieder unterbrochen durch Fragen der Kinder und Antworten der Lehrerin. Und nun, zwei Jahre später, hatte die Gruppe mit großer Mehrheit darum gebeten, noch einmal über das Thema "Hitler und Krieg" zu sprechen. Sie wußten mittlerweile einiges, verlangten nach genaueren Informationen und bekamen sie: aus Büchern, Filmen und vor allem aus Augenzeugenberichten. Und ihre Lehrerin hatten sie ja als "Zeugin" präsent, sodaß es, auch jetzt wieder, ständig hieß: "Maria, wie war das damals?"

2. Laborschule im Überblick

Die Stufe III ist Teil eines Ganzen; die im ersten Kapitel geschilderten Szenen aus dem Alltag sind eingebettet in eine übergreifende Organisation, und diese wiederum soll die pädagogischen Ziele und Prinzipien, die dieser Schule zugrunde liegen, zur Wirkung bringen. Vieles davon ist schon "nebenbei" zur Sprache gekommen; es mag aber nützlich sein, sich nach diesen ersten Eindrücken einen Überblick darüber zu verschaffen, was dieses "Ganze" denn ist und meint. Dem dient dieses Kapitel. Es eignet sich folglich sehr gut dazu, überschlagen zu werden - von allen, die solche "Nachhilfe" nicht brauchen oder nicht wünschen. Sein Ziel ist es, die Stufe III in ihrem Umfeld zu skizzieren und damit zugleich ihren Platz und ihre besonderen Aufgaben im Gefüge des Ganzen verständlich zu machen.

2.1 Der pädagogische Auftrag

Die Laborschule ist Versuchsschule des Landes Nordrhein-Westfalen, zugleich Wissenschaftliche Einrichtung, und hat den Auftrag, neue Formen des Lehrens und Lernens zu erproben. Darum ist sie von vielen Regelungen, die an anderen Schulen gelten, ausgenommen und hat für ihre Arbeit eigene *Strukturmerkmale* entwickelt. In den geschilderten Szenen kommt vieles davon zum Ausdruck: die Stufengliederung und die Übergänge z.B., die besondere Rolle der Eingangsstufe, aber auch die Versammlungen und Projekte, Kurse und Lerngelegenheiten sind von der Schule in den Jahren seit ihrer Gründung so entwickelt worden; in ihnen spiegelt sich also ihr besonderes Profil. Zugleich ist sie in ihrer Freiheit eingeschränkt durch die Pflicht, die sie ebenso zu erfüllen hat wie jede andere Schule auch: ihre Schüler auf das Leben in einer Leistungsgesellschaft vorzubereiten. Aber *wie* sie das macht, ist nicht vorgeschrieben und in einer Demikratie. Sie muß am Ende Abschlüsse erteilen, aber auf dem Weg dahin ist sie weitgehend frei. Das heißt natürlich nicht, daß sie ohne Festlegungen auskommt. Als ganz normale Schule hat sie ihre Lernziele und darüber hinaus selbst erarbeitete, mit dem Kultusministerium ausgehandelte

Abschlußqualifikationen. Aber ihr Auftrag erfordert (und die ihr gewährte Freiheit ermöglicht) zugleich, individueller zu verfahren, die einzelnen Kinder und deren Besonderheit stärker zu berücksichtigen, als es an anderen Schulen, die diese Freiheit nicht haben, möglich ist. Sie will die Unterschiede zwischen den Kindern weder leugnen noch vertuschen, sondern ausdrücklich anerkennen; sie will jedes in seiner Eigenart ernst nehmen, ihm die Zeit lassen, die es für seine Entwicklung braucht, es als Person stärken, ihm helfen, einen geeigneten Lernweg herauszufinden und ihm dadurch ermöglichen, nach *seinen* Fähigkeiten das Beste zu leisten. "Die Menschen stärken, die Sachen klären" hat Hartmut von Hentig dieses Prinzip genannt (Hentig 1985), oder, auf das Spannungsverhältnis zwischen Eigenständigkeit der Kinder und Anpassung an die Gesellschaft bezogen, "... sie auf die Welt vorbereiten, wie sie ist, ohne sie der Welt zu unterwerfen, wie sie ist" (Hentig 1987 b, S. 67).

Mit diesem pädagogischen Grundprinzip hängen alle weiteren pädagogischen und organisatorischen Besonderheiten der Laborschule direkt oder indirekt zusammen. Es sind im wesentlichen folgende:

(1) Der Lernweg eines Laborschülers/einer Laborschülerin soll nicht ein automatisch- gleichförmiges Weiterkommen sein, wie es üblicherweise der Fall ist; also kein "Fließband". Eher gleicht dieser Weg einer Treppe mit vier *Stufen*. Die Kinder müssen also viermal einen "großen Schritt" tun, einen mühsamen Übergang (wie im ersten Kapitel beschrieben), der deutliche Veränderungen und jeweils mehr Verantwortung mit sich bringt: bei der Einschulung (Stufe I) und dann wieder beim Übergang ins dritte, ins fünfte und ins achte Schuljahr (Stufen II - IV). Der letzte große Schritt ist dann der Abgang von der Schule. Diese selbst ist auch eine Stufe, nämlich die des Übergangs von der kleinen, überschaubaren Einheit der Familie zu den abstrakten Ordnungen unserer Gesellschaft. Zwischen diesen stellt die Schule das Mittelstück dar, eine *Brücke* sozusagen. Das gilt für alle Schulen. Die Laborschule will aber mit ihrem Stufungssystem einen besonderen Beitrag zur Lösung dieser Aufgabe leisten.

(2) Der Lernweg soll an keiner Stelle als "Durchgangsstation" empfunden werden zu einem Leben, das irgendwann später beginnt, sondern immer ein möglichst reicher, schöner, wichtiger und darum sinnvoller Lebensabschnitt sein. Die Laborschule ver-

steht sich darum nicht nur als Schule, sondern auch als *Lebens- und Erfahrungsraum* für Kinder und Jugendliche. Darum ist sie auch eine Ganztagsschule mit vielen Angeboten für die Zeit ausserhalb des Unterrichts.

(3) Das Lernen wird von den Lehrenden geplant und vermittelt, wie an jeder Schule. Aber sie folgen dabei einem Prinzip, das den Kindern eine andere Rolle zuweist als die traditionelle. Es lautet: *Lernen an und aus der Erfahrung*, anders gesagt: *So viel Belehrung wie möglich und sinnvoll durch Erfahrung ersetzen*. Darum spielen praktisches Handeln und entdeckendes Lernen eine große Rolle. Der Lernstoff ist nicht nach Fächern vorsortiert. Je höher die Kinder auf der Treppe steigen, je weiter der Horizont und je größer ihr Wissen wird, umso spezieller werden ihre Fragen und Tätigkeiten. Sie gelangen also von sich aus zur Spezialisierung und damit zu den Fächern. Diese ergeben sich aus dem Lernweg, und nicht umgekehrt, sie stehen am Ende eines Prozesses, der als ganzheitlich-ungefächertes Lernen begonnen hat. Die dazwischen liegende Entwicklung findet ihren Ausdruck durch die Gliederung des Lernfelds in *Erfahrungsbereiche*. Diese sind noch nicht Fächer (die sich später aus ihnen ergeben), stellen aber bereits eine deutliche Gliederung der Inhalte, Arbeitsformen und Methoden dar.

(4) Laborschülerinnen und -schüler werden nicht nach ihren Leistungen in unterschiedliche Niveaukurse sortiert und auch nicht nach einem einheitlichen Maßstab bewertet. Beides würde dem Grundprinzip widersprechen. An die Stelle der sogenannten Leistungsdifferenzierung tritt hier die *Differenzierung der Angebote*, die von Stufe zu Stufe umfangreicher und vielfältiger werden. Die Abgänger haben also sehr unterschiedliche Lernwege hinter sich. Sie verlassen die Schule mit einem sogenannten "individuellen Leistungsprofil". An die Stelle der einheitlichen Benotung tritt die individuelle Bewertung, die jedes Kind nicht nur am Maßstab der Lerngruppe, sondern vor allem an dem *seiner* Fähigkeiten mißt. Da sich dies unmöglich in Ziffern ausdrücken läßt, deren Maßstab ja allgemein geltende Normen sind, bekommen die Kinder zweimal im Jahr sogenannte *Berichte zum Lernvorgang*. Erst im 10. Schuljahr (auf Wunsch auch schon am Ende des 9.) bekommen sie außerdem Notenzeugnisse, weil sie diese für ihre Bewerbungen an weiterführende oder berufsbildende Schulen brauchen.

(5) Bei aller Verschiedenheit der Angebote und Lernwege nehmen die Kinder und Jugendlichen zugleich wahr, daß sie in einer *Gemeinschaft* leben: der kleineren ihrer Stammgruppe, der größeren ihres Jahrgangs und ihrer Stufe und schließlich der aller hier tätigen Menschen. Sie sehen, wie die Erwachsenen ihre Arbeit miteinander planen und regeln. Sie selbst gestalten das Leben in ihrer Gruppe verantwortlich mit und können auch (direkt oder indirekt) in den Gremien der Schule mitwirken. So lernen sie, wie man "Politik im Kleinen" treibt und was es bedeutet, verantwortliches Mitglied einer Gemeinschaft zu sein. Diese soll in ihrer Kleinheit und Überschaubarkeit einer *polis* ähnlich sein, jener von den Griechen entwickelten Lebensform, von der die Politik ihren Namen herleitet. Wer so "politisch" aufwächst, wird später - so ist die Hoffnung - gefeit sein gegen die Überwältigung durch Propaganda und Massenhysterie, und so hätte die Schule ihren Beitrag geleistet zu ihrem obersten politischen Ziel: Nie wieder ein zweites 1933.

Diese genannten Prinzipien sind notwendig allgemein und kommen in den verschiedenen Altersstufen in sehr unterschiedlicher Weise zum Ausdruck; umgekehrt erlauben sie es, in der Vielfalt des Schulalltages von Kindern und Jugendlichen jeweils die Grundzüge einer ganzheitlichen Pädagogik zu erkennen.

2. 2 Die vier Stufen

Stufe I:

Laborschulkinder kommen mit fünf Jahren in die Schule, in das Haus 1. Das *Vorschuljahr* soll ihnen den Übergang von der Familie in die neue Lern- und Lebensumwelt Schule erleichtern und zwischen beiden vermitteln. Dem gleichen Ziel dient auch die Zusammensetzung der Gruppen: in ihnen leben und lernen die Fünfjährigen zusammen mit den Kindern des 1. und 2. Schuljahrs. In diesen *altersgemischten Gruppen* können die jüngeren Kinder also, ebenso wie in einer Familie, nicht nur von den Erwachsenen lernen, sondern auch von Kindern, die älter sind und mehr können als sie, die aber nicht so "perfekt" und unerreichbar sind wie Erwachsene und die Jüngeren gerade dadurch ermutigen können. Die gleiche pägagogische Begründung gilt auch für die Größe der

Gruppen. Die übliche "Pyramide", der zufolge die Jüngsten in den größten Gruppen unterrichtet werden, die dann mit zunehmendem Alter allmählich abnehmen, gibt es an der Laborschule nicht. Im Gegenteil: In der Stufe I sind die Gruppen am kleinsten und werden später größer.

Wenn die Fünfjährigen in die Schule kommen, werden sie also in eine schon bestehende Gruppe aufgenommen, die dann insgesamt 14 Kinder umfaßt und in der die drei Jahrgänge etwa gleich verteilt sind. Nach einem Jahr gehen dann die Ältesten über in das 3. Schuljahr und damit in das Haus 2, und neue "Nuller" werden aufgenommen. Die Kinder erleben also in der Stufe I ihre Lerngruppe als eine Gemeinschaft, die deutlich größer ist als die Familie und deutlich kleiner als die "Schulklasse", der sie vom 3. Schuljahr an angehören werden.

Ein Schultag in der Stufe I hat verschiedene Abschnitte: Morgenzeit, Frühstück, Versammlung, Projektzeit/Gruppenzeit, Mittagessen, Nachmittag. Von Tag zu Tag wird neu festgelegt, was in welcher Zeit vorkommen soll. Stundenpläne gibt es nicht, und es gibt auch keine Fächer. Natürlich lernen und üben die Kinder in der Stufe I Lesen, Schreiben und Rechnen, aber es gibt dabei keinen verordneten Gleichschritt. Manche der Fünfjährigen wollen schon lesen, und manche der Siebenjährigen haben noch ihre Schwierigkeiten damit. Jedes Kind soll die Chance haben, die Kulturtechniken nach eigenem Rhythmus und ohne Angst zu lernen. Das "schulische" Lernen wird nie isoliert von der gesamten Entwicklung des Kindes gesehen, zu der Fahrradfahren und Schwimmen ebenso gehören wie das Zusammenleben in der Gruppe, Malen und Musizieren ebenso wie das Versorgen der Tiere im Haus oder die Arbeit im Garten. Darum ist alles, was die Kinder den Tag über brauchen, unmittelbar verfügbar und übersichtlich geordnet.

Der Schultag dauert bis 12 Uhr. Für die Hälfte der 180 Kinder der Stufe I gibt es Nachmittagsplätze. Sie bleiben bis 15.30 Uhr in der Schule und werden in dieser Zeit von Erzieherinnen betreut[5].

Der Aufenthalt in der Stufe I dauert in der Regel drei Jahre. Manche Kinder, die dann nach Einschätzung der Lehrenden und der Eltern noch nicht hinreichend gefestigt erscheinen, um die Stufe I zu verlassen, können ein weiteres Jahr bleiben.

Stufe II:

Zu Beginn des 3. Schuljahrs gehen die Kinder in das größere Gebäude (Haus 2) über. Dort gibt es mehr Menschen (480 Schülerinnen und Schüler der Jahrgänge 3 - 10) und weniger Platz als im
Haus 1, und die Dinge, die man im Alltag braucht, sind nicht
mehr unmittelbar zugänglich, sondern man muß sie in der Schule
aufsuchen (z.B. die Küche oder den "Zoo"). Aber die größte Veränderung ist wohl die neue Gruppe: Aus den (in der Regel) 60
übergehenden Kinder, die aus den 13 verschiedenen Gruppen der
Stufe I kommen, werden jetzt drei neuen, altersgleiche Stammgruppen gebildet. Jede von ihnen hat ihre Stammfläche im Großraum. In den Gruppen sind in der Regel gleich viele Mädchen und
Jungen, insgesamt 20 Kinder, und wenn keine Ab- und Neuzugänge erfolgen, werden sie in dieser Zusammensetzung bis zum Abschluß bestehen bleiben. Zu Beginn des 3. Schuljahrs muß eine
Gruppe aber erst einmal zur Gruppe werden. Obwohl die Kinder
sich seit Jahren kennen, kann dieser Prozeß schwierig sein und
lange dauern; ja, er ist selbst ein großer Teil des "Lernpensums" in
der Stufe II.

Wichtigste Bezugsperson ist der Betreuungslehrer oder die Betreuungslehrerin. Sie oder er ist für den Unterricht, überhaupt für
die Gestaltung des Schulalltags dieser Stammgruppe in der Stufe II
verantwortlich. Aber es gibt in diesem Alter auch schon Fachunterricht: in der ersten Fremdsprache Englisch. Die Kinder reden,
spielen, singen, agieren und gewöhnen sich auf diese Weise, ohne
daß es eigentlich als "Arbeit" erscheint, an den mündlichen Umgang mit der Fremdsprache. Erst im 4. Schuljahr kommt das
Schreiben hinzu.

Auch die übrige Zeit ist jetzt deutlicher verschiedenen Tätigkeiten zugeordnet, als es in der Stufe I der Fall war. Die Lernorte der Schule werden dafür genutzt. Der Sachunterricht beim
Betreuungslehrer ist in der Regel einem Thema zugeordnet und
hat häufig Projekt-Charakter. Etwa: Die Kinder, angeregt durch
einen Zirkus-Besuch, äußern den Wunsch, so etwas auch einmal zu
versuchen, und daraus wird dann ein Zirkus-Projekt, das mit einer
wochenlang geprobten Aufführung endet. Oder: Sie erkunden ihre
Heimatstadt und deren Geschichte. Oder: Sie fahren ins Moor oder
auf eine Nordsee-Insel und bereiten sich im Unterricht darauf vor.
Oder: Sie proben für ein öffentliches Vorlesen selbstgeschriebener
Geschichten, die dann zu einem Buch verarbeitet werden[6].

Stufe III:

Der Übergang in die Stufe III ist zwar, äußerlich gesehen, weniger "dramatisch" als der in die Stufe II, weil die Kinder ja im gleichen Gebäude bleiben, trotzdem aber, wie die Beschreibung im ersten Kapitel zeigt, nicht weniger schwer, weil mit einschneidenden Veränderungen verbunden: räumlichen, inhaltlichen und personellen.

Im Großraum der Laborschule entspricht die Verteilung der Stammflächen der Alters-Staffelung: Die "Kleinen" der Stufe II wohnen in dem Teil der Schule, der an das Haus 1 anschließt, die "Großen" der Stufe IV am anderen Ende und die Kinder der Stufe III in der Mitte. Für sie hat der Umzug zu Beginn des 5. Schuljahrs also auch einen besonderen Symbolwert, ist sichtbarer Ausdruck der Tatsache, daß sie jetzt zu den Größeren gehören. Die Flächen sehen auch anders aus, sind nicht mehr "kindgerecht" ausgestattet, sondern sachlicher, karger, so daß sie, wie am Beispiel der "purpur"-Gruppe beschrieben, zur eigenen Gestaltung geradezu herausfordern.

Inhaltlich ändert sich vor allem die Organisation des Unterrichts, der jetzt differenziert ist nach den 6 *Erfahrungsbereichen* (Naturwissenschaft, Wahrnehmen und Gestalten, Sozialwissenschaft, Sprache, Mathematik, Sport; darüber mehr im Kapitel 4. 3). Diese inhaltliche Differenzierung bedeutet aber nicht, daß die Kinder der Stufe III nun ebenso viele Fachlehrer haben, die alle etwas Verschiedenes planen und tun. Diese versuchen vielmehr, ihre Arbeit zu koordinieren und zu konzentrieren auf wenige Schwerpunkt-Themen, an denen sich vieles lernen läßt. Insbesondere Deutsch und Mathematik sollen auf diese Weise weitgehend in diesen fächerübergreifenden Unterricht integriert sein, der nicht selten Projektcharakter an.

Für Kinder, die ins fünfte Schuljahr übergehen, kommt eine weitere Neuerung hinzu. Sie können jetzt einen Teil des Unterrichts selbst wählen. Der Anteil dieses *Wahlunterrichts* ist hoch: 8 Wochenstunden (von 28). Gewählt werden kann eine zweite Fremdsprache, Französisch oder Latein; für diejenigen, die beides nicht wollen, wird Förderunterricht angeboten. In Jahrgang 7 wird ein zweiter Anfängerkurs in Französisch eingerichtet.

Den eigentlichen Kern des Wahlbereichs bilden jedoch die *Kurse,* die in jedem Halbjahr neu gewählt werden (dazu mehr im Kapitel 4. 8). Darüber hinaus kann man "Clubs" wählen, Freizeit-Angebote, die von Sozialarbeiterinnen und Sozialarbeitern im Anerkennungsjahr betreut werden.

Mit diesen inhaltlichen Änderungen sind entsprechende personelle verbunden. Ein neues Betreuungs-Team übernimmt den Jahrgang 5 und begleitet ihn in der Regel bis zum Ende der Stufe III, manchmal auch weiter. Hinzu kommen weitere Fachlehrer; deren Zahl soll zwar in dieser Altersstufe noch gering gehalten werden, aber es können für die Kinder doch bis zu 6 sein.

Stufe IV:

In der Stufe IV erreicht die inhaltliche Differenzierung ihre volle Ausprägung.

Im Pflichtunterricht sind die Inhalte und Tätigkeiten mehr und mehr nach *Fächern* spezialisiert.

Der Wahlunterricht wird erweitert und umfaßt jetzt ein Drittel der Unterrichtszeit. Außer den *Wahlkursen* gibt es jetzt *Leistungskurse* (ebenfalls 3-stündig). Diese Differenzierung der Angebote ist die Voraussetzung dafür, daß jede Laborschülerin und jeder Laborschüler mehr und mehr Verantwortung für den eigenen Lernweg übernehmen kann. Auf diese Weise kommen sie am Ende zu unterschiedlichen *Abschlußprofilen*. Die Kurse werden in dieser Stufe für jeweils ein Jahr gewählt. Für die Leistungskurse gilt die Regel, daß einer zwei Jahre lang belegt werden muß (einmal kann man also wechseln); dieser ist - neben Deutsch, Englisch und Mathematik - für die Höhe des Abschlusses relevant. Es gibt aber keine inhaltlichen Vorgaben oder Einschränkungen für die Wahlkombinationen, und diese haben auch keinen Einfluß darauf, welchen Abschluß die Schülerin oder der Schüler erreicht. So kann jemand z.B. zwei oder drei Jahre lang den Leistungskurs Informatik besuchen, oder auch Deutsch, Fotografie oder Sport, Technik oder Englisch, und daneben im Wahlkurs jeweils ganz andere Angebote wählen oder auch ein ähnliches.

Bei der Vergabe der *Abschlüsse* folgt die Laborschule - auf Weisung des Kultusministeriums - den für andere Gesamtschulen geltenden Regelungen. Sie erteilt also den Hauptschulabschluß (HS) oder die Fachoberschulreife (FOS), die mit einem Qualifikationsvermerk (FOS Q) zum Besuch einer gymnasialen Oberstufe versehen sein kann.

Die Arbeit in der Stufe IV ist also wesentlich geprägt durch drei Elemente: fachliche Differenzierung (des Unterrichts), individuelle Differenzierung (der Lernwege) und Vorbereitung auf den Abschluß. Die oben genannten allgemeinen Prinzipien kommen hier folglich in anderer Weise zur Geltung als in den unteren Stufen. Dem Prinzip des Erfahrungslernens entsprechen z.B. die *Praktika*, die in der Laborschule eine größere Rolle spielen als an anderen Schulen: In den drei Jahren der Stufe IV verbringen die Schülerinnen und Schüler je 3 Wochen außerhalb der Schule: in einem Produktionsbetrieb (8. Schuljahr), einem Dienstleistungsbetrieb (9. Schuljahr); im 10. Schuljahr suchen sie sich für zwei Wochen einen Praktikumsplatz, der dem eigenen Berufswunsch entspricht, und hospitieren außerdem eine Woche in der Schule, die sie voraussichtlich nach dem Abschluß besuchen werden. Im Unterricht werden diese Praktika vor- und nachbereitet; sie stellen also so etwas wie eine Verbindung von "Arbeitslehre", Anschauung, erster Praxiserfahrung, erstem Einblick in die Wirtschaftswelt und individueller Berufsorientierung dar[7].

Eine weitere Besonderheit dieser Stufe sind die *Semesterarbeiten*. Insgesamt 5 solcher besonderen Leistungen werden verlangt. Es sind Werkstücke, die die Schülerinnen und Schüler selbst planen und herstellen. Das kann ein Tisch sein oder ein Pullover, eine Arbeit über die Azteken oder über die Entwicklung der Leinenindustrie in Bielefeld, ein Kochbuch oder ein Windrad oder ein Science-Fiction-Roman. Die Wahl des Themas gehört selbst zur Aufgabe.

Die Laborschule kennt, wie gesagt, keine Leistungsdifferenzierung im üblichen Sinne. An ihre Stelle tritt die beschriebene Differenzierung der Angebote. Im Pflichtunterricht einer Stammgruppe gibt es also in aller Regel die ganze Bandbreite möglicher Leistungsunterschiede. Da die "Schere" sich bekanntlich nach oben hin nicht immer schließt, sondern in vielen Fällen sogar weiter öffnet, und da auch die Laborschule trotz aller Bemühungen in dieser Hinsicht keine Ausnahme von der Regel darstellt, muß auch das Maß an Differenzierung im Unterricht entsprechend zunehmen. Dies erfordert zunehmend selbständiges und eigenverantwortliches Arbeiten. Im Stundenplan der Stufen III und IV gibt es daher zunehmend Zeit für *Eigenarbeit*.

Auch in der Stufe IV hat der Unterricht nicht selten Projektcharakter. So setzt z.B. der normale Englischunterricht für eine bestimmte Zeit aus, in der stattdessen eine Englandreise vorbereitet und durchgeführt wird. Oft sind die Schülerinnen und Schüler auch in der Stadt zu finden: Sie gehen mit bestimmten Fragen zu Sachverständigen, etwa zur Stadtverwaltung oder zu Pro Familia oder zu Angehörigen der Universität, oder sie stellen ihre Erkundungen "vor Ort" an: zur Geschichte Bielefelds etwa in der Stadt selbst oder im Stadtarchiv, zur Sternen-Konstellation in der freien Natur oder im Planetarium, zu Umweltproblemen im Teutoburger Wald oder bei Greenpeace oder in der Müllverbrennungsanlage. Das Prinzip der zunehmenden fachlichen Differenzierung des Unterrichts findet also seine in der Pädagogik dieser Schule angelegte notwendige Ergänzung durch die Orientierung an der Praxis und die zunehmende Öffnung nach außen.

Dieser Überblick sollte zugleich den Weg abstecken, den Laborschul- Kinder in den drei Jahren der Stufe III zurückzulegen haben. Beim Übergang ins 5. Schuljahr sind sie in der Regel 10 oder 11 Jahre alt, gewöhnt an ganzheitlichen Unterricht, an *eine* Bezugsgruppe und *eine* erwachsene Bezugsperson. Drei Jahre später, beim Übergang in die Stufe IV, müssen sie in der Lage sein, in wechselnden Gruppen zu arbeiten, über die Wahl ihrer Kurse, vor allem der Leistungskurse, begründete, unter Umständen folgenschwere Entscheidungen zu treffen, eine längere Facharbeit selbständig zu planen und anzufertigen; sie müssen vor allem die dazu notwendige Selbständigkeit gelernt haben, die eigenen Fähigkeiten einschätzen können und mit genügend Selbstvertrauen und Selbstbewußtsein ausgestattet sein, daraus das Beste machen zu können und zu wollen. Ihnen dazu zu verhelfen, ist die besondere Aufgabe der Stufe III.

2. 3 Der äußere Rahmen

Die Laborschule besteht, wie gesagt, aus zwei Gebäuden; unmittelbar an das Haus 2 schließt das Oberstufen-Kolleg an. Der ganze Komplex ist dem der Universität Bielefeld vorgelagert. Die Entfernung zur Stadtmitte beträgt etwa 3 Kilometer, in unmittelbarer Nähe der Schule liegen einige kleine Wohnsiedlungen mit Grüngürteln und mit Einkaufszentren, und im Süden erstreckt sich, zu Fuß in zehn Minuten erreichbar, der Teutoburger Wald.

Das Haus 2 der Laborschule und das Oberstufen-Kolleg sind flache, langgestreckte Gebäude mit dem für Fabriken typischen Staffeldach. Auch der Innenraum, wäre er leergeräumt, würde eher auf eine Fabrik als auf eine Schule schließen lassen, weil er nicht unterteilt ist. Dieser *Großraum* ist gleichwohl in sich gegliedert durch zwei verschiedene Bodenhöhen. Es gibt drei große, tiefer gelegene Flächen, genannt *Felder*, und zwischen ihnen und an drei der vier Randseiten höher gelegene und schmalere, genannt *Wiche* (ein altdeutsches Wort, das so etwas wie "Erhöhung" bedeutet und z.B. in dem Ortsnamen "Wyk" enthalten ist). Aus der Vogelperspektive sähe das Ganze, bei offenem Dach, etwa aus wie drei nebeneinander liegende Schwimmbassins oder Fischteiche. Dieser Großraum umfaßt etwa zwei Drittel des gesamten Innenraums. Er wird zur einen Seite hin von der Mensa begrenzt, zur anderen von Büro- und Verwaltungsräumen, zur dritten von einem breiten Gang, der sogenannten *Schulstraße*, die die offenen Flächen von den Fachräumen abtrennt und die Laborschule mit dem Oberstufen-Kolleg verbindet.

Es ist hier nicht der Ort, die wechselvolle Geschichte des Schulbaus zu erzählen; nur so viel sei kurz darüber berichtet, wie nötig ist, um das Gebäude, wie es jetzt ist, verständlich zu machen. Sie begann mit einigen Vorgaben, die Hartmut von Hentig den Architekten der von ihm erdachten Schule machte: Jede Gruppe sollte einen eigenen, von den anderen abgegrenzten Bereich haben, sollte jederzeit nach draußen gehen können, ohne andere zu stören, und sollte jederzeit mit anderen Gruppen, auch mit allen, Kontakt aufnehmen können. Als dann der Entwurf fertig war, wurde die Bausumme so erheblich gekürzt, daß er nicht mehr realisiert werden konnte und die Planer nahe daran waren, das Projekt ganz aufzugeben. Schließlich wurde eine Notlösung erdacht und dann auch verwirklicht, mit der man bis heute lebt. Damals wurde auch beschlossen, am Haus 1 möglichst nicht zu sparen; wenigstens die Kleinsten sollten den für ihre Entwicklung notwendigen Freiraum haben. Der Unterschied fällt jedem Besucher sofort auf: Das Haus 1 wirkt großzügig und anheimelnd, im Haus 2 dagegen herrscht drangvolle Enge. Mit diesem Gebäude, das z.B. von den oben genannten Vorgaben zwei nicht erfüllt, ist niemand glücklich; trotzdem würden wohl die meisten Kinder und Erwachsenen wieder für einen Großraum plädieren, wenn denn diese Grundsatzentscheidung noch einmal anstünde. Der Nachteil ist eine ständige, diffuse Geräuschkulisse, der Vorteil seine "zivilisierende Wirkung", wie Hartmut von Hentig das nennt: Wenn eine Gruppe plötzlich laut wird, während die Nachbarn in ein Gespräch oder eine Aufgabe vertieft sind, so werden die Krachmacher durch die wahrgenommene Wirkung ihres Verhaltens "von selbst" korrigiert. Das ist die Hoffnung und die pädagogische Absicht. Natürlich ist dies weder ein Wundermittel, noch funktioniert es immer, aber seine Wirksamkeit ist evident; sie ist umso größer, je deutlicher die Ordnung, die von einer möglichen Störung betroffen wäre, als solche erkennbar ist. Darum verwenden viele Gruppen, vor allem die jüngeren, und ihre Betreuungslehrerinnen und –lehrer viel Zeit und Phantasie darauf, ihre Stammflächen wohnlich zu gestalten; durch Teppiche und Pflanzen, Bilder und Regale und was auch immer. Oft helfen Eltern dabei. In der Regel werden Ordnungen respektiert. Auch Kinder in Tobestimmung werden z.B. vor einer Pflanzenwand haltmachen. Natürlich aber gibt es auch schlechte Erfahrungen, Rückschläge und Enttäuschungen, und die Einstellung der Lehrenden zum Großraum ist sehr unterschiedlich. Manchmal kann es auf einem Feld ganz still sein, auch wenn mehrere Gruppen zugleich da sind und arbeiten, und manchmal gräßlich laut, etwa an Montagen, wenn es das Wochenende über geregnet hat und die Kinder alles, was sich in ihnen angestaut hat, irgendwie abreagieren müssen.

Eine weitere Bau-Vorgabe ihres Gründers konnte für die Laborschule ebenfalls nicht verwirklicht werden. Es sollte "Schuppen" geben: große, leere und darum für wechselnde Zwecke nutzbare Räume. Eine Schule, die sich als Erfahrungsraum versteht, sollte den verschiedensten Erfahrungen eben auch Raum geben können. Gäbe es solche Schuppen, käme der Großraum vielleicht erst wirklich zur Geltung, weil viel von dem Experimentier- und Tatendrang der Kinder und Jugendlichen dann räumlich besser eingebunden wäre. Aber es gibt sie nicht. Und so leben alle, wie auch immer die einzelnen über den Großraum denken mögen, schlecht und recht mit der damals entstandenen Notlösung.

Hingegen ist die Laborschule in anderer Hinsicht sehr gut ausgestattet: Sie hat eine eigene Bibliothek, eine Holz- und eine Metallwerkstatt, drei Laborräume für Naturwissenschaft und Technik, ein Fotolabor, einen großen Werkraum, einen Gymnastikraum, eine Küche, eine Mensa, einen Garten, einen Bauspielplatz und einen Gerätespielplatz; sie teilt sich mit dem Oberstufen-Kolleg eine große Sporthalle, die sich durch Vorhänge in drei kleinere teilen läßt, und sie kann den Sportplatz sowie das Hallenbad der Universität Bielefeld mit benutzen. Diese Einrichtungen werden Lernorte genannt. Sie stehen nicht nur für Unterricht zur Verfügung, sondern werden auch während der Pausen vielfach genutzt, ebenso wie der "Schulzoo", wo Kleintiere gehalten werden, und die von den Stufen II und III betriebenen "Teestuben". Diese Lernorte ermöglichen erst, daß die Laborschule ihre selbstgestellte Aufgabe, ein Lebens- und Erfahrumgsraum für Kinder und Jugendliche zu sein, erfüllen kann.

3. Die Schule als Lebensort für heranwachsende Kinder

In den folgenden Kapiteln wird nun versucht, Leben und Lernen der Zehn- bis Dreizehnjährigen in der Laborschule in systematischer Weise zu beschreiben. Damit ist gemeint, daß das, was geschieht, und das, was die Schule will und meint, jeweils aufeinander bezogen, das eine am anderen begründet, erklärt oder auch kritisiert werden soll. Im 3. Kapitel steht der Aspekt "Leben in der Schule" im Vordergrund, im 4. der des Lernens und im 5. der des einzelnen Kindes, das zugleich in und mit der Gemeinschaft lebt. Diese Trennung ist künstlich, denn die Laborschule will ja gerade Leben und Lernen *nicht* voneineinander trennen, sondern miteinander verbinden und aufeinander beziehen. Das Wort "Aspekt" soll ausdrücken, daß es sich also um verschiedene Ansichten *einer* Sache handelt.

Die Schule als Lebensort - was ist damit gemeint und welcher Anspruch drückt sich darin aus?

Zunächst einmal ist es ja eine Selbstverständlichkeit, daß Kinder in der Schule nicht nur lernen, sondern eben auch leben. Jede Schule bemüht sich darum, dieses Schulleben auf ihre Weise zu gestalten; insofern tut die Laborschule gar nichts Besonderes. Aber sie hat besonders gute Voraussetzungen dafür: eben die Freiheit einer Versuchsschule, dies nach eigenen Vorstellungen zu tun. Und: Sie macht es sich ausdrücklich zum Auftrag, betrachtet diesen nicht als "Nebensache" im Vergleich zur "Hauptsache" Unterricht, sondern richtet ihre Anstrengung darauf - wie schon erwähnt -, die Grenzen zwischen Leben und Lernen bewußt und mit immer wieder neuer Anstrengung offenzuhalten.

Diesen Auftrag der Schule hat Hartmut von Hentig aus ihrer veränderten Funktion abgeleitet. Der Gedankengang ist, kurz gesagt, folgender:

Früher lernten die Kinder das Leben am Leben; die Schule war nur dazu da, ihnen Kenntnisse und Fertigkeiten zu vermitteln, die darin nicht vorkamen. Aber Umgang mit anderen Menschen, mit Tieren, mit der Natur überhaupt, mit Werkzeugen und Maschinen, die man zu verstehen lernte, indem man sich ihrer bediente,

Landwirtschaft und Hauswirtschaft, Spiel und Gemeinschaft, Reisen und Arbeit - kurz, alles, was man unter dem Begriff "Erfahrung" zusammenfassen kann, das war Sache des Lebens und nicht der Schule. "Er-fahrung", wörtlich genommen, ist ein zurückgelegter Weg und das, was man dabei sieht, lernt, sich aneignet. Aber heutigen Kindern ist solches grundlegende, einfache Lernen weitgehend verstellt. Lebensgefährliche Straßen, unverstehbare Apparate und Systeme, eine zerstörte oder bedrohte Umwelt, dafür "Wunder der Natur" im Fernsehen, Erfahrung per Bildschirm - das ist die Wirklichkeit, in die sie hineinwachsen. Und weil das so ist, weil unser Leben so technisiert und organisiert ist, daß Kinder es eben nicht mehr am Leben lernen können, schickt man sie immer länger in die Schule; diese wird, ob sie will oder nicht, zur Bewahranstalt. Sie kann daraus eine Chance machen und wenigstens einen Teil dessen, was den Kindern entgeht, in die Schule zurückholen: sie kann zum Lebens- und Erfahrungsraum werden. Es bleibt natürlich *auch* ihre Aufgabe, den Kindern Kenntnisse und Fertigkeiten zu vermitteln, die sie später, nach der Schulzeit, brauchen werden, aber - so ist die Hoffnung - das wird umso besser gelingen, je mehr ihnen das, was sie lernen, *jetzt* wichtig ist, weil sie es *jetzt* brauchen können oder wissen wollen. So kann aus dem verordneten Lern-Pensum die *eigene* Sache werden, aus der Lehr- und Paukanstalt die *eigene* Schule, in der man eben darum gern und gut lebt und lernt.

Schulforscher haben herausgefunden, daß dies bisher in unserem Schulsystem kaum oder gar nicht der Fall ist, daß im Gegenteil "... mehr und mehr Schüler auf innere Distanz zum System Schule gehen und die Schule nicht als einen sinnstiftenden Erfahrungsraum im Jugendalter akzeptieren können oder wollen" (Hurrelmann 1988, S. 40). Und aus der Sicht von Schulpraktikern und -theoretikern ist das Lernen in der Schule "lebensfern, handlungsarm, entsinnlicht, einseitig rationalitisch, öd und abstrakt; sie erleben die Schule als fremdbestimmte, bürokratisch durchorganisierte und ritualisierte staatliche Anstalt, ... als Lernknast, als Sortiermaschine oder auch als totale Institution" (Klemm/ Rolff/ Tillmann 1985, S. 11).

Warum ist das so, obwohl doch sicher alle Pädagogen das Gegenteil wollen? Weil, so Hentig, die Schule selbst ein verwalteter Apparat ist, ein System mit Zwängen, und darum die Tendenz hat, sich gegenüber ihrem Zweck zu verselbständigen (Hentig

1987, S. 14), und weil sie dazu neigt, alles, was sie anpackt, zu "pädagogisieren", in Belehrung zu verwandeln: Es gibt Arbeits*lehre* statt Arbeit, Hauswirtschafts*lehre* statt Hauswirtschaft usw. usw. So spiegelt die Schule in kleinen wider, was unsere Gesellschaft den Heranwachsenden antut: *Sie werden nicht gebraucht.* Sie werden stattdessen in "kindgerechten Lernumwelten" mit solchen "Lehren" für das entschädigt, was man ihnen im Leben vorenthält. Wenn dann noch alle Leistungen nach einheitlichen, rechtlich nachprüfbaren und abgesicherten Maßstäben bewertet werden müssen, verwandelt Arbeit, die doch meine/unsere Sache sein sollte, sich zwangsläufig zu Schul-Arbeit: Die Lehrenden machen ein Pensum daraus, das man prüfen und benoten kann, die Kinder achten darauf, was für sie dabei herausspringt, und so kann auch aus dem besten Projekt entfremdete, verschulte Pädagogik werden.

Dagegen steht also das Konzept einer Schule als Lebens- und Erfahrungsraum, die von dem Benotungszwang verschont ist und darum die Chance hat, solche Entfremdung zu vermeiden. Umgekehrt ist der Anspruch, der sich daraus ergibt, natürlich sehr hoch. Vorweg gesagt: Die Laborschule ist weit entfernt davon, ihm immer nachzukommen. Auch hier können Unterrichtsstunden öde und langweilig sein und die Kinder entsprechend angeödet und gelangweilt. Und das Leben in der Schule ist keineswegs immer erfüllt und interessant, sondern auch schwierig, aufreibend und konfliktreich. Aber die Schule stellt sich diesem Anspruch; sie *ist* ein Lebens- und Erfahrungsraum. Sie hat es sich zum dauernden Arbeitsschwerpunkt gemacht, der Verschulung der Schule entgegenzuwirken, weil auch hier der Unterricht mit seinen Anforderungen und Problemen alle anderen Aufgaben zu überwuchern droht.

In den folgenden Szenen wird jeweils eine typische Situation dieses Lebens in der Schule dargestellt und kommentiert.

3. 1 Tommis Haare und die Sportstunde - wie Elfjährige ihre gemeinsamen Angelegenheiten regeln

Die folgende Szene spielt in der Gruppe "purpur", einige Wochen nach dem Übergang in die Stufe III.

Montag, erste Stunde. Die Kinder der Gruppe "purpur" sitzen im Kreis auf dem Boden. "Versammlung" steht für diese Stunde auf dem Plan. Viele Kinder melden sich: Sie möchten die Versammlung leiten. Es wird ausgemacht, daß heute Anja und Silke dran sind und beim nächsten Mal dann Karsten und Oliver.

"Was gibt es zu besprechen?" Die eine Leiterin nimmt Meldungen entgegen, die andere notiert sie. Auf diese Weise kommt folgende Tagesordnung zustande:

1. Unterricht diese Woche

2. Teestube

3. Hänseln

4. Pflanzen

5. Dienste

6. Beschwerde über Sportunterricht

7. Brillenschlange

Die Punkte werden nacheinander aufgerufen. Die Leiterinnen erteilen das Wort; wenn es keine Meldungen mehr gibt, fragen sie, ob der Punkt abgeschlossen sei und haken ihn auf ihrer Liste ab. Die Lehrerin hält die Ergebnisse der Beratungen in einem "Versammlungsbuch" fest.

Unterricht diese Woche: Dieser Punkt ist der einzige, der von der Betreuungslehrerin eingebracht wurde. Sie zieht zunächst Bilanz der vorigen Woche, redet einzeln mit jedem Kind darüber, was wie gelungen oder noch nicht fertig oder noch zu verbessern ist, gibt inhaltliche Anregungen und macht Vorschläge zur Zeiteinteilung. Dann erklärt sie, was für diese Woche geplant ist: Die Kinder werden, wie schon in der Woche davor, mit dem Atlas arbeiten und dazu einige Suchaufgaben bekommen. Außerdem dürfen sie sich einen Wunsch erfüllen: Sie werden, einzeln oder zu zweit, in ein Land ihrer Wahl "reisen" und sollen darüber den anderen berichten, so, daß diese in der Phantasie mitreisen können. Wie haben sie sich auf die Reise vorbereitet? Was haben sie mitgenommen? Welchen Weg haben sie genommen und welche Verkehrsmittel benutzt? Was haben sie unterwegs erlebt? Wen haben sie getroffen? Wie lebt man in ihrem Reiseland? Wie ist das Wetter dort? usw. usw. Sie können aus dem Atlas sehr viele Informationen herauslesen, aber natürlich auch in der Bibliothek nachforschen, was sie dort über "ihr" Land erfahren können. - Sie werden außerdem an einem schon begonnenen Poster weiterarbeiten, das jedes Kind nach eigenen Vorstellungen gestaltet. "Ich über mich" heißt das Thema. - Und schließlich wird es Übungen zur Rechtschreibung und Ende der Woche ein Diktat geben. Diktat? Das finde sie ganz doof. Anja, die sich mit diesem Protest zu Wort meldet, ist selbst eine besonders gute Schreiberin. Auf die erstaunte Rückfrage ihrer Lehrerin erklärt sie: im vierten Schuljahr hätten sie immer solche "Babytexte" geschrieben, die könne sie nicht leiden, und darum sei Diktatschreiben eben doof. Aber die Texte für das 5. Schuljahr seien ja andere, sagt Gisela W., natürlich schwieriger, und es seien auch gute Geschichten dabei. Ob Anja nicht Lust habe, das Buch von ihr auszuleihen und ein paar Diktate auszuwählen, die ihr gefielen? Anja freut sich über den Vorschlag, wird in der Pause das Buch bekommen, und somit ist dieser Punkt abgeschlossen.

Teestube: Seit Beginn des Schuljahrs liegt sie brach, weil der Praktikant, der sie zuvor betreut hat, nicht mehr da ist und weil sich unter den neu eingestellten niemand für diese Aufgabe gefunden hat. Einige Kinder beschweren sich. Sie haben immer in der Frühstückspause Brötchen oder Milch oder anderes geholt und fordern nun, die Teestube solle endlich wieder funktionieren. "Wann macht ihr denn endlich was?" Ihr - das sind die Erwachsenen. Gisela W. erklärt: Es gebe in dieser Situation zwei Möglichkeiten, entweder die Teestube aus eigener Kraft zu betreiben oder sie aufzulösen. Die Lehrenden der Stufe III hätten beschlossen, in ihren Gruppen zu fragen, wie groß das Interesse an der Teestube sei und wie viele Kinder bereit seien, regelmäßig darin zu arbeiten. Nun sind die Meinungen geteilt. Zwar wollen alle gern dort billige und gute

Speisen und Getränke kaufen. Aber regelmäßig eine oder mehrere
Pausen dafür hergeben? Davor schrecken die meisten zurück. Was
denn mit "regelmäßig" gemeint sei, fragt Florian. Er würde ja
gern mitarbeiten, vielleicht zwei- oder dreimal im Monat, aber
nicht jede Woche, denn: "Dann könnte ich ja fast nie mehr zum
Pausensport gehen!" Ähnliche Befürchtungen haben auch andere
Kinder, die ihre Pausen in der Werkstatt oder mit ihren Tieren
verbringen oder anderes vorhaben. Eine Umfrage ergibt schließlich, daß zwei Freiwillige bereit sind, jede Woche in der Teestube
mitzuarbeiten, und daß etliche andere damit einverstanden wären,
ab und zu - im Sinne von Florian - zum Dienst eingeteilt zu werden. Alle wollen, daß die Teestube wieder geöffnet wird.

Hänseln: Als dieser Tagesordnungspunkt aufgerufen wird, gibt es
bei den meisten ratlose Gesichter. Jemand fragt, was denn das sei.
Der Junge, der den Punkt eingebracht hat, erklärt: Er werde immer von den Mädchen gehänselt wegen seiner Haare. "Ach so",
meint ein anderer, "der meint ärgern". So ist es. Nun aber gibt es
empörten Protest. Sarah ist richtig zornig. Sie habe kein Wort über
Tommis Haare gesagt. Oder? Der muß zugeben, daß sie recht hat.
Sarah läßt nicht locker:"Du hast aber gesagt, *die* Mädchen hätten
dich geärgert. Wie kommst du dazu?" Jetzt melden sich mehrere
andere Mädchen zu Wort: sie seien es auch nicht gewesen, Tommis Haare interessierten sie überhaupt nicht, und sie fänden es
gemein und typisch Junge, daß er sie einfach alle beschuldigt habe. Auch die beiden, die sich schließlich zu der Hänselei bekennen,
geben den Vorwurf ungerührt und etwas schnippisch zurück: das
sei doch nicht so gemeint gewesen, er sei immer gleich so empfindlich. So sieht sich der Kläger unversehens in die Defensive
gedrängt, von den einen als ungerechter Verallgemeinerer beschuldigt und von den anderen als beleidigte Leberwurst belächelt.

In dieser Situation kommt seine Lehrerin ihm zur Hilfe: Sie könne
ihn gut verstehen. Ihr sei einmal eine Frisur verschnitten worden,
und da habe sie sich kaum noch auf die Straße getraut und das
Gefühl gehabt, alle Leute starrten auf ihre Haare. Ob denn Tommi sich mit seiner neuen Frisur leiden möge? Es stellt sich heraus,
daß er ziemlich unglücklich damit ist, er findet seine Haare zu
kurz geschnitten. Ja, dann sei seine Empfindlichkeit ganz normal
und ganz berechtigt, sagt seine Lehrerin; fast alle Menschen seien
in diesem Punkt besonders empfindlich. Es gebe auch viele Ge-

schichten aus vielen Völkern über die besondere Bedeutung und Wichtigkeit der Haare für die Menschen. Jetzt gehen viele Finger hoch. Einige Kinder haben ähnliche Erfahrungen gemacht oder an anderen miterlebt. "Ich habe mal eine Geschichte gelesen von einem, der ..." "Als ich mal in den Ferien bei meiner Oma war, da..." Als das Thema die Versammlung zu sprengen droht, unterbricht Gisela W. und weist auf die noch unerledigten Punkte hin. Ob die verschoben werden sollten? Wenn nicht, müsse man jetzt mit diesem Thema Schluß machen. Letzteres wird beschlossen.

Pflanzen: Dieser Punkt kann schnell abgehakt werden. Einige Mädchen fragen, ob sie heute in der 4. Stunde wieder "Pflanzen machen" dürfen. Seit Beginn des Schuljahres arbeiten sie mit Unterstützung einer anderen Lehrerin daran, die Stammfläche zu begrünen. In der 4. Stunde steht Eigenarbeit auf dem Plan. Ob sie denn diese Zeit nicht brauchten, fragt Gisela W. Doch, die Mädchen haben noch einiges zu tun, aber sie schlagen vor, diese Aufgaben zu Hause zu machen und dafür in der Schule zu gärtnern. So wird es nunmehr verabredet.

Dienste: Zu diesem Punkt gibt es zunächst eine Lehrerinnen-Schelte. Einige Kinder haben nach Unterrichtsschluß ihre Stühle nicht hochgestellt, und der Flächendienst, der die Aufgabe hat, sie daran zu erinnern oder auch selbst aufzuräumen, hat am Freitag vergessen, seines Amtes zu walten. Auch der Pflanzendienst hat nicht gut funktioniert: Eine Pflanze wurde vergessen und wäre fast vertrocknet und wird nun als corpus delicti mit ihren hängenden Blättern von den "Gärtnerinnen", die sie gerettet haben, vorgezeigt. Eine andere, die nur wenig Wasser braucht, steht in einer Pfütze. Nach einiger Diskussion wird beschlossen, den Pflanzendienst nicht, wie bisher und wie es bei den übrigen Diensten die Regel ist, von Woche zu Woche neu zu verteilen, weil es für die Pflanzen am besten sei, wenn sie immer gleich behandelt würden. Es melden sich genügend Freiwillige, die bereit sind, diese Arbeit unter sich aufzuteilen; sie wollen sich genau sagen lassen, welche Pflanze wieviel Wasser braucht und dann die Töpfe entsprechend beschriften ("viel", "mittel" oder "wenig"). - Danach werden die übrigen Dienste für diese Woche verteilt. Man kann sich freiwillig dafür melden, und wenn das niemand tut, geht' s der Reihe nach. So sind die Aufträge schnell vergeben, und die benannten Kinder stecken ihre Namenskarten auf den Übersichtsplan, der die Dienste verzeichnet, in die entsprechende Rubrik.

Beschwerde über Sportunterricht: Diese wird von einigen Jungen vehement vorgebracht. "Wir hatten am Freitag Sport bei dem Einen, der war so doof zu uns, bei dem wollen wir nie wieder Sport haben!" Was sie so empört hat: "Der Eine" - offensichtlich also ein Lehrer, den sie nicht kennen - hat ihnen nicht erlaubt, ihre Fußball-Mannschaften selbst zusammenzustellen, sondern die Kinder nach eigenem Gutdünken zugeteilt. Und das, wiederholen die Jungen, hätten sie unmöglich gefunden, und sie wollten lieber gar keinen Sport haben, als nochmal bei dem. Ob sie ihm denn nicht gesagt hätten, daß sie ihre Mannschaften sonst immer selbst wählten, fragt die Lehrerin. Doch das hätten sie. Indem die Jungen davon berichten, reden sie in ihrer Erregung alle durcheinander und so laut, daß man sich leicht vorstellen kann, warum es in der Sportstunde zu keinem vernünftigen Diskurs kommen konnte. Als sie sich beruhigt haben, macht Gisela W. ihnen dies behutsam und freundlich bewußt und weist darauf hin, daß der Lehrer sicherlich Gründe für sein Verhalten gehabt habe. Die Jungen, nun nachdenklicher geworden, schlagen schließlich vor, ihn zu einer der nächsten Versammlungen einzuladen, und sind mit diesem Ergebnis vorerst zufrieden.

Brillenschlange: Dieser Punkt ist in der vorigen Woche schon einmal drangewesen. Sarah, die eine Brille trägt, wurde von Milan immer mit dem Wort "Brillenschlange" geärgert. Sie hat sich darüber beschwert und verlangt, er solle etwas tun, um das wieder gutzumachen, und die Versammlung hat daraufhin beschlossen, er solle eine Geschichte schreiben, in der eine Brillenschlange vorkomme. Milan sagt, die sei noch nicht fertig, er werde sie aber heute schreiben. "Hat sie einen Namen?" fragt Sarah. Milan grinst. "Du darfst ihr auf keinen Fall meinen Namen geben!" Des Übeltäters enttäuschte Miene zeigt, daß er in der Tat diese Teufelei im Sinne hatte. Vorsichtshalber fügt seine Lehrerin hinzu, die Schlange solle überhaupt nicht den Namen eines der Mädchen tragen. Nun aber ist Milan völlig ratlos. Irgend einen Namen müsse sie doch haben! Es stellt sich heraus, daß in seinem Vokabular das Wort "Brillenschlange" nur als Schimpfwort für die Gattung "Mädchen" existiert; von einem gleichnamigen Tier weiß er nichts und erfährt nun von seiner Lehrerin, daß es das gibt. Brillenschlangen seien sogar sehr aufregend, sagt Gisela W., sie werde nach der Stunde mit ihm in die Bibliothek gehen und ihm Fotos zeigen.

Dort könne er sich auch genauer informieren.

Die Versammlungsleiterinnen stellen nun fest, daß keine weiteren Punkte vorliegen, und sogleich kommt aus der Runde das Stichwort "Vorlesen!" Das ist Tradition; jede Versammlung endet so, wenn noch Zeit bleibt bis zum Anfang der nächsten Stunde. Die Kinder machen es sich in gewohnter Weise bequem, und erst, als alle entspannt und zufrieden sitzen oder liegen, beginnt dieser letzte Teil der Stunde mit einem neuen Kapitel aus dem derzeitigen Vorlesebuch.

"Versammlung": Wenn Besucher die "purpur"- oder andere Kinder fragen würden, was das sei, bekämen sie vermutlich zur Antwort: "Da reden wir über alles, da haben wir keinen Unterricht." Oder so ähnlich.

Der Stundenplan für die Stufe III ist so angelegt, daß in aller Regel der Montag in den einzelnen Gruppen mit einer solchen Stunde beginnt. Die Lehrenden verfahren dabei durchaus unterschiedlich: Viele legen die Versammlungszeiten auf dem Stundenplan fest, andere tun das nicht und planen sie variabel. Das hat den Vorteil, daß man wichtige Dinge dann besprechen kann, wenn sie anfallen. Die andere Regelung hingegen ist klarer und erzieht Kinder und Erwachsene dazu, wichtige Punkte zu sammeln und sparsam mit der Zeit umzugehen. Es gibt, wie gesagt, beides. Aber man würde in der Stufe III schwerlich eine Gruppe finden, in der die Woche unvermittelt mit Fachunterricht beginnt. Wie schwer es manchen Kindern fällt, sich wieder einzufinden, wieviel Bewegungsdrang sich in ihren Körpern und wieviel unverdautes Fernseh-Zeug sich in ihren Köpfen angestaut hat, davon wissen Pädagogen allerorten ein Lied zu singen. Und in einer Schule, die die Freiheit hat, aus solchen Einsichten Konsequenzen zu ziehen, und wo es außerdem besonders viele schwierige Kinder gibt (weil man sie nicht wegschickt), ist es darum längst zur ungeschriebenen Regel geworden, daß man die Woche gemächlich angehen läßt und der Gruppe Zeit gibt, sich als Gemeinschaft wiederzufinden.

Es gibt diese Versammlung als Einrichtung in jeder Gruppe, und jede Gruppe würde sie wohl vor allem als *ihre* Zeit definieren. Ein Forum für alle gemeinsamen Angelegenheiten ist sie, Debattier-Club, Meckerecke, Parlament, Gericht und Publikum in einem. Es gibt Stunden, in denen die Kinder nur Erlebnisse erzählen oder vorlesen, was sie im Unterricht geschrieben haben, und andere, die ganz damit ausgefüllt sind, einen Streit zu schlichten oder ein Problem zu klären.

Natürlich verlaufen Versammlungen in den verschiedenen Altersstufen ganz unterschiedlich. Die Gesprächs- und Verfahrensregeln ändern sich, sind oft selbst Gegenstand gemeinsamer Beschlüsse. In der Gruppe "purpur" ist es z.B. neu, daß Kinder Versammlungsleiter sind. Als sie die ersten Versuche damit machten und die jeweiligen Leiterinnen und Leiter es manchmal schwer hatten, mit Unruhe fertigzuwerden, wurde diskutiert, ob man die Regel nicht wieder abschaffen solle. Gerade Kinder, die sich besondere Mühe gegeben hatten, fair und gerecht zu leiten, waren enttäuscht und verbittert über solche Störungen. Die Gruppe beschloß, es noch eine Weile zu versuchen, und war durch diesen Prozeß so sensibilisiert, daß die folgenden Versammlungen ruhig und diszipliniert verliefen. Natürlich waren die Probleme damit nicht aus der Welt geschafft, aber die Kinder hatten erneut die Erfahrung gemacht, daß und wie man sie in der Gruppe angehen und von Fall zu Fall bewältigen kann.

In der eben geschilderten Szene passiert nichts Außergewöhnliches; es geht um die üblichen Probleme, und in allen Schulen gehen Lehrerinnen und Lehrer auf sie ein, weil sie wissen, daß Unterricht nicht gelingen und daß man auch sonst nichts Vernünftiges mit Kindern machen kann, wenn man nicht ernst nimmt, was ihnen jetzt wichtig ist.

Was die Laborschule in dieser Hinsicht von anderen Schulen unterscheidet, ist wiederum "nur" eine Nuance: daß sie es nämlich ausdrücklich zum Programm erhebt, auf die Lebensprobleme von Kindern einzugehen. Und sie hat dazu zwei optimale Voraussetzungen, die andere in der Regel nicht haben, weil irgendwelche Systemzwänge dagegen stehen: Kontinuität und Freiheit.

Für die "purpur"-Kinder liegt ihre frühere Kindheit buchstäblich vor der Tür. Viele von ihnen gehen regelmäßig, als "Stammgäste" oder willkommene Besucher, hinüber ins Haus I, und sie finden da die vertrauten Regeln und Umgangsformen, mit denen sie groß geworden sind. Zu Beginn eines Tages, so war es damals, fanden sich die Kinder einer Gruppe zum Vorlesen zusammen. Später, in der "Versammlung", trafen sich alle Kinder einer Fläche- etwa 40 waren es - in einem großen Sitzkreis. Ansagen wurden gemacht, Geburtstage gefeiert, Lieder oder Geschichten vorgetragen, Spiele vorgeführt. Nach dem Übergang ins 3. Schuljahr war es den "purpur"-Kindern also ganz selbstverständlich, die vertrauten Einrichtungen wiederzufinden. Allerdings gab es jetzt eine Unterscheidung: Wenn die Stammgruppe sich versammelte, ging es mehr darum, eigene Angelegenheiten zu besprechen, während die wöchentliche Jahrgangsversammlung mit 60 Kindern mehr dazu da war, gemeinsame Unternehmungen zu planen, etwas einzuüben oder einander vorzuführen, was die Gruppen in der Woche vorbereitet hatten.

Den Fünftkläßlern sind also diese Versammlungs- und Umgangsformen in verschieden großen Gruppen ganz vertraut. Und ebenso selbstverständlich - weil sie es schon als "Nuller" gelernt haben - ist es ihnen, in Kleingruppen zusammenzuarbeiten. Sie wissen, daß sie sich, wenn eine Aufgabe dies erfordert, bei ihrer Lehrerin oder ihrem Lehrer abmelden können, um in der Bibliothek oder an einem anderen, der Aufgabe angemessenen Ort zu arbeiten. Umgekehrt fällt es niemandem als ungewöhnlich auf, wenn die Lehrerin z.B. mit einem Kind in die Bibliothek geht, um Bücher über Schlangen durchzusehen. Die anderen Kinder bleiben auf der Fläche und tun ihre Arbeit. Natürlich sind sie keine Engel, und natürlich kann es vorkommen, daß sie dann mal "ausflippen". Aber das ist doch etwas sehr anderes als die "Wehe-wenn-sie-losgelassen"- Situation, die entsteht, wenn Erwachsenen-Ordnungen unter dem Druck angestauter Aggression zusammenbrechen. Hier gibt es vertraute Lebens- und Umgangsformen, gegen die man zwar verstoßen kann, die aber im Grunde von allen akzeptiert sind.

Eine Schule, die es darauf anlegt, die Grenzen zwischen Leben und Lernen offenzuhalten, muß auch so angelegt sein: Sie braucht die äußeren Voraussetzungen (eine Küche etwa, einen Garten oder auch Bücher über Brillenschlangen und eine Bibliothek, wo man sie finden kann), und sie braucht Handlungsfreiheit. Natürlich gibt es den Stundenplan; aber eben auch die Möglichkeit, davon abzuweichen oder Ausnahmen zu machen, wie hier für die "Gärtnerinnen".

Deren Begründungswerk entwickelt sich übrigens in den folgenden

Wochen zu einem kleinen Nebenher-Curriculum. Jeden Montag um die gleiche Zeit treffen sie sich mit der Lehrerin, beraten, was zu tun sei, und legen dann los. Auf der Suche nach Ablegern gehen sie erst zu anderen Gruppen, dann ins Haus I, und schließlich wagen sich zwei von ihnen vor ins Oberstufen-Kolleg, dessen Großraum, wie sie wissen, üppig begrünt ist, und berichten den anderen, dort gebe es "ganz tolle Öko-Flächen". Also gehen alle miteinander zur Kolleg-Leitung und fragen dort höflich, ob sie sich Ableger holen dürften; sie würden auch nur da schneiden, wo es der Pflanze nicht schade und wo man es nicht so sehe. Sie dürfen. Schon bald haben sie mehr Ableger, als sie einpflanzen können. Kann man sie gleich in die Erde stecken? Oder müssen sie erst im Wasser Wurzeln ausbilden? Um sich fachkundig beraten zu lassen, gehen sie zu einem Gärtner in der Stadt; der gibt ihnen nicht nur Auskunft, sondern auch Plastikhauben für die Stecklinge und Blumentöpfe umsonst. Und der Hausmeister bringt einen Balken an, an dem man Hängepflanzen befestigen kann.

Eines Tages, während der Arbeit, fragt eine der Gärtnerinnen: "Gibt es eigentlich bei den Pflanzen auch Männer und Frauen?" "Natürlich!" sagen die einen. Aber die anderen sind nicht so sicher. Schließlich können die Pflanzen sich ja durch Stecklinge vermehren, wozu sollte es dann noch die Geschlechter geben? Eines der Mädchen ist sich ganz sicher:"Doch, es gibt Männer und Frauen. Es heißt ja auch *der* Farn und *die* Nessel!" Das lassen die anderen nicht gelten. "Dann gäbe es ja bald keine kleinen Farne mehr! Also, wenn schon, dann Herr Farn und Frau Farn und Herr Nessel und Frau Nessel." Die Frage bleibt offen.

Mittlerweile hat die "purpur"-Gruppe, weil es immer wieder Pannen gab mit dem Pflanzendienst, verschiedene Regelungen ausprobiert. Schließlich pendelt sich das ein, was die Kinder vom "Zoo" her kennen. Dort kann man ein Tier in Pflege nehmen, und nach dem gleichen Prinzip werden jetzt die Pflanzen verteilt. Die Pflegerinnen und Pfleger kleben ihr Namensschild auf den Topf ihrer Pflanzen. Diese tragen z.T. noch das Gieß-Kennwort ("viel", "mittel" oder "wenig"). Einige Kinder lassen sich zusätzlich beraten, um nichts falsch zu machen. Viele denken sich für ihre Pflanze Namen aus. Und, da das mit der Geschlechts-Zugehörigkeit ja nicht so klar ist, stehen sie in beliebig-bunter Reihe nebeneinander: die Nessel Kuno und der Farn Susi.

Was läßt sich an diesem Beispiel verallgemeinern? Skeptiker - und nicht nur sie - würden sicher fragen, was denn mit den großen Problemen sei, mit Gewalt, Alkohol, Drogen, mit Ausländern und Außenseitern, mit kranken und kaputten Kindern, ob es das alles an der Laborschule nicht gebe?

Dies möge niemand glauben! Als die Schule gegründet wurde, nahm man nicht nur die ersten "Nuller" auf, sondern zugleich einen Jahrgang 5 und einen Jahrgang 7. Diese Kinder kamen also von anderen Schulen; viele, weil ihre Eltern das Konzept der Schule gut fanden, aber viele auch, vielleicht sogar die meisten, weil ihre Eltern hofften, sie würden mit ihren Schwierigkeiten und Problemen hier besser zurechtkommen als an der anderen Schule. In den Jahren danach wurde die Schule nach dem gleichen Aufnahmeverfahren weiter aufgestockt, bis sie voll war, und hatte in dieser Zeit eine solche Häufung von schul-gescheiterten, schwierigen, kranken oder kaputten Kindern zu verkraften, daß ihr Ruf in Bielefeld heute noch darunter leidet. Es gab wohl kaum etwas an Schwierigkeiten, das damals nicht vorgekommen wäre. Das änderte sich zwar, als die ersten "Nuller" die Schule durchlaufen hatten und von da an nur noch "eigene" Kinder nachwuchsen. Aber die Hoffnung, nun werde alles anders und besser, erwies sich als trügerisch. Dazu gibt es nach wie vor zu viele Kinder mit Lern- und anderen Schwierigkeiten an dieser Schule, deren Eltern sie gerade darum hierher schicken. Und es gibt ein Abmelde-Problem: Eltern wollen ihren Kindern eine schöne Grundschulzeit ermöglichen, die sie an der Laborschule haben, um sie dann an ein Gymnasium umzumelden. Es ist hier nicht der Ort, die Gründe dafür zu prüfen oder das Verhalten dieser Eltern zu bewerten. Sicher ist, daß die Umschichtungen in den Gruppen, die damit verbunden sind, deren Gleichgewicht empfindlich stören oder ganz durcheinanderbringen können - dann ist die einmalige Chance der Kontinuität dahin. Nein, die Laborschule ist nicht gefeit gegen irgendwelche Probleme, und sie hat keine Allheilmittel anzubieten. Die Hoffnung, die sich in diesem täglichen Bemühen um "Politik im Kleinen" ausdrückt, ist: Wenn man die Fragen und Probleme der Kinder, die für sie ja jetzt die großen und wichtigen sind, ernst nimmt, ihnen täglich die Erfahrung ermöglicht, daß und wie man dafür gemeinsam vernünftige Lösungen finden kann, dann lassen sich auch die großen in den Griff bekommen, die dann nicht in dem Maße auftreten, sich auf jeden Fall geringer halten lassen werden, als wenn es diese kontinuierliche Bemühung nicht gäbe. Das kann natürlich scheitern - Versammlungen können platzen, Kinder gewaltsame Auseinandersetzungen dem mühsamen Reden vorziehen, Probleme sich als unlösbar erweisen. Trotzdem versuchen es die Lehrerinnen und Lehrer an dieser Schule immer wieder neu mit diesem Weg (und nicht mit Vorschriften und Maßnahme-Katalogen), weil sie den Umgang mit gemeinsamen Angelegenheiten für ein Lernpensum halten, das hinter keinem Unterrichtsstoff zurückstehen soll.

Gemeinsame Angelegenheiten gemeinsam regeln - das ist die einfachste und zugleich umfassendste Bestimmung von Politik. Zu ihnen gehören nicht nur die jeweils anstehenden Inhalte, sondern auch die *Formen* des Umgangs miteinander - die Sprache z.B., wie hier im Fall einer Beleidigung und einer Verallgemeinerung - und die *Verfahren* - wie hier am Beispiel der Leitung; solche Versammlungen sind also ein tägliches Einüben in demokratische Spielregeln.

Aber was hat das mit der "großen" Politik zu tun? Kein Lehrer an keiner Schule, der solches mit Kindern und Jugendlichen tut, wäre wohl so vermessen, zu behaupten, von da aus führe ein grader Weg zur Lösung der Existenz-Probleme der Menschheit, angesichts derer vielmehr jeder pädagogische und sonstige Optimismus eigentlich zunichte werden muß. Aber was kann dann "Erziehung zur Politik" heißen? Soll man z.B. den verwöhnten, vielfach überernährten Kindern einer Wohlstands- und Wegwerfgesellschaft Unterrichtseinheiten zum Thema "Hunger in der Dritten Welt" anbieten? Soll man es nicht? Das eine kann unverantwortlicher Zynismus, das andere unverantwortliches Wegsehen sein. Vor diesem Dilemma steht die Laborschule wie alle anderen Schulen auch; wie viele von ihnen versucht auch sie, es nicht beim Reden bewenden zu lassen, sondern konkret etwas zu tun, wenn auch in bescheidenem Umfang (darüber mehr im Kapitel 3.6). Sie versucht natürlich auch, die "große" Politik in den Unterricht einzubeziehen. Aber das wirksamste und wichtigste Mittel einer Erziehung zu politischem Verhalten sind wohl doch die alltäglichen, unspektakulären Kinder-Versammlungen, gerade weil sie *nicht* Unterricht sind. Von Gandhi stammt das berühmte Paradox: "Es gibt keinen Weg zum Frieden, der Friede ist der Weg." In Abwandlung und bewußter Überspitzung dieses Satzes könnte man sagen: Es gibt keine Erziehung zur Politik; Politik - das tägliche, mühsame Bemühen und vernünftiges Regeln gemeinsamer Angelegenheiten - *ist* Erziehung. Wenn Kinder dies täglich erfahren, wenn sie dann mit zunehmendem Alter die Verfahren und Institutionen der Politik kennenlernen - in der Schule, in der Stadt, bei Wahlen und anderen Anlässen - dann, so ist die Hoffnung, werden sie auch später Mut haben, sich einzumischen, sich nicht einschüchtern zu lassen, nicht zu resignieren oder sich ins Nur-Private zurückzuziehen.

Eine Hoffnung wiederum, die auch bitter enttäuscht, ja pervertiert werden kann, wie die folgende Geschichte zeigt. Ein ehemaliger Laborschüler, mittlerweile erwachsen, verheiratet und im Beruf stehend, hatte sich in der Zeit seiner Ausbildung einer militanten rechtsradikalen Gruppe angeschlossen; er gehörte zur "Bleichstrassen-Szene", einem berüchtigten Neonazi-Zentrum, war an Prügeleien mit Ausländern beteiligt und rühmte sich dessen. Dieser Martin gehörte zu einem der Jahrgänge, die als "Fünfer" in die Laborschule aufgenommen wurden; seine Mutter hatte die Umschulung gegen den autoritären Vater durchgesetzt, der, weil der Junge in der Schule immer mehr versagte und dabei immer aggressiver wurde, schließlich widerwillig zustimmte, ihn aber deutlich spüren ließ, daß er diese Art von Erziehung ablehnte und verachtete. Sein Motto hieß: Der Junge braucht Druck. Martin schaffte es nicht, diese Widersprüche zu verkraften; in unterschiedlicher Form kamen sie in seinem eigenen Verhalten zum Ausdruck. Er konnte extrem aggressiv sein, dann wieder angepaßt; zeitweise verweigerte er jede Leistung, dann wieder versuchte er, ein "guter" Schüler zu sein; er ging gern zur Schule und beschimpfte sie zugleich als Chaoten-Schule, in der man nichts lerne; er wurde mit zunehmendem Alter modebewußt, legte Wert auf ein gepflegtes Äußeres und korrekte Umgangsformen und suchte zugleich Kontakt zu "Skinheads" und ähnlichen Gruppen; nach dem Abschluß besuchte er weiterhin seine Lehrerinnen und Lehrer, schrieb ihnen Briefe und wußte sehr wohl, daß er, wenn er Ausländer verprügelte, auch auf alles einschlug, was er von diesen Menschen und an dieser Schule gelernt hatte, vor allem deren ureigensten Gründungszweck "Nie wieder ein zweites 1933".

An diesem Beispiel werden Widersprüche, ja Abgründe sichtbar, mit denen die Schule immer wieder konfrontiert werden kann. Es ist auch kein Trost, daß dieser Junge ja erst im 5. Schuljahr kam und sich möglicherweise anders entwickelt hätte, wäre er von vornherein hier gewesen. Es gibt unter den späteren Abgängern, die die Schule ganz durchlaufen haben, einen ähnlichen Fall. Dies sind sicherlich Ausnahmen, ja, man kann sagen, extrem untypische Entwicklungen; das ließe sich an der Abgänger-Untersuchung belegen. Aber sie spiegeln eine Wahrheit: daß Demokratie zu schwer, das immer neue Suchen nach gewaltfreien vernünftigen Lösungen zu mühsam ist, als daß nicht immer wieder, heimlich oder offen, der Wunsch nach "klaren Verhältnissen", nach Schwarz-Weiß-Denken, nach Macht, Autorität, Gewalt zum Ausbruch käme, besonders bei Menschen, deren biographisch-psychische Voraussetzungen einen günstigen Nährboden dafür abgeben. Dagegen ist diese Schule so wenig gefeit wie irgendeine andere, wie Erziehung überhaupt, die es ja immer auch mit dem latenten Faschismus, mit den "Hitler in uns" zu tun hat. Welche Möglichkeit hätte sie, außer der des ständigen geduldigen Gegenhaltens von klein auf?

"Erziehung zum Frieden" und "Erziehung zur Politik" - das sind gewaltige Begriffe und Ansprüche, die in den Schriften aus der Laborschule und über sie kaum vorkommen, vielleicht *weil* sie so gewaltig sind. Hartmut von Hentig hat sie auf einen bescheideneren Nenner gebracht, der immer noch anspruchsvoll genug ist: Es gehe darum, daß Kinder einen "Zipfel der besseren Welt" ergreifen und festhalten und diese Erfahrung in ihr späteres Leben mitnehmen können.

Die folgenden Szenen zeigen, wie die Schule versucht, kleine Schritte zu tun in Richtung auf dieses Ziel. Von "Erziehung zur Politik" wird dabei nicht die Rede sein, aber an vielen Stellen in diesem Bericht kann man einen Eindruck davon bekommen, daß und wie sie an dieser Schule vorkommt.

3. 2   Teestube und Zooversammlung - Kinder übernehmen Pflichten

In einem abgelegenen Raum der Schule, auf dem Flachdach, ist der "Zoo" untergebracht. Hier leben Kaninchen, Meerschweinchen, Schildkröten, Fische, Mäuse, Ratten und andere Kleintiere - weniger, um ständig betrachtet zu werden, was ja die eigentliche Bestimmung von Zoo-Tieren ist, sondern weil es allen Kindern, die dies wollen, möglich sein soll, in der Schule ein Tier zu halten oder zu pflegen. Der Zoo wird von Sozialarbeiterinnen und Sozialarbeitern, die an der Laborschule ihr Anerkennungsjahr machen, und einem Lehrer betreut.

In den Pausen herrscht hier meistens Hochbetrieb. Aber einmal in der Woche wird während der Frühstpückspause die Tür zugeschlossen; dann gehen alle, die ein "Zoo-Problem" haben und darüber reden wollen, auf die "Projekt-Fläche", besprechen die anliegenden Dinge und fassen Beschlüsse. Das eben ist die Zoo-Versammlung.

An einem heißen Tag, einige Wochen vor den Sommerferien, haben sich etwa 20 Kinder und die drei Erwachsenen zusammengefunden, um die Versorgung der Tiere und Pflanzen während der Ferien zu regeln und einige Streitigkeiten zu schlichten, die in den letzten Tagen aufgekommen sind; die betroffenen Kinder haben ihr Problem in ein Buch eingetragen - das ist das übliche Verfahren - und nun soll darüber gesprochen werden.

Die Frage der Versorgung ist schnell geregelt. Ein Erwachsener wird sich während der Ferien um die Tiere kümmern. Etliche werden mitgenommen; sie gehören Kindern, die sie nur während der Schulzeit im Zoo unterbringen und in den Ferien bei sich zu Hause haben wollen. Aber auch andere, die "ihr" Tier in der Schule pflegen, ohne es zu besitzen, dürfen es mitnehmen, wenn die Zoo-Versammlung zustimmt.

Aber darüber ist heute nicht zu befinden. Es geht hauptsächlich um zwei Konflikte. Der erste Fall: Anja pflegt das Kaninchen Blacky und eines der drei Jungen, die es vor einiger Zeit bekommen hat. Sie will beide weiterpflegen - oder keines. Nicole und Nina finden es ungerecht, wenn Anja zwei Tiere hat, und beantragen, daß sie je eines bekommen. Der zweite Fall ist ähnlich, aber schwieriger. Kathrin hatte seit langer Zeit ein Meerschweinchen in Pflege und sollte es dann abgeben. Wie in solchen Fällen üblich, rückte ein anderes Kind von der Warteliste nach und wurde eine zeitlang von Kathrin angewiesen; sie pflegten das Tier also zu zweit. Das aber reagierte aggressiv gegen die "Doppelpflege", und nun stellt Kathrin den Antrag, es weiterhin allein versorgen zu dürfen.

Das Dilemma, das in beiden Fällen zum Ausdruck kommt, beschäftigt die Zoo-Versammlung immer wieder: Es gibt weniger Tiere als Kinder, die sie pflegen möchten, und der Zoo ist voll, so daß keine weiteren angeschafft werden können. Es muß also eine Warteliste geführt werden, und die Zoo-Versammlung muß entscheiden, wer welches Tier abgibt oder übernimmt. Aber nach welchem Maßstab läßt sich das bestimmen?

Erwin T., der "Nawi"-Lehrer, gibt zu bedenken, daß der Zoo für alle Kinder da sei, die ein Tier pflegen wollten. Kathrin solle dem Nachfolger eine Chance geben. Die wirft ihm vor, er habe das Tier ja nicht gesehen. "Der war völlig von der Rolle, hat nur noch rumgebissen, der kann das einfach nicht vertragen, wenn zu viele an ihm rumfummeln!" Aber der Lehrer bleibt bei seinem Standpunkt. Er sehe immer häufiger Zettel an den Käfigen mit dem Hinweis "Dieses Tier darf nur von XY angefaßt werden" - das sei in vielen Fällen nur scheinbar Fürsorge, in Wirklichkeit aber Egoismus.

Nun bekommt er empörten Protest zu hören. "Um wen geht es denn hier eigentlich? Um die Menschen oder um die Tiere?" "Wenn du ein Kind hättest, und das läge im Kinderwagen, und alle, die vorbeikommen, würden es rausholen und an ihm rumstreicheln und sagen: 'Oh, wie süß!' - fändest du das gut? Würdest du das erlauben?" Der Lehrer hat ein sachliches Gegenargument: Meerschweinchenkinder seien eben keine Menschenkinder; Kaninchen seien empfindlicher als Meerschweinchen, aber nicht so wie Menschen. Nein, sie dächten vor allem an sich und zu wenig an die Kinder, die auch drankommen wollten.

Aber er hat die Zoo-Versammlung nicht überzeugt. Die beschließt einstimmig, Kathrin solle ihr Tier allein weiterpflegen. Der andere Fall wird ebenfalls zugunsten der Antragstellerinnen entschieden. Dann gibt es noch eine Kritik an den Erwachsenen: Sie haben einer Schülerin, die die Schule verläßt, weil sie wegzieht, ihr Pflegetier zum Geburtstag und zugleich zum Abschied geschenkt und werden jetzt zur Rechenschaft gezogen. Die berufen sich darauf, daß das schon "immer" Tradition sei. Aber der Protest gilt auch nicht so sehr dem Verschenken, als vielmehr der Tatsache, daß die Zooversammlung nicht informiert und gefragt wurde. "Stellt euch mal vor", sagt jemand, "ihr seid da bei ihr zum Geburtstag eingeladen, und plötzlich sitzt dann da der Hoppel auf dem Geburtstagstisch; vielleicht hat er auch noch 'ne Kerze zwischen den Zähnen!"

Die fortgeschrittene Zeit - in wenigen Minuten beginnt der Untericht - macht der Zooversammlung ein Ende. Die ist sich, wie man sieht, ihrer Verantwortung und Entscheidungsbefugnis wohl bewußt. Es hat auch schon Fälle gegeben, in denen Kindern das Pflegerecht entzogen wurde, wenn sie den Vorwurf, ihr Tier vernachlässigt zu haben, nicht überzeugend widerlegen konnten. Man glaubt diesen "Zoo-Kindern", daß sie für die Tiere das Beste wollen — auch wenn es sicher richtig ist, daß sich darin auch Egoismus ausdrückt. Ein vertrackter Interessenkonflikt - Tierwohl versus Menschwohl - zumal wenn das moralische Problem hinzukommt, ob nicht letztlich die Sorge für das Tier doch nur dem eigenen Interesse dient, was man aber nicht eingestehen will oder kann! Der stärkste Rückhalt, den die Kinder in dieser Auseinandersetzung haben, ist sicher ihr eigener Einsatz. Sie verbringen regelmäßig ihre Pausen im Zoo; sie sind ihrem Tier gegenüber in der Pflicht und müssen außerdem helfen, altes Stroh wegzuschaffen, neues heraufzutragen, Futter zu holen und die Pflanzen zu versorgen. Man trägt in eine Liste ein, was man wann getan hat, und einige Ältere, die zu "Aufpassern" gewählt wurden, achten darauf, daß das korrekt geschieht und daß Leute, die sich gern drücken, auch drankommen.

Ähnlich zeitaufwendig, wenn auch weniger regelungsbedürftig, ist das Betreiben der "Teestube" der Stufe III, von der bereits in der Versammlung der "purpur"-Kinder die Rede war. Seitdem sind einige Monate vergangen, es gibt endlich eine erwachsene Betreuerin, und aus mehreren Stammgruppen haben sich Freiwillige gemeldet, die nun einen großen Teil ihrer Pausen damit verbringen, Speisen zuzubereiten und zu verkaufen, abzuwaschen und aufzuräumen, Einkaufslisten und Wochenpläne zusammenzustellen. Sie sitzen oft mit der Betreuerin Sabine, die an der Laborschule ihr Anerkennungsjahr macht, zusammen, beraten, wie man neue "Kunden" herbeilocken kann - durch neue Gerichte und durch eine freundlichere Ausstattung der Teestube. Sie arbeiten mit den Leuten vom Kochkurs zusammen, helfen ihnen, ihre Produkte zu verkaufen, und haben dafür interessante Speisen anzubieten, oder sie denken sich selbst etwas Neues aus - frischen Salat etwa oder Quark mit Obst oder türkische Pizza. Das Ganze finanziert sich selbst; nur für die Ausstattung gibt es geringfügige Zuschüsse.

Diese beiden "Lerngelegenheiten", wie sie im Strukturplan der Laborschule genannt werden, die Teeküche und der Zoo, werden also täglich und verantwortlich von Kindern betrieben. Man könnte sich weitere dieser Art vorstellen und wünschen: eine Druckerei etwa oder eine Fahrradwerkstatt, in der jüngere und ältere Schüler zusammen arbeiten. Einstweilen hat die Laborschule das noch nicht geschafft, und die beiden Beispiele zeigen vielleicht auch, warum: Es muß verantwortliche Erwachsene geben, die den Kindern "Hilfe zur Selbsthilfe" leisten. Als die Teestube einige Monate verwaist war, weil sich unter den Praktikantinnen und Praktikanten niemand fand, der dort arbeiten wollte, beschlossen die Betreuungslehrerinnen und -lehrer der Stufe III, wochenweise mit ihren Stammgruppen die Teestube zu betreiben. Das ging auch eine zeitlang gut, bis eine zuständige Lehrerin vor den Sommerferien krank wurde und die Teestube mitsamt allen Vorräten liegenblieb; man kann sich vorstellen, wie es dann nach 6 Wochen in den Schränken aussah. Danach war allen erst einmal der Spaß an dieser Sache vergangen, bis schließlich mit der neuen Betreuerin ein neuer Anfang gemacht wurde.

Es gibt in den Stammgruppen und im Laufe eines Schuljahrs viele ähnliche Gelegenheiten dafür, daß Kinder Pflichten übernehmen, und es gibt immer auch das genannte Problem. Kinder halten Pflanzen, und Erwachsene müssen sich in den Ferien darum kümmern; Stammgruppen übernehmen ein Beet im Garten, aber das geht nur, wenn die Versorgung in den Ferien geregelt werden kann. Man bereitet ein Fest vor oder will für Klassenfahrten Geld verdienen, man backt Waffeln oder Kuchen - Erwachsene müssen die Räume und Geräte besorgen, bei Bedarf zur Stelle sein und oft hinterher stundenlang aufräumen.

Der "Nawi"-Lehrer, der den Zoo und den Garten betreut, ist dafür von Unterrichtsaufgaben entlastet, sonst könnte er das nicht leisten. Da aber Lehrerstunden nicht nur knapp sind, sondern immer fehlen, braucht man für die Lernorte den Einsatz der Sozialarbeiterinnen und Sozialarbeiter, die hier ihr Anerkennungsjahr machen. Ursprünglich war das nicht vorgesehen: Gerade die Lehrerinnen und Lehrer sollten (und wollten!) durch ihre Arbeit die Verbindung von Leben und Lernen, Unterricht und unterrichtsfreier Zeit täglich neu herstellen und gewährleisten. Aber die Unterrichtsaufgaben binden so viel Kraft, daß sie das kaum leisten können, wie am Beispiel der Teestube ersichtlich.

Für die Kinder ist es sicher gut, auch mit jungen Erwachsenen zusammensein zu können, die nichts mit Unterricht zu tun haben. Und wenn es ihnen um eine Sache geht, die ihnen wichtig ist, reagieren sie ohnehin, wie das Beispiel der Zooversammlung zeigt, ohne Ansehen der Person!

3.3 Bohnenspiel und Pausensport - Kinder gestalten ihre Schul-Zeit

Von den Pausen war schon mehrfach die Rede; diese 90 Minuten am Tag (10.30-11 Uhr und 13-14 Uhr) stehen den Schülerinnen und Schülern zur freien Gestaltung zur Verfügung. Sie können sich im Gebäude aufhalten oder draußen; viele gehen auch in die Universität, wo es eine Cafeteria, eine Ladenstraße und mehrere Restaurants gibt, oder in die sogenannte "Alte Uni", eine in der Nähe des Einkaufszentrums gelegene Fachhochschule, wo in den Aufbaujahren der Universität Bielefeld einige ihrer Einrichtungen provisorisch untergebracht waren und wo es eine weitere Mensa gibt, die mehr Auswahl bietet als die der Laborschule.

Von Zeit zu Zeit kommen Beschwerden ins Haus, vom benachbarten Oberstufen-Kolleg etwa, wenn wieder einmal in abgelegenen Ecken Rauch-Sünder angetroffen wurden, oder von der Universität, wenn Kinder wieder einmal die Kapazität und Geschwindigkeit von Fahrstühlen getestet haben.

Kann/darf man ihnen diese Freizügigkeit zubilligen? Die Laborschule hat dies immer entschieden bejaht. Die auftauchenden Probleme mögen noch so ärgerlich sein; man versucht, sie von Fall zu Fall zu lösen. Eine stärkere Ver-Regelung der Pausen aber, etwa durch eine "Hof-Aufsicht" in einer Schule, wo es doch gerade keinen Hof geben soll und gibt - das will niemand.

Auch in der Gestaltung der Pausen, ebenso wie der des Unterrichts, setzt die Schule also, statt auf Vorschriften und Einheitlichkeit, auf Angebot und Vielfalt. Nicht nur der Zoo ist während der Pausen geöffnet; man kann in die Werkstatt gehen oder in die Sporthallen, in die Bibliothek oder in die "Disco" und natürlich in die Mensa. Draußen gibt es den Sportplatz, der allerdings nicht immer benutzt werden kann, den Gerätespielplatz mit Drehscheibe, Seilbahn, Schaukeln und Karussell und den Bauspielplatz mit einer Feuerstelle.

Wie verbringen Kinder der Stufe III ihre Pausen-Zeit?

In der "malve" 6 gibt es z.B. zwei deutliche Interessen-Schwerpunkte: Die Mädchen gehen überwiegend in den Zoo, die Jungen in die Sporthalle. Eine klare Geschlechter- und Interessenzuordnung also. Das ist in anderen Gruppen anders, weniger deutlich ausgeprägt; aber bei allen Unterrichts- und Pausenangeboten gibt es, trotz aller Versuche von seiten der Schule, die üblichen Klischees aufzubrechen, doch immer wieder die bekannten, "typischen" Vorlieben und Reaktionen von Mädchen und Jungen. Dies soll hier nicht weiter vertieft werden; den Lehrenden gab und gibt es jedoch immer wieder zu denken.

Tina und die anderen "rosa"-Mädchen pflegen Tiere: die meisten ein Kaninchen, zwei ein Meerschweinchen, eine hält hier ihre Wellensittiche. Zum Essen gehen sie in die Mensa oder in die "Alte Uni"; das hängt vom Tages-Angebot ab. Die übrige Zeit verbringen sie auf der Fläche, in der Bibliothek oder draußen auf dem Gerätespielplatz. Zwei Mädchen gehen regelmäßig mit Älteren in die "Uni" oder in die "Disco".

Von den Jungen nehmen viele am Pausensport teil; einige gehen regelmäßig in die Werkstatt; zwei gehören zu den "Skatern" der Schule, schleppen ihr Brett immer mit sich herum, um sich in den Pausen dann darauf austoben zu können. Einer ist meistens in der "Disco" anzutreffen.

Diese Angebote, die die Schule bereitstellt, sind die Voraussetzung für die Freizügigkeit, die sie den Kindern gewährt, und rechtfertigen diese. Und umgekehrt rechtfertigt das Wahlverhalten der Kinder, in dem ganz unterschiedliche Bedürfnisse zum Ausdruck kommen, die Art und Vielzahl der Angebote. Die einen wollen "erwachsen" sein, suchen die Gesellschaft von Älteren und "emanzipieren" sich auch räumlich ("Uni", "Disco"). Die anderen suchen Fürsorglichkeit und Zuwendung bei den Tieren. Wer Ruhe sucht, findet sie in der Bibliothek, und viele reagieren im Pausensport das - auch in der Laborschule obligate - Stillsitzenmüssen vom Vormittag ab. Der Erfahrungsbereich Sport hat für die Pausen ein eigenes Konzept entwickelt. In der Mittagspause sind die Hallen geöffnet, und es werden Geräte an die Kinder ausgegeben.

Auch die "Ruhezone" der Schule, die Bibliothek, ist in den Pausen für viele ein Anziehungspunkt; nicht so sehr der Bücher, als eben der Ruhe wegen, die sie dort finden. Man kann dort lesen oder spielen. Besonders beliebt ist ein Spiel mit Bohnen; dazu braucht man Holzbretter mit runden Vertiefungen in bestimmter Anordnung. Man kann so ein Brett ohne allzu große Schwierigkeiten selbst bauen, und das tun die Kinder auch; es ist geradezu ein "Curriculum-Baustein" für die Holzwerkstatt geworden. Sehr gefragt ist auch das Labyrinth-Spiel, das darin besteht, eine Stahlkugel auf einem beweglichen Brett so geschickt zu bewegen, daß sie nicht in die eingebauten Löcher fällt, sondern ihr Ziel erreicht. Ein Spiel für Einzelgänger; so mancher sitzt Tag für Tag davor und schiebt unermüdlich seine Kugel. Auch Comics, Sport- und andere Fachzeitschriften sowie eine Tageszeitung gibt es in der Bibliothek und eine Sitzecke mit Sesseln und gepolsterten Bänken, wo man es sich gemütlich machen kann.

In die Werkstatt gehen die Bastler und "Handwerker", die etwas Besonderes machen wollen; wenn man viel Zeit dafür hat, lassen sich auch komplizierte und langwierige Vorhaben in der Schule zuende bringen. Auch hier finden sich manche Einzelgänger (darunter auch Mädchen, wenn auch weniger häufig), denen es sehr wichtig ist, hier *ihre* Sache machen zu können und die darin vielleicht einen Ausgleich finden für anderes, was ihnen weniger gut gelingt.

Das Konzept solcher Pausen-Gestaltung ist klar: Man stelle geeignete Angebote bereit, die Kinder werden sie annehmen, und die üblichen Disziplin- und Aufsichtsprobleme werden sich - zu einem Teil wenigstens - von selbst erledigen.

Wieder würden Skeptiker an dieser Stelle fragen, ob denn diese Rechnung immer aufgehe, und wieder wäre die Antwort: nein. Es gibt "gute" Pausen, aber eben auch "schlechte", vertobte, besonders wenn es regnet oder wenn zu wenig Erwachsene sich auf den Flächen aufhalten. Und es gibt das leidige Raucher-Problem, vor allem in den oberen Jahrgängen; aber vereinzelt sind auch Kinder der Stufe III mit von der Partie. Seitdem die Schulkonferenz ein absolutes Rauchverbot für alle ausgesprochen hat (Ausnahme: ein sogenannter "Kaffee-Raum" für Erwachsene), sitzen die "Sünder" nicht mehr in abgelegenen Winkeln der Laborschule, sondern hinter Büschen oder, wie gesagt, im Oberstufen-Kolleg. Keine Aufklärung, kein gutes oder energisches Zureden vermag bislang, ihnen beizukommen. Man mag das für normal oder für bedauerlich halten - Jugendliche, die sich auf diese Weise ihrer "Freiheit" versichern wollen, entziehen sich eben auch einer Pädagogik, die auf Großzügigkeit und Aufklärung setzt.

Es ist ein Trost, wenn auch ein schwacher, daß die Laborschule mit solchen Niederlagen nicht alleinstehen dürfte!

3. 4 Herdmanns, Waffeln und Vokabeln - Zwölfjährige bereiten ein Fest vor

In diesem Abschnitt soll von einem Unternehmen erzählt werden, das zeigt, daß und wie es an dieser Schule möglich ist, aus dem normalen Schul-Alltag für eine Weile auszusteigen.

Die Betreuungslehrerinnen eines 6. Jahrgangs wollten den Kindern etwas besonders Schönes zu Weihnachten bieten, das ihnen zugleich besondere Leistungen ermöglichen und abverlangen sollte. Sie hatten Jahre zuvor bereits gute Erfahrungen gemacht mit einer vorweihnachtlichen Projektwoche, in der den 60 Kindern, mit Hilfe von Eltern, 12 verschiedene Bastel-, Näh-, Strick- und Backgruppen angeboten wurden. Nun wollten sie diese Erfahrung aufgreifen und außerdem einen Theaterabend mit drei verschiedenen Aufführungen vorbereiten. Die Französisch-Gruppe wollte ein kleines Stück spielen, in dem es um vertauschte Geschenke ging, die Lateingruppe die "fabula de nocte sancta", eine von Hartmut von Hentig geschriebene lateinische Theaterfassung der Weihnachtsgeschichte, und das aufwendigste Unternehmen war die Einübung eines zu diesem Zweck geschriebenen Theaterstücks "Hilfe, die Herdmanns kommen!" nach dem gleichnamigen Roman von Barbara Robinson.

Daß der normale Unterricht davon betroffen, z.T. erheblich beeinträchtigt sein würde, war den Betreuungslehrerinnen bewußt, und so kamen sie auf den Gedanken, für diese Zeit einen neuen Plan zu entwerfen.

Die Vorgaben waren: Die Wahlgrundkurs- und Sportstunden sollten nicht angetastet werden. Für die Theaterproben sollte von Woche zu Woche ein Probenplan ausgehängt werden. Alle 60 Kinder sollten mitspielen. Um die Unterschiedlichkeit der Rollen auszugleichen, sollten diejenigen, die jeweils keine Probe hatten, vorweihnachtliche Bastelarbeiten machen dürfen, nach dem bewährten Prinzip; dafür hatten Eltern ihre Mitarbeit zugesagt. Um grössere Rückstände in Mathematik, Englisch und Deutsch zu vermeiden, gab es für jedes Fach ein Aufgaben-Paket, das die Fachlehrerinnen und -lehrer zusammengestellt hatten; diese sollten sich zu bestimmten Zeiten auf den Stammflächen aufhalten, um die Arbeit zu beaufsichtigen, für Fragen zur Verfügung zu stehen und mit kleinen Gruppen mündlichen Intensiv-Unterricht zu machen.

Der Plan bewährte sich. Jeder Tag begann mit einer Stammgruppen-Versammlung. Die Kinder hatten Wochenpläne, auf denen sie vermerkt hatten, wann sie was wo tun wollten; diese Eintragungen wurden morgens besprochen, Fragen beantwortet, Erfahrungen ausgetauscht. Dann teilte man sich in Gruppen auf, und die eigentliche Projektarbeit begann.

Wie bei einem so komplizierten Unternehmen nicht anders zu erwarten, gab es bald die ersten Pannen. Den Theaterleuten machte die Raumnot zu schaffen; denn viele Gruppen, die alle etwas Besonderes vor Weihnachten machen wollten, stritten sich um die wenigen vorhandenen Räume. Bei solchen Gelegenheiten zeigt sich ein Nachteil des Großraums: Er ist für bestimmte Tätigkeiten ganz ungeeignet. Man kann nicht Theaterspielen, Kulissen verschieben usw., wenn andere Gruppen nebenan Unterricht haben. Die Laborschule hat auch keine Aula oder etwas Vergleichbares; allenfalls kann man für größere Veranstaltungen den Hörsaal des Oberstufen-Kollegs, wo es auch eine große Bühne gibt, reservieren. Das hatten die Lehrerinnen getan; aber da es wenig freie Zeiten gab, kamen die drei Gruppen ziemlich ins Gedränge und einander in die Quere, umso mehr, je näher die Aufführung rückte.

Hinzu kam das Kulissenproblem: Fünf Bühnenbilder wurden hergestellt, von denen eines (der Stall) in beiden Stücken vorkam. Die "Kirche innen" mußte zunächst verhängt bleiben, während "Straße" und "Schule" in den Dunkelpausen schnell umgebaut wurden und das "bürgerliche Wohnzimmer", in der rechten Ecke eingerichtet, nach Bedarf ein- und ausgeblendet werden konnte. Beleuchter waren zwei Jungen, die zum Spielen keine Neigung hatten; sie galten als "Profis" und waren in der Tat als solche gefordert. Nicht weniger kompliziert als die Kulissen- und Beleuchtungswechsel waren die Auf- und Abgänge; immer wieder gab es falsche Begegnungen, Gedränge oder Fehltritte.

Parallel zu den Proben studierte ein Chor von freiwilligen Sängerinnen und Sängern des 4. und 5. Schuljahrs Weihnachtslieder ein, die in den Stücken vorkamen. Diese Kinder, als Engel verkleidet, wurden von einer der drei Lehrerinnen betreut, die folglich selbst als großer Engel mit auf die Bühne ging, um dort die himmlischen Heerscharen gleichsam unter ihre Fittiche zu nehmen.

Das allein wäre nicht so schwierig gewesen. Aber wer je mit Kindern Theater gespielt hat, weiß, daß die Aufregung, die Anzahl und Schwere der großen und kleinen Katastrophen exponentiell zunehmen, je näher die Aufführung und je größer die Zahl der Beteiligten ist. Bei "Herdmanns" standen 40 Kinder auf der Bühne, darunter 20 "Weihnachtsengel" in drangvoller Enge. Wenn dann Generalprobe ist, ein Flügelpaar fehlt, ein anderes zerknittert ist, ein Engel seine Zahnspange sucht, ein anderer seine Sandalen, wenn ein Hirte seinen Bart vergessen hat und der Erzähler seinen Text, die Lichterkette herunterfällt, weil der Beleuchter über die Krippe gestolpert ist, wenn die nächste Gruppe schon in der Tür steht und drängt usw. usw. - wenn also unter dem Druck der Aufregung aus einem gemütlichen und in sich stimmigen Durcheinander von "Herdmanns", Waffeln und Vokabeln Streß wird, dann kann so ein Unternehmen wahrlich zur Nerven-Zerreißprobe werden - für die Erwachsenen vor allem; die Kinder sehen das ja meistens lockerer.

Für sie war übrigens das eigentlich Spannende an der Geschichte von den Herdmanns-Kindern, daß die so schrecklich waren, Zigarren rauchten, klauten und Schuppen anzündeten. Ihre Rollen waren heiß begehrt. Das weihnachtliche Drumherum gab dafür nur die Kulisse ab. Aber alle fanden auch den Schluß gut: Die bösen Herdmanns spielen im Krippenspiel mit, und alles endet in Versöhnung und Rührung.

Im Theater - im Leben hatten sich bereits neue Überraschungen angebahnt. In einer der drei Stammgruppen gab es vier Jungen, die sich selbst "Die Rächer" nannten, und, wenn sie zusammen loszogen, alles taten, um ihre Vorstellungen vom Schrecklich-Sein in Wirklichkeit umzusetzen. Diese vier hatten zu Beginn des Projekts erklärt, sie wollten nicht mitspielen, sie wollten lieber normalen Unterricht machen, vor allem Englisch. Die Englisch-Lehrerin traute ihren Ohren nicht; es waren dieselben Jungen, die durch ihre beständige Weigerung, etwas Englisches über ihre Lippen kommen zu lassen, so ziemlich jede Englisch-Stunde zu einer Nerven- und Kraftprobe machten. Da sie nun aber beharrlich an ihren guten Vorsätzen festhielten, ließ man sie gewähren. Sie machten auch Englisch, jedenfalls das, was sie darunter verstanden; sie schrieben jeden Tag Vokabeln ab, legten dann den Stift aus der Hand und hielten die Zeit für gekommen, sich wichtigeren Dingen zuzuwenden. Sie nutzten die nächstbeste Lücke (die es in diesen Tagen reichlich gab), um zu verschwinden und als "Die Rächer" loszuziehen. Von ihren kleineren Aktionen erfuhr man durch empörte Kinder; größere hatten Beschwerden zur Folge (vom Oberstufen-Kolleg, von der Uni), und einmal wurden sie erwischt, als sie Knallkörper in die Sporthallen warfen. Die Eltern mußten zahlen, die Betreuungslehrerin schrieb Gutachten und Briefe, führte Gespräche und verwünschte alle Weihnachtsprojektwochen dieser Welt.

Am Ende gab es, nach soviel Aufregung und Not, einen glanzvollen, glücklichen Theaterabend - mit kleinen Pannen, versteht sich. Auch die anschließende Jahrgangsfeier mit Kindern und Eltern war schön - bis darauf, daß ein Vater den Sekt, der als "Spurenelement" in alle Bowlentöpfe verteilt werden sollte, in einen schüttete, aus dem die Kinder natürlich zuerst tranken. Aber die drei Lehrerinnen waren da in einem Zustand, in dem einen so etwas kaum noch erschüttert.

Es dauerte eine Weile, bis sie sich erholt hatten und wieder Lust bekamen zu neuen Projekten. Im Frühsommer des 7. Schuljahrs begannen die Proben für ein neues großes Theaterstück. Die vier "Rächer" erklärten übrigens gleich zu Anfang, sie wollten nicht mitspielen, sie wollten lieber normalen Unterricht machen, zum Beispiel Englisch ...

Solche Intensivphasen - wie man sieht, besteht der Name zu Recht - gab es in den ersten Jahren der Laborschule zweimal im Jahr für alle zur gleichen Zeit. Für je eine Woche setzte der Unterricht aus, und die Stammgruppen konnten und sollten diese Zeit für ein besonderes Vorhaben verwenden.

Aber die Gleichzeitigkeit erwies sich als ungünstig, weil eben meist ein Gerangel um die Fachräume, die Werkstätten und die Küche entstand. Darum hat es sich eingebürgert, daß für den Sommer eine Zeitspanne von mehreren Wochen festgelegt wird; viele Gruppen verreisen dann, in der Regel für 5 Tage. Die zweite

Intensivphase wird von den Jahrgängen nach Absprache mit der Schulleitung organisiert, liegt also nicht für alle gleichzeitig - es sei denn, die Schule setzt sich ein übergreifendes Thema, zu dem alle etwas beitragen. Wie eine solche Projektwoche verlaufen kann, soll in einem eigenen Abschnitt geschildert werden (Kapitel 3.6).

Für die Erwachsenen sind solche Unternehmungen immer mit einem großen Aufwand an Kraft, zusätzlicher Zeit und dem Risiko des Mißlingens verbunden; und wenn sich dann etwa, wie hier geschildert, Kinder wie "echte" Herdmanns verhalten, anstatt sie zu spielen, können sie - bei noch so viel Routine und Engagement - auch an den Rand ihrer Geduld geraten.

Wer aber zu solchem Einsatz bereit ist, hat auch die Frage, ob er sich lohne, schon für sich entschieden. Und an einer Schule, die solche Intensivphasen zu ihrem Programm macht, ist solche Bereitschaft schon als unabdingbare Voraussetzung in die Planung eingegangen.

3. 5 Rolle rückwärts im Wasser - über Kanufahren und andere Erfahrungen

Ganz hinten in der Universität Bielefeld - von der Laborschule aus gesehen - gibt es ein Restaurant, das aus dieser Lage seinen Namen herleitet, das "Westend". Es grenzt unmittelbar an das Hallenbad und ist von diesem durch eine Glaswand getrennt.

An einem Vormittag im März bietet sich Besuchern, die dort ihren Kaffee trinken, ein ungewohntes Bild: statt des üblichen Schwimm- und Springtrainings sehen sie im Uni-Bad Kinder, die das Kentern üben. Es sind "Siebener" der Laborschule, mit ihrem Lehrer Christian F.

Dieses Training hat eine Vorgeschichte, die die ganze Schule, Kinder, Lehrende, Eltern und Gremien wochenlang beschäftigte und in Pro- und Contra-Parteien spaltete; kaum jemand blieb dabei neutral.

Was auf dem Spiel stand, war eine der ältesten Laborschul-Traditionen. In den ersten Jahren hatten Sportlehrer sie aufgebaut; sie hatten in Österreich, in einem (damals noch) ziemlich ruhigen und für Anfänger idealen Skigebiet ein Haus gemietet, das 20 Kinder und einige Betreuer gerade fassen konnte, und dann mit einer Stammgruppe des damaligen Jahrgangs 7 eine zweiwöchige Skireise dorthin gemacht. Die Erfahrung dieser ersten Fahrt war so gut, die Enttäuschung der anderen Kinder des Jahrgangs, die sie nicht hatten, so groß, daß es bald zur festen Einrichtung wurde, alle "Siebener" nacheinander in diesen Ort zu schicken, jeweils in den Wochen vor den Osterferien. Damüls - das war für alle Laborschülerinnen und -schüler (und ist für viele von ihnen nach wie vor) der Inbegriff für eine ganz besondere, große Sache. Spätestens im 5. Schuljahr fing man an, sich darauf zu freuen und dafür zu sparen, und rückblickend gesehen war die Fahrt für viele der Höhepunkt ihrer Schulzeit.

Aber natürlich vernahm man in Bielefeld auch die Schreckensmeldungen über die fortschreitende Zerstörung der Alpen, maßgeblich mitverursacht durch den Skitourismus. In den letzten Jahren hatten die Gruppen sich vor der Reise ausführlich mit diesem

Thema beschäftigt, bis endlich unter den Lehrenden die Frage aufkam, ob es nicht an der Zeit sei, die Konsequenzen zu ziehen und sich um eine Alternative zu bemühen.

Dieser Vorstoß löste, wie man sich denken kann, die heftigsten Reaktionen aus. Der Elternrat und die Lehrerkonferenz beschäftigten sich mit dem Thema, die Gemüter waren erregt, und die Meinungen blieben geteilt. Schließlich einigten sich alle beteiligten Gruppen auf ein Verfahren: Es sollte eine öffentliche Podiumsdiskussion stattfinden, zu der beide Seiten Experten ihrer Wahl einladen konnten; danach sollten die genannten Gremien ihre Voten abgeben, die Schulkonferenz die endgültige Entscheidung treffen.

Die Argumente, die dann von den Experten vorgebracht wurden, hatte man schon vorher immer wieder in allen Gruppen diskutiert. Bilder von der Zerstörung der Alpen wurden, mit Informationsmaterial versehen, öffentlich ausgestellt, und niemand konnte sich diesem Eindruck verschließen. Aber auch die Damüls-Verteidiger hatten starke Argumente. Wenn die Laborschule diese Skireisen aufgebe, sagten sie, dann sei der Nutzen für die Alpen praktisch gleich Null, den Kindern aber entgehe sehr viel, vor allem solchen, deren Eltern normalerweise einen Skiurlaub nicht bezahlen könnten, und für die wolle sich die Schule bekanntlich ja besonders einsetzen. Und: Sie warnten davor, Kinder auf diese Weise zu ökologisch vertretbarem Verhalten erziehen zu wollen; das könne ein Bumerang werden. Noch überzeugender vielleicht, weil von allen, die je die Fahrt nach Damüls mitgemacht hatten, bestätigt, war der Hinweis darauf, was für ein besonderes Erlebnis sie für die Kinder bedeute.

Reisen - das tun und lernen Laborschulkinder von klein auf; in der Stufe I sind es zunächst Tages- oder Zweitagesfahrten. Im 3. und 4. Schuljahr schon größere; viele Gruppen der Stufe II fahren z. B. für eine Woche auf einen Bauernhof, andere auf eine Nordsee-Insel oder ins Moor oder in ein Mittelgebirge. In der Stufe III weiß man von vornherein, daß man auf das 7. Schuljahr hinsparen muß, und versucht, im 5. und 6. mit (relativ) wenig Geld auszukommen; wie es der Jahrgang von Helen getan hat, fährt man z. B. für 5 Tage auf einen Reiterhof und im nächsten Jahr in ein

Zeltlager. Später, in der Stufe IV, kommen dann die "großen" Reisen: ein Englandaufenthalt, eine Abschlußfahrt und in der Regel ein Landschulheim-Aufenthalt oder eine Museumsfahrt. Und da dies alles viel Geld kostet, versuchen viele Gruppen, einen Teil davon durch eigene Arbeit zu verdienen. Besucherinnen und Besucher werden das ganz Jahr hindurch mit selbstgebackenen Waffeln oder anderem gefüttert, und nie sind Konferenzen so Kaffee-und-Kuchen-trächtig wie in der Zeit vor der Sommer-Intensivphase, wenn die verschiedenen Gruppen miteinander wetteifern, um den Erwachsenen mit Charme und Geschäftssinn möglichst viel Geld aus der Tasche zu ziehen. Das gehört sozusagen mit zur Vorfreude.

Die aber kann kaum je größer sein als bei den "Siebenern" vor der Reise nach Damüls, spätestens dann, wenn die Vorbereitungen auf vollen Touren laufen. Schon Wochen vorher beginnen sie. Die Ski-Schuhe werden zum An- und Ausprobieren ausgegeben, damit man sich an sie gewöhnen kann, und die Kinder staksen damit in der Schule herum. Kochgruppen müssen gebildet, Vorräte besorgt werden, denn dort, das weiß man, ist alles viel teurer. Für viele ist es die erste Auslandsreise; Geld muß umgetauscht, der günstigste Wechselkurs erfragt, das Umrechnen geübt werden. Dann die Fahrt: Aufbruch morgens um 5 Uhr, am frühen Nachmittag ein erster Blick auf die Berge, gegen 17 Uhr Ankunft im Dorf, früh genug also, damit man notfalls das Gepäck umladen kann, weil der Bus, wenn zu viel Schnee liegt, die steile Straße zur Hütte hinauf nicht schafft; die völlige Erschöpfung, wenn endlich die Skier, Schuhe, Stöcke, Vorräte und Gepäckstücke über eine Kette von Hand zu Hand vom Bus über den Hang in die Hütte gelangt sind, und der für norddeutsche Großstadtkinder unvergeßliche Eindruck, wenn man am nächsten Morgen zum erstenmal die Berge im Sonnenlicht sieht. Das Skifahren beginnt auf dem Haushang neben der Hütte; zuerst muß man mühsam den Schnee festtreten, bevor die ersten Rutschübungen gemacht werden können. In der ersten Woche lernt man auf diesem Haushang die Grundlagen, und wenn alle den Schneepflug und den Stemmbogen sicher beherrschen, kann man das Gelände verlassen und über eine Schrägfahrt von der Hütte zur Piste und von da zur Talstation eines Schlepplifts gelangen. Am Ende der zweiten Woche haben die Kinder mehrere Tagesausflüge und Abfahrten hinter sich und vor allem das Erfolgserlebnis: ich kann Skifahren. Dann die Abende: Man hat einen animalischen Hunger, kommt in die Hütte zurück, deren "Zentrum", weil einzige Wärmequelle, ein "Kanonenofen" ist, darüber ein einfaches Holz- und Drahtgestell, wo die nassen Sachen zum Trocknen aufgehängt werden; es gibt heißen Tee und Kuchen, und die Kochgruppe beginnt mit den Vorbereitungen für das Abendessen - wenn sie ihre Sache nicht ordentlich macht, wird der Zorn aller Hungrigen über sie kommen. Morgens werden frische Brötchen und Milch vom Dorf hochgebracht. Aber bei Neuschnee geht oft nichts mehr; es kann eine Stunde dauern, bis der Weg von der Hütte zur Straße freigeschaufelt, eine neue Treppe in den Schnee gehauen ist. An den Steilwänden auf der gegenüberliegenden Seite des schmalen Tals kann man sehen, wie Lawinen abgehen, und von dem alten Dorfpfarrer kann man erfahren, wie das Leben in den Bergen früher war und andere für Großstadtkinder merkwürdige Dinge, z.B. daß man auch heute noch die Toten im Winter vielfach nicht beerdigen kann, sondern sie bis zum Frühjahr im Schnee liegen läßt.

All das zusammen macht den Charakter dieser Reise aus, die also, so ihre Befürworter, alles andere ist als ein frühzeitiges Einüben in den Ski-Massenrummel.

Den drei Lehrenden, die den Antrag gestellt hatten, sie abzuschaffen, war dies alles wohl bewußt; sie waren selbst schon mit Gruppen in Damüls gewesen. Darum hatten sie sich für ihren jetzigen Jahrgang ein nicht weniger reizvolles Alternativ-Angebot überlegt: eine zweiwöchige Kanu-Freizeit im Sommer.

Nach so vielen Debatten und Versammlungen wurden nun auf mehreren Ebenen Beschlüsse gefaßt. Die "Siebener" entschieden sich für das Alternativ-Angebot; der Elternrat übermittelte der Schulkonferenz ein Meinungsbild, man sei mehrheitlich dafür, daß Skireisen weiterhin durchgeführt werden dürften. Die Schulkonferenz schließlich beschloß, Damüls-Fahrten sollten weiterhin Bestandteil des Sport-Curriculums sein, akzeptierte aber zugleich die Entscheidung des Jahrgangs 7.

Nach diesem Umweg nun also zurück zum Training im Uni-Hallenbad. Dort üben die "Siebener", wie gesagt, das Kentern; genauer: wie man durch Bewegung der Hüften das Boot zum

Kentern bringen kann. So lernen und üben sie auch, das Boot durch Körpereinsatz zu beherrschen. Dieses Training vor der eigentlichen Reise erstreckt sich über mehrere Doppelstunden, von denen diese Gruppe bereits die ersten hinter sich hat. "Aussteigen unter Wasser" - das war die erste Lektion und zugleich eine sehr schwere. Klaren Kopf zu bewahren, wenn der sich unter Wasser und unter einem Boot befindet, nicht in Panik zu geraten, mit einem ruhigen Griff die Spritzdecken zu lösen, so daß die Plane, die dicht am Körper anliegt und das Eindringen von Wasser in das Boot verhindert, weggeschoben werden kann, und dann mit einer Rolle rückwärts "auszusteigen" - das war das Grundlagenpensum, das alle erst einmal sicher beherrschen mußten.

Zwei sollen jeweils zusammenarbeiten; der eine macht die Übung, der andere leistet Hilfestellung und zieht das Boot nach dem Umschlagen wieder zurück in die Normalstellung - so lautet die Anweisung des Lehrers. Die Kinder kommen unterschiedlich gut mit der Aufgabe zurecht; aber auch die Geschicktesten haben erst einmal Mühe, die Angstgrenze zum selbstgesteuerten Kentern zu überwinden. Während einige das bald heraushaben, sehen die Wakkel-Versuche bei anderen noch etwas unbeholfen aus; der Lehrer gibt Hilfestellung und versucht sie zu ermutigen. Ein vorwitziger Knabe hat sich von den anderen entfernt und arbeitet allein - mit Erfolg. Das Boot schwimmt kieloben, er ist für einige Sekunden verschwunden und taucht dann wieder auf. Da war er also, der Ernstfall.

Auch die Erwachsenen, die die Kinder begleiten wollen, müssen sich natürlich darauf vorbereiten, sind ebenso Kanu-Anfänger wie die Kinder. Sie haben zunächst im Rahmen des Hochschulsports im Hallenbad trainiert, dann auf einem Stausee und schließlich auf einem Fluß. Die organisatorischen Vorbereitungen sind ebenfalls in vollem Gange: verschiedene Quartiere müssen beschafft, Transportprobleme gelöst werden.

Gut drei Monate später sind alle wohlbehalten von der Fahrt zurück. Welche Erfahrungen und Erlebnisse waren damit verbunden?

Im Strukturplan der Laborschule heißt es zum Thema Intensivphase, diese sei "... keine Zeit für kollektiven Urlaub"; sie sei vielmehr "... immer mit einem wichtigen, begründeten Lernerlebnis verbunden." (S. 55). Legt man diesen Maßstab zugrunde, dann war dies sicher eine besonders intensive Zeit. Das Lernerlebnis begann schon lange vorher; immerhin hatten die Debatten zum Thema Skireise die ganze Schule beschäftigt, und die "Siebener" hatten an diesem Beispiel nicht nur gelernt, wie die Schul-Demokratie funktioniert, sondern auch, wie man sich ihrer Einrichtungen und Verfahren bedienen kann, um in der Öffentlichkeit etwas zu bewirken, wie wichtig es dabei ist, sich sachkundig zu machen, die eigenen Argumente genau zu prüfen und sie dann wirkungsvoll vorzubringen.

Als dann die Entscheidung feststand, galt es, Geld zu beschaffen, denn die Reise kostete mehr, als die Eltern angespart hatten. Dazu nutzten sie den Vorteil der eigenen Werkstatt, die sie für möglichst viele Stunden reservierten. Sie bauten ein Brettspiel, das in Geschäften 70 - 100 Mark kostete, in Originalgröße nach und dekorierten es nach eigenen Entwürfen. Als die Spiele mit allem Zubehör fertig waren, gab es darunter zwar auch spärlich oder wenig kunstvoll dekorierte, aber auch so viele schöne, daß der Verkauf gut lief und bald neue Bestellungen eingingen. Am Ende hatten die drei Stammgruppen zusammen über 1000 Mark verdient.

Dann die Zeit der Vorbereitungen im Hallenbad und schließlich die Fahrt selbst: Eine Woche trainierten sie auf dem Plöner See und fuhren dann die Trave hinunter bis kurz vor Lübeck. Daß ein See kein "stilles Wasser" ist, wurde diesen Stadt- und Landkindern schnell klar, und sie akzeptierten darum die Autorität des Fachübungsleiters, der ihrem Abenteuer- und Erkundungsdrang durch strenge Regeln Grenzen setzte. Später, bei der Flußfahrt, gerieten sie in Situationen, auf die kein Hallenbad-Training sie hätte vorbereiten können. Eine der erwachsenen Begleiterinnen mußte sich und ihr Boot von zwei Jungen befreien lassen, als sie sich in herabhängenden Zweigen von Uferbäumen verfing und aus eigener Kraft nicht ans Ufer kam; ein Mädchen stellte einen unfreiwilligen Geschwindigkeitsrekord auf, als sie mit der Strömung in die Flußmitte geriet und plötzlich davonschoß; ein Junge kenterte, kam wieder hoch und kenterte gleich noch einmal; an einem Wehr stellten sie sich einer besonderen Mutprobe und fuhren hinunter. Auch hier übrigens holten die Umwelt-Probleme sie ein, auf unerwartete Weise. Zwar war ihnen schon vorher bewußt, daß ein

Fluß-Biotop durch paddelnde Schulklassen gestört wird, und sie hatten das als das kleinere Übel akzeptiert; aber nun erfuhren sie, wie und womit Gewässen verschmutzt werden können. Ein Geruch, der ihnen von der ländlichen Umgebung Bielefelds her wohl (bzw. übel) vertraut war, kündigte an, was sie dann buchstäblich am Ruder hatten: Gülle. Zum Glück fiel in diesem Abschnitt niemand ins Wasser.

Reisen, Unbekanntes er-fahren, von den Kenter-Übungen im Hallenbad bis zum Wehr, vom ersten Picknick bis zum Abschiedsessen in Lübecks Altstadt: "Wenn Schule aufhört, Schule zu sein", [8] löst sie ihren Anspruch, Leben und Lernen zu verbinden, erst ganz ein.

3.6 Hilfe für das Pantasmatal - eine Partnerschaft und ihre Folgen

Die Laborschule hat eine Partnerschule in Nicaragua. Am 23. Mai 1986 wurden, in Anwesenheit der Bürgermeisterin von Bielefeld und des Botschafters von Nicaragua, zwei gleichlautende Dokumente (in deutscher und spanischer Sprache) feierlich unterzeichnet. Darin heißt es:

> Die Bielefelder Laborschule beabsichtigt, mit der Cooperativa Agraria "Juan Castil Blanco" in Las Praderas zusammenzuarbeiten, Erfahrungen, Anregungen und Kritik einander mitzuteilen und Personen auszutauschen. Sie wünscht, daß beide Schulen einander unterstützen.

Diese Vereinbarung hatte eine zweijährige Vorgeschichte.

Eine Lehrerin der Laborschule, die sich - unter anderem zu diesem Zweck - hatte beurlauben lassen, arbeitete im Sommer 1984 einige Zeit im Süden Nicaraguas in einer Brigade mit. Ihre Erfahrungen und Berichte und die anderer Lehrerinnen und Lehrer führten schließlich zur Initiative, eine Bielefelder GEW-Brigade ins Leben zu rufen, was dann auch geschah. Deren Mitglieder fuhren 1985 für 5 Wochen nach Nicaragua und halfen, die Grundlagen für eine neue Schule zu legen, im Pantasmatal im Norden des Landes, der ja bekanntlich damals durch Angriffe von "Contras" besonders gefährdet war; die Anwesenheit von Ausländern würde, so hoffte man, diese Gegend für einige Zeit vor Angriffen schützen.

Die Laborschul-Lehrerin, die in der Brigade mitgearbeitet hatte, berichtete darüber in allen Stufen, im Kollegium und vor Eltern. Ihre Anregung, die Laborschule möge diese Schule unterstützen und enge partnerschaftliche Beziehungen zu ihr aufnehmen, fand mehr und mehr Anklang. Schließlich wurde dies offiziell beantragt und von den zuständigen Gremien beschlossen.

Nun galt es, diese Idee mit Leben zu füllen, und das hieß: alle Kinder und Erwachsenen einzubeziehen und zur Mitarbeit anzuregen.

Wie können Kinder anderen Kindern Partner werden, wenn diese Tausende von Kilometern entfernt sind, wenn sie einander vermutlich nie sehen werden und ohnehin nicht verstehen würden? Wie können Erwachsene ihnen dabei helfen, ohne daß daraus "Schule" oder Indoktrination wird? Was kann und soll, konkret, in welcher Stufe getan werden?

Vor diese und ähnliche Fragen sahen sich die Lehrerinnen und Lehrer gestellt, die diese Schulpartnerschaft in besonderem Maße zu ihrer Sache gemacht hatten. Diese sogenannte Nicaragua-Gruppe traf sich regelmäßig und tut das bis heute. Sie sieht ihre Aufgabe darin, die Beständigkeit dieser Partnerschaft durch kontinuierliche Arbeit zu sichern, und das ist keine leichte Sache.

Doch zunächst zurück zum Mai 86. Die feierliche Vereinbarung war der Anlaß zu einem großen Fest, das an diesem Tag in der ganzen Schule stattfand, und dies wiederum war das Ergebnis einer Vorbereitungszeit, die mehrere Monate gedauert und mit einer Schul-Projektwoche geendet hatte. In diesen Tagen wurde in allen Stammgruppen aller Jahrgänge und Stufen für die Partnerschule in Las Praderas gearbeitet. [9]

Wer damals die Laborschule besucht hätte, um speziell die Zehn- bis Dreizehnjährigen zu beobachten, hätte die Kinder der Stufe III in höchst unterschiedlichen Tätigkeiten erlebt. Alle sollten Produkte herstellen, die entweder direkt für die Partnerschule bestimmt waren (z.B. Spielzeug, Lernhilfen), oder indirekt (das Produkt wird verkauft, das Geld geht nach Las Praderas), oder solche, die das Fest-Publikum mit Nicaragua vertraut machen (z.B. Vorführung von Liedern und Tänzen, Informationsstände usw.) oder es einfach nur "einstimmen" sollten. Natürlich ließen sich diese Zwecke auch verbinden.

Die Jahrgangs-Teams hatten diese Projektwoche nach bewährtem Muster geplant (in Kapitel 3.4 wurde das an einem Beispiel dargestellt); sie hatten die Eltern und natürlich die Praktikantinnen und Praktikanten um Mitarbeit und Vorschläge gebeten, dann die Angebote zusammengestellt und diese in große Übersichtstafeln eingetragen, und die Kinder des jeweiligen Jahrgangs hatten sich daraus einen Wochenplan zusammengestellt. Regulären Unterricht gab es nicht, wohl aber in der Regel eine morgendliche Versammlung zur Besprechung anfallender Probleme in den Stammgruppen.

Hier einige Bilder und Szenen, wie sie der gedachte Besucher in dieser Woche hätte wahrnehmen können.

Auf einer der "Sechser"-Stammflächen hört man perfektes Spanisch, und das von einer "echten" Laborschülerin. Annas Familie stammt aus Chile, lebt schon seit vielen Jahren in Bielefeld, und sie hat nun endlich einmal Gelegenheit, ihre Muttersprache in der Schule zu verwenden. Zusammen mit einer Lehrerin hat sie einen kleinen Dialog zusammengestellt, der zunächst von ihr und ihrem Bruder vorgespielt, dann von den anderen satzweise geübt und schließlich nachgespielt wird, so lange, bis es "richtig" klingt - darüber befindet Anna. Sie hat in diesen Tagen viel zu tun, wird als "Lehrerin" und Übersetzerin von vielen Gruppen um Hilfe gebeten und liest schließlich bei dem Festakt die spanische Übersetzung der Ansprache vor.

Aber dieser kleine Sprachkurs ist eher eine Nebensache im Vergleich zu der, die die "Sechser" in den Mittelpunkt ihrer Arbeit gestellt haben. Es geht um den Kaffee - genauer: um den Weg der Kaffeebohne von der Pflanze bis in die Tasse. Schon vor Wochen hat eine Lehrerin Rohkaffee in großen Mengen bestellt, und zu Beginn der Projektwoche sind auf dem Schulgelände vier Feuerstellen angelegt worden. Seitdem duftet es den Tag über nach frisch geröstetem Kaffee, und die Kinder, die den Vorgang überwachen, merken bald, daß dies eine mühselige und zugleich eintönige Sache ist: nur kleine Mengen dürfen jeweils in die Tonschale über dem Holzkohle-Feuer geschüttet werden, und man muß die Bohnen ständig mit einem Rührlöffel bewegen, damit sie gleichmäßig geröstet werden. Währenddessen arbeiten auf den Stammflächen Näherinnen und Näher daran, kleine Säckchen herzustellen, zu bedrucken und zu beschriften, in die der Kaffee später zum Verkauf verpackt werden soll - beinahe 100 sind es am Ende, und der Verkauf und Ausschank bringen viel Geld ein.

Auch die "Siebener" haben sich auf Verkaufsprodukte und Vorführungen spezialisiert. Ein Vater, der einige Jahre als Entwicklungshelfer in Peru gearbeitet und von dort Schallplatten mitgebracht hat, zeigt einigen Kindern und Erwachsenen traditionelle Tänze; sie sollen diese beim Schulfest vorführen und die Zuschauer zum Mitmachen ermuntern. Außerdem baut dieser Jahrgang "Pinatas", bunt bemalte Gebilde aus Pappmache, die mit Süßigkeiten gefüllt und dann so über einen Ast gehängt werden, daß man sie hochziehen und wieder herunterlassen kann. Das Spiel - weit verbreitet in Mittel- und Südamerika - besteht darin, daß Kinder mit verbundenen Augen so lange nach der Pinata schlagen, bis sie kaputtgeht und ihren Inhalt freigibt. Viel Bewunderung ernten die "Siebener" auch für ihre "Klappertiere", bewegliche, an einem Stab befestigte Holzfiguren, die sie in der Werkstatt gebaut haben.

Die "Fünfer" hingegen wollen nicht nur verkaufen, sondern auch etwas herstellen, was man den Kindern in Las Praderas schicken kann. Eine Gruppe baut "Rechenmaschinen" (genannt Abakus) aus Holz. Dazu sind viele, zum Teil komplizierte Arbeitsschritte erforderlich; es dauert mehrere Tage, bis die ersten Exemplare fertig sind. Eine andere Gruppe hat kleine Sperrholzplatten ausgesägt, die sich, als Lotto-"Karten", auf größeren Breten anordnen lassen; sie werden bemalt, mit den entsprechenden spanischen Wörtern beschriftet, lackiert und so zu einem Lese-Lernspiel verarbeitet. Aber auch zum Geldverdienen hat dieser Jahrgang sich einiges ausgedacht. Eine Gruppe hat aus Bambus-Rohren kleine Flöten oder Rasseln geschnitzt, die sie nun verarbeitet und bemalt. Eine andere stellt Linolschnitte her, um dann Karten mit aztekischen Symbolen und Ornamenten zu bedrucken. Ein besonderer Gag sind "Atomkraftwerke" aus Negerküssen, Biskuitrollen, Zwieback und Zuckerguß - versehen mit der schriftlichen Aufforderung an die Käufer, sie sofort und endgültig zu vernichten. Und eine Stammgruppe hat schon seit Wochen an ihrem Produkt gearbeitet: Die Kinder nutzten den Vorteil der Jahreszeit und säten Balkon- und Gartenblumen, um sie beim Schulfest als Stecklinge zu verkaufen; sie hatten ihre Fläche zur Gärtnerei umfunktioniert und an die 1000 Pflänzchen gezogen.

Zum Fest kamen Hunderte. Sie besuchten die vielen Ausstellungen, Darbietungen, Verkaufsstände, der Umsatz übertraf selbst optimistische Erwartungen und und die Höhe der erwirtschafteten Summe auch.

Das alles liegt nun einige Jahre zurück. Inzwischen sind viele Briefe hin- und hergegangen, haben Schülerinnen und Schüler der Stufe IV mehrere "Nicaragua-Infos" geschrieben, haben Väter und Kinder ein Windrad für die Schule in Las Praderas gebaut, haben Informationsabende, Aktionstage und mehrere Matineen stattgefunden. Die Briefkontakte zwischen Kindern gehen weiter, trotz des Verständigungsproblems. Bei den Kleinen bestehen die Briefe ohnehin weitgehend aus Bildern; die Kinder in Las Praderas malen Häuser, Blumen, Herzen und schreiben darunter "casa, "flor", "corazon", und die Kinder der Stufe I malen auch Häuser, Blumen, Herzen und gelegentlich ihre Schule, weil das so gut geht. Die Größeren wollen sich mitteilen, nach anderen fragen. Ein Mädchen aus Las Praderas, das in die 4. Klasse geht, erzählt von sich: Ihr Vater ist im Kampf gefallen; sie lebt mit ihrer Mutter und 10 Geschwistern in großer Armut; zwei Brüder sind bei Angriffen von "Contras" ums Leben gekommen. Über dem Brief ein Spruchband-Text: "Seit 25 Jahren alle Waffen gegen die Aggression". Eine Laborschülerin schreibt ihr zurück: "Das muß sicher sehr schlimm für Dich und Deine Familie gewesen sein", eine andere: "Leider können wir Euch nicht besuchen kommen, weil es so weit von hier weg ist und weil wir auch wohl Angst hätten, von den Contras getötet zu werden."

Das alles kann man natürlich auch skeptisch betrachten oder in Frage stellen. Was wissen wir schon von Nicaragua? Was haben wir, was haben vor allem unsere Kinder mit den Menschen dort zu tun? Ist es nicht unehrlich und illusorisch, so eine Partnerschaft anzustreben? Wie will man sie auf Dauer aufrecht erhalten? Man kann doch nicht immer wieder Kaffee rösten und Holzspielzeug bauen; wie will man verhindern, daß die Kinder irgendwann stöhnen "Nicht schon wieder Nicaragua!" oder einfach sagen, es reiche ihnen jetzt? Und vor allem: Wieso zwingt man Kinder in die Politik hinein, von der sie doch gar nichts verstehen, und nötigt ihnen die Meinungen Erwachsener auf?

Wer so fragt, muß sich Gegenfragen gefallen lassen: Wir sind alle, ob wir wollen oder nicht, tief verstrickt in die Politik; ist es da nicht unehrlich, die Kinder glauben zu lassen, das sei anders? Wollen wir die Weltprobleme den Schulbuchverlagen überlassen, warten, bis sie zu Lehrbuch-Lektionen verarbeitet sind und den Kindern dann in "mundgerechten" und vor allem abprüfbaren Portionen verabreicht werden können? Wollen wir so Politik als "Stoff" in die Köpfe befördern, anstatt wenigstens an einer Stelle selbst zu handeln, mit den Kindern etwas zu tun, und sei es auch noch so wenig? Und vor allem: Ist nicht das, was wir Kindern von der Politik vermitteln, immer parteilich? So auch das Außen-vor-Lassen von Problemen, mit denen sie nicht konfrontiert werden sollen: Ist das nicht in den meisten Fällen Parteinahme für unsere Bequemlichkeit?

Solche Diskussionen haben an der Laborschule nur selten stattgefunden, weil, wie gesagt, diese Schulpartnerschaft von allen Gruppen unterstützt wurde.

Nicht so von der lokalen Presse. In einer der beiden Bielefelder Zeitungen hieß es in einem Kommentar:

> Die Masche, unbedarfte Schüler für linksgestrickte Regime auf Solidaritätskurs zu programmieren, hat an den umstrittenen Gesamtschulen und der Laborschule Wurzeln in den langhaarigen Köpfen der Lehrer. [10]

Was der gleiche Kolumnist wohl schreiben würde, wüßte er, daß die Laborschule auch zur Stadt Nowgorod Kontakte aufgenommen hat? Auch dieser begann mit einer Reise einer Lehrerin, und auch hier kam der Gedanke ins Spiel, daraus etwas zu machen. Aber vorerst kann der Journalist seinen Zorn aufsparen, denn die Laborschule ist mit ihren bescheidenen Versuchen, einer Schule im Pantasmatal zu helfen, ziemlich ausgelastet.

4. Erfahren und Begreifen - Lernarbeit

Lern-Arbeit: Das soll ausdrücken, daß es hier nicht um das Lernen geht, das "von selbst" passiert, wenn eine Schule sich als Lebens- und Erfahrungsraum versteht und ihren Alltag danach einrichtet, sondern um das veranstaltete, geplante Lernen im Unterricht. Die Laborschule ist in dieser Hinsicht eine Schule wie andere auch und wird, wie diese, von vielen in erster Linie daran gemessen, was sie den Kindern im Unterricht vermittelt und wie sie es tut.

Die Frage nach dem "Was" wird oft von Besuchern gestellt; sie wollen z.B. wissen, was im 5. Schuljahr "durchgenommen" werde, und sind erstaunt, wenn sie erfahren, daß das an dieser Schule nicht in der Weise festgelegt ist, wie sonst üblich. Sie ist - weitgehend - frei, ihre inhaltliche Arbeit von Jahr zu Jahr neu zu planen. Sie muß es sein, denn es gehört ja zu ihrem Gründungsauftrag, eine "Curriculumwerkstatt" zu sein. Ein Lehrer nimmt wahr, wie Kinder auf Unterrrichtsangebote reagieren und reagiert seinerseits darauf; er verändert sein Angebot oder erweitert es oder er denkt sich etwas ganz Neues aus, probiert das aus und läßt andere an dem Ergebnis teilnehmen; so ließe sich dieser Auftrag kurz und einfach umschreiben. Solches tun natürlich Lehrerinnen und Lehrer, die auf Kinder eingehen, an allen Schulen; wieder sind es also nur die besseren Bedingungen, die die Laborschule von ihnen unterscheidet, und wiederum wird zugleich deutlich, daß diese Freiheit mit einem sehr hohen Anspruch verbunden ist. Ständig neue Unterrichtsinhalte und -methoden entwickeln, erproben, das Ergebnis aufschreiben, so daß es anderen nutzbar wird - das kann niemand leisten, ohne dafür viel Zeit zu haben. Solche Forschungs- und Entwicklungszeit gibt es an der Laborschule, aber sie ist knapp bemessen und muß darum von Jahr zu Jahr neu verteilt werden.

Aber der Auftrag, Curriculumwerkstatt zu sein, ist nur *ein* Grund für die Freiheit der Unterrichtsgestaltung, die diese Schule im Vergleich zu anderen hat. Bindende Vorschriften darüber, wer wann was zu lernen hat, würden dem, was Hartmut von Hentig für die Laborschule geplant hat und für alle Schulen für wünschenswert hält, generell widersprechen. Wie kann man Kinder ernst nehmen, auf ihre Fragen eingehen, ihnen die Zeit und die Hilfen geben, die sie brauchen, um selbst nach Lösungen suchen und verschiedene Wege erproben zu können, wenn man gezwungen ist, ein bestimmtes Pensum in einer bestimmten Zeit "geschafft" zu haben? Aneignen, Verstehen braucht Zeit, verläuft individuell und von Fall zu Fall unterschiedlich; darum muß es der Pädagogik - im Sinne Rousseaus - auch und gerade *im Interesse der Sache* verstattet sein, nicht Zeit gewinnen, sondern Zeit verlieren zu wollen. Für Hentig gehört es daher zu den unabdingbaren Voraussetzungen ihres Gelingens, daß Lehrer frei sein, d.h. ihren Unterricht in eigener Verantwortung gestalten können müssen.

Hinzu kommt, daß die Fülle des Wißbaren und des Wissens ständig explosionsartig zunimmt. Angesichts dieser Tatsache ist eine für alle verbindliche, auf unanfechtbaren Kriterien beruhende Auswahl von Unterrichtsinhalten unmöglich; sie muß willkürlich bleiben. Wenn man davon ausgeht, es sei die allgemeinste Bestimmung von Erziehung, Kindern zu helfen, in dieser Welt erwachsen zu werden, so ließe sich wohl eine Einigung darüber erzielen, welche Kulturtechniken man ihnen beibringen muß, vielleicht auch über allgemeine Lernziele, sowie darüber, daß in der Schule die Grundlagen unserer Kultur an geeigneten Gegenständen "exemplarisch" zu vermitteln seien. Aber die Frage, welche Gegenstände das sein, nach welchen Kriterien sie ausgewählt und wie solche Lernprozesse verläßlich arrangiert werden sollen, führt nicht nur Bildungsplaner zu mehr oder weniger willkürlichen Entscheidungen, sondern auch den einzelnen Lehrer, wenn er sich die Frage ernsthaft stellt.

Noch viel schwieriger wird die Entscheidung darüber, was heutige Schulen zu vermitteln haben, angesichts des abgründigen Dilemmas, daß Kinder in eine von Zerstörung bedrohte Welt hineinwachsen, daß sie die gleichen Erwachsenen, die ihnen Vorbild sein und sie "bilden" sollen, als dafür verantwortlich ansehen müssen, daß sie in eine Gesellschaft hineinwachsen, die auf Wohlstand, Konsum und Wachstum setzt und dafür immer mehr Schadstoffmengen und Müllberge produziert. Sie sehen fast täglich

Bilder der drohenden, der schon beginnenden Katastrophe und können zugleich von den Erwachsenen lernen, wie man diese als Medienereignis zur Kenntnis nimmt, ohne doch die eigenen Lebensgewohnheiten und Komsumansprüche in Frage zu stellen. Das Fernsehen präsentiert ihnen Bilder der Armut, Zahlen und Details über verhungernde Kinder, sie selbst aber leben im Überfluß. So wachsen sie in das gespaltene Bewußtsein einer Gesellschaft hinein, in der Kinder und Jugendliche nicht gebraucht werden und in der sie doch ihre Identität finden müssen.

Angesichts dieser Widersprüche und der Lebensprobleme, die auf die heutigen Kinder zukommen werden, erscheint der Anspruch, sie mit Hilfe unseres üblichen Schulunterrichts darauf vorbereiten zu wollen, geradezu als vermessen. Wie kann, wie soll die Schule auf solche Herausforderungen reagieren? Kann sie überhaupt Antworten geben? Sicherlich können unsere Lebensprobleme nicht von den Schulen gelöst werden, und sicherlich wäre es falsch, wenn sie die Augen davor verschließen und der un-heilen Welt irgendeine "heile" Bildung entgegensetzen wollten. Die relative Freiheit der Laborschule, ihre Möglichkeit, Lernprozesse immer neu zu durchdenken und zu gestalten, ist, so gesehen, ein Versuch solcher Bescheidenheit. Sie hat keine Lösungswege oder gar fertige Antworten zu bieten, wohl aber die Verpflichtung, den Fragen nicht auszuweichen, die eigene Ohnmacht nicht, wie es sonst wohl oft geschieht, hinter irgendwelchen Bestimmungen und Vorschriften zu verstecken.

Die Frage, was und in wie in Schulen zu lernen sei, setzt eine Bestimmung ihrer Funktion in der Gesellschaft voraus. Diese hat Hartmut von Hentig in einem Vortrag mit dem programmatischen Titel "Aufwachsen in Vernunft" mit einer grundlegenden, einfachen Definition umrissen:

> Die Aufgabe der öffentlichen Erziehung und Bildung ist es, die nachfolgende Generation zu einem vernünftigen, und das heißt: vor der gesamten Gesellschaft zu verantwortenden Gebrauch ihres Verstandes zu erziehen. (Hentig 1981, S. 65)

Nicht auf die Fülle des Wissens also kommt es demnach an, sondern darauf, daß Kinder ihren eigenen Verstand gebrauchen lernen; nicht der "Stoff" ist wichtig, sondern die wirkliche Aneignung; nicht das Quantum des Lernens, sondern das Verstehen, das es erst ermöglicht; nicht das, was "die Wissenschaft festgestellt" hat, sondern der Weg, den ich zurücklege, wenn ich "wie ein Wissenschaftler" an eine Sache herangehe.

Dies ist im Grunde die gleiche Denkfigur, die der Idee einer Schule als Lebens- und Erfahrungsraum zugrunde liegt. Der Blick richtet sich nicht so sehr auf ferne Ziele, als vielmehr auf das, was jetzt und hier anliegt; weniger auf fertige Ergebnisse, als auf den Weg, die Erfahrung, weniger auf das "Was" und "Wieviel" des Lernens, als auf die Bedingungen, unter denen es geschehen kann. In seinem Vortrag "Die Menschen stärken, die Sachen klären" anläßlich des zehnjährigen Bestehens von Laborschule und Oberstufen-Kolleg hat Hartmut von Hentig dreizehn solcher Lernbedingungen genannt und sie später noch erweitert. Das bedeutet keine Geringschätzung der Ziele, im Gegenteil: Die Veränderung der Blickrichtung dient einer besseren, bescheideneren, Kindern und Erwachsenen bekömmlicheren Anleitung der Praxis, als Zielkataloge sie bieten können; sie geht von dem aus, was jetzt und hier getan werden kann, nach dem Motto: "Nur, wenn dies sich ändert, kann jenes werden." (Hentig 1987 a, S. 28) Eine Schule mit dem Anspruch, Lebens- und Erfahrungsraum zu sein, will solches Lernen ermöglichen helfen. Ich lerne "Politik", indem ich in einer Gemeinschaft lebe, in der Versammlung mein Anliegen vorbringe, einen Brief nach Nicaragua schreibe, vor den Eltern oder der Schulkonferenz oder der Zooversammlung für meinen Standpunkt eintrete. Ich lerne "Wissenschaft", indem ich einer Sache nachgehe, Fragen stelle, herauszufinden versuche, wie man ihr auf den Grund gehen kann und wie andere das machen.

Die Schule muß solche Bedingungen schaffen, die dies möglich machen, Lernanlässe und -situationen, und sie muß natürlich auch Wissen vermitteln, an Beispielen, die dem Alter, der Situation, dem Gegenstand angemessen sind. Diese sind aber nicht "von oben" ableitbar oder vorgegeben; ihre Auswahl und Anordnung soll vielmehr so sein, daß der Lernweg, der sich daraus ergibt, in sich stimmig ist, und das heißt: immer an Erfahrung orientiert, aber in gestufter Steigerung der Anforderungen, der Arbeitsteilung, des Maßes an Abstraktion.

Vielleicht klingt dies so, als seien die Inhalte für einen so konzipierten Unterricht "nicht so wichtig", sekundär oder gar beliebig. Das Gegenteil ist der Fall: Sie werden pädagogisch aufgewertet. Nur: Ihre Auswahl wird nicht von einer Fachsystematik bestimmt, die gesammeltes Wissen in größtmöglicher Abstraktion darstellt, sondern, wenn man so sagen kann, von einer "Verstehenssystematik", die auf den Theorien von Jean Piaget basiert. Erst wenn ein Schritt in der geistigen Entwicklung wirklich vollzogen ist, kann der nächste folgen - das ist das theoretische Fundament, die wissenschaftlich gesicherte Basis für eine solche Didaktik. Wie sie sich für die einzelnen Erfahrungsbereiche oder Fächer darstellt und wie sie im Unterricht zu verwirklichen ist, läßt sich nicht ein für allemal festschreiben, weil Denk- und Lernprozesse bei einzelnen Kindern und auch von Gruppe zu Gruppe sehr unterschiedlich verlaufen können. Darum muß der Unterricht *im Prinzip* offen sein. Umso wichtiger wird es dann, den Prozeß des Verstehens an Inhalten zu orientieren, die in *dieser* Phase und zu *diesem* Zweck geeignet sind. Damit wird der Anspruch auf Vollständigkeit in der Tat aufgegeben; er ist ohnehin längst illusionär geworden. An seine Stelle tritt der Anspruch, für jede Entwicklungsphase Erfahrungen zu ermöglichen, die dem Kind helfen, den jeweils nächsten Schritt des Verstehens in zunehmender Verallgemeinerung zu vollziehen. So gesehen ist es also nicht in erster Linie Aufgabe des Unterrichts, Inhalte zu vermitteln, sondern, an ihnen das Verstehen der Sachverhalte zu lehren.

"Verstehen lehren" - dies ist zugleich der programmatische Titel eines Buchs von Martin Wagenschein, auf den Hartmut von Hentig sich oft beruft, ja, eine seiner "Lernbedingungen" lautet, die Schule solle ein Ort sein, "an dem Martin Wagenschein würde lehren wollen" (Hentig 1987 a, S. 41). Damit ist die Vorstellung von einem Unterricht verbunden, der sich nicht durch die Fülle des Wißbaren er- und unterdrücken läßt, sondern stattdessen Schlüsselerkenntnisse ermöglichen will, an denen sich "der Weg von der natürlichen Wahrnehmung bis zu den physikalischen Denkmodellen verstehen, nachvollziehen, darstellen läßt" (S. 42).

Was hier für die Physik gesagt wird, kann im Prinzip für jeden Unterricht gelten, obwohl der in den einzelnen Fächern sehr unterschiedlich aussehen würde. Englisch z.B. lernt man als Kind "spielend", ohne Regeln bewußt zu denken; man lernt verstehen, indem man reden lernt. Latein hingegen erfordert Nachdenken über Sprache, Finden von Regeln, also Verallgemeinerung und Abstraktion. Wiederum ganz anders ist das "Lernen" von Kunst oder Geschichte. Aber sie alle können - und sollen an dieser Schule - mit dem Wagenscheinschen "Mut zur Gründlichkeit" unterrichtet werden, den Hentig so umschreibt: "Wir brauchen eine Lehrplanreduktion nicht von 100 auf 90, sondern von 100 auf 10 Themen. Die Weise, in der sie behandelt werden, muß zum Zweck passen: man muß soviel Zeit haben, wie man braucht." (S. 42) Und ebenso gilt für alle das Anknüpfen an die Erfahrung, die Wahrnehmung, die Erscheinung und die Fragen, die sich daraus ergeben.

Im Begriff "Erfahrung" kommt ja die Spannung zwischen Einzelfall und Verallgemeinerung selbst zum Ausdruck. Einzelne Erlebnisse und Wahrnehmungen werden verarbeitet, d.h. an schon vorhandenen Vorstellungen gemessen, mit schon vorhandenen Begriffen eingeordnet und erst dadurch zur Erfahrung. Vorstellungen und Begriffe aber sind ihrerseits gelernt, geprägt durch die Sprach- und Kulturgemeinschaft, in der wir leben. Verstehen vollzieht sich nicht nur im Spannungsfeld zwischen Einzelfall und Verallgemeinerung, sondern ebenso im Spannungsfeld zwischen Individuum und Kultur. Und in dem Maße, wie aus Erfahrung und Wahrnehmung Erkenntnis wird, ist jeder Lernprozeß zugleich auch eine Einführung in "gemeinsame Formen des Erkennens", ebenso wie das Leben in der Gemeinschaft den zunehmend bewußten Umgang mit "gemeinsamen Regeln des Handelns" bedeutet - diese Definitionen erhebt Hentig wiederum zugleich zu Lernbedingungen (Hentig 1985, S. 114 f.).

Daraus erwächst der Schule ihre Aufgabe, zwischen dem Einzelnen und dieser Gemeinschaft, zwischen der individuellen Erfahrung und den Denkformen und Begriffen, mit deren Hilfe wir sie einordnen, zu vermitteln. Die Laborschule soll und will dies tun; sie will also keine einsame Insel sein, kein Individualisten-Paradies und auch kein "Summerhill". Offenheit des Unterrichts heißt nicht Beliebigkeit, sondern: einen Prozeß frei gestalten können, der zugleich festen Prinzipien folgt: dem des Lernens an der Erfahrung - was in dem beschriebenen Sinne die Einheit von Erfahren und Begreifen meint - und dem der Stufung.

Würde man aufzeichnen, wie so ein Lernweg aussieht, etwa im Umgang mit der Natur, käme so etwas wie eine oben offene Spirale dabei heraus. Man durchläuft immer wieder gleiche Bereiche - die könnte man auf der Grundfläche der Spirale einzeichnen - aber in immer neuen, sich erweiternden Umläufen. Das Modell eines Spiral-Curriculums ist für die Darstellung solcher offenen Lernprozesse besonders geeignet.

Dieses Konzept offenen Lernens bedeutet jedoch nicht, daß die Lehrerinnen und Lehrer an der Laborschule keine inhaltlichen Absprachen treffen, daß der Unterricht in jedem Jahr und jeder Altersstufe immer neu und ganz anders ist. Das wäre weder zu leisten noch wünschenswert. Hier werden auch nicht immer völlig neue Materialien geschaffen - wie sollte ein kleines Kollegium alles überbieten können, was auf dem Markt angeboten wird! Nein, in der Bibliothek stehen ganz normale Schulbücher, und wer sie benutzt, ist dann auch soweit auf sie angewiesen, wie er seinen Unterricht an ihnen ausrichten will. Auch Eltern sind an konkreten inhaltlichen Aussagen interessiert; sie wollen z.B. wissen, wann ihr Kind denn nun die Bruchrechnung lernt. Und die Lehrenden haben, wenn sie gerade eine neue Unterrichtseinheit entwickelt und erprobt haben, ebenfalls ein Interesse daran, diese Materialien weiterhin zu benutzen und auch anderen zur Verfügung zu stellen. Und schließlich muß diese Schule, wie alle, ihre Schülerinnen und Schüler auf die Anforderungen vorbereiten, die nach dem Abschluß auf sie zukommen werden, und darum natürlich auch darauf achten, was in anderen Schulen gelernt und verlangt wird. Mit der Offenheit des Unterrichts ist also nicht die - ohnehin uneinlösbare - Verpflichtung gemeint, immer alles neu zu machen, sondern das Prinzip, anderes und anders machen zu *können*, wenn es in dieser Situation richtig und wünschenswert erscheint, und die Hoffnung, daß Kinder dann nicht weniger, sondern anders und besser lernen, als sie es vielleicht unter Notendruck und dem Zwang eines verordneten Pensums täten.

Besucher fragen oft: Wie könnt ihr denn so verschiedenen Kindern zugleich gerecht werden? Was tut ihr, um alle genügend zu fördern, alle genügend zu ihrem Recht kommen zu lassen?

Darauf hat die Laborschule keine fertigen Antworten und auch keine Patentlösungen; ihre Antwort ist wiederum ein Prinzip:

Individualisierung; der Versuch, allen einen eigenen, guten Lernweg zu ermöglichen. Dem dienen die Wahlkurse und die "Clubs",
die Förder- und Fremdsprachenkurse und nicht zuletzt die Lerngelegenheiten. Aber auch innerhalb des Pflichtunterrichts, der für
alle in der Stammgruppe stattfindet, wird, obwohl der Lerngegenstand jeweils für alle gleich ist, sehr Verschiedenes angeboten und
verlangt, wird "Binnendifferenzierung" durchgeführt, wie das in
der Pädagogensprache heißt. Davon wird in den folgenden Abschnitten noch mehrfach die Rede sein.

Unterricht in der Stufe III - das ist Lernen, das an Erfahrung und
Anschauung orientiert, aber schon deutlich differenziert ist nach
Erfahrungsbereichen und Fächern; das ist Lernen in der Gemeinschaft, aber die Kinder gehen immer bewußter verschiedene Wege
auf ihre immer bewußter werdenden Ziele zu. In den folgenden
Abschnitten wird jeweils eine typische Unterrichtssituation oder
ein Merkmal vorgestellt; zusammen sollen sie ein Bild davon vermitteln, was und wie Zehn- bis Dreizehnjährige in dieser Schule
lernen können.

Der erste Abschnitt schildert ein Projekt als Beispiel für Lernen
in Sinnzusammenhängen. Der zweite gibt einen Überblick über
weitere solcher Projekte und Unterrichtseinheiten, die in den letzten Jahren in der Stufe III entwickelt wurden. Der dritte stellt die
6 Erfahrungsbereiche vor, ihr Konzept und dessen Konkretisierung
in den Jahrgängen 5 - 7. Die nachfolgenden Abschnitte handeln
von den traditionell als "hart" geltenden Schulfächern bzw. dem,
was die Laborschule daraus zu machen versucht: Naturwissenschaft und Mathematik, Deutsch und Fremdsprachen. Am Schluß
dieses Kapitels endlich werden die Wahlkurse vorgestellt, die in
der Didaktik der Laborschule eine zentrale Rolle spielen.

4. 1 Müll: Was man damit machen und was man daran lernen kann

Donnerstag, 2. Stunde in der Gruppe 7 violett. Auf dem Stundenplan steht "Sowi". Aber die Mädchen und Jungen wissen, daß dies eine besondere Stunde ist: der Beginn eines neuen Projekts.

Den Anlaß dazu haben sie alle miterlebt. Vor einigen Monaten waren sie in einem Freizeitheim. Vor der Abfahrt brachten sie ihren Müll zu den bereitstehenden Containern und merkten zu spät, daß da ein grüner und ein grauer stand; sie hatten ihren Müll willkürlich auf beide verteilt. Sie berieten mit ihrem Lehrer, was zu tun sei, und beschlossen eine gemeinsame Aktion: Beide Container wurden ausgekippt, der eigene Müll wieder herausgefischt und sortiert und alles wieder eingeräumt. Dabei fanden sie nicht nur die unglaublichsten Dinge im Müll, sondern merkten auch, daß viele vor ihnen auch schon falsch sortiert hatten. Sie sprachen über mögliche Folgen, und da sie nun das Müll-Problem so unmittelbar vor Augen (und vor der Nase) hatten, beschlossen sie, ihm im Unterricht nachzugehen. So kam es zu diesem Projekt.

In dieser ersten Stunde soll zunächst einmal gesammelt werden: Fragen zum Thema, Erfahrungen, die die Mädchen und Jungen in der Schule, zu Hause oder sonstwo gemacht haben, Ideen und Anregungen für die weitere Arbeit.

Dieses "brain-storming" dauert die ganze Stunde, und viele Fragen kommen dabei zur Sprache. Fast alle haben z.B. einen Kassetten-Rekorder oder "Walkman" und somit das Problem mit den Batterien. Man soll sie nicht in den Mülleimer werfen, das wissen sie, aber warum? Und wohin sonst mit ihnen? Und wenn sie so schädlich sind: warum werden sie nicht einfach verboten? Es gibt ja "Akkus", aber warum sind die so teuer? Wenn sie billiger wären und alle Akkus kaufen würden, dann mußten die Hersteller von Batterien entweder Pleite machen oder sich eben umstellen! Ähnlich ist es auch mit der Verpackung. Ein Mädchen erzählt, daß ihr Vater immer ein Glas mitnimmt, wenn er Marmelade kauft, und sie im Laden umfüllt. Eine andere Familie hat es sich zur Gewohnheit gemacht, die Verpackung von Corn-Flakes im Supermarkt zurückzulassen und nur den Inhalt mitzunehmen - mit dem Ergebnis natürlich, daß einige Leute ganz schön sauer reagierten. Die Geschichte gefällt den Jugendlichen. "Wollen wir sowas nicht auch mal machen, alle zusammen?" Ein Junge war voriges Jahr in Schweden, dort kann man Cola-Dosen in einen Apparat stecken, der sie zusammenpreßt, und bekommt dann Geld heraus. Seitdem sammelt er Dosen für den nächsten Schweden-Urlaub. Aber sind Pfandflaschen nicht besser? Warum gibt es überhaupt noch Einweg-Flaschen? Wem nützen die? Könnte man nicht eine Aktion starten mit dem Ziel, daß in der Schule Pfandflaschen eingeführt werden anstelle der Milch- und Kakaotüten, die dann nach der Pause auf der Schulstraße herumliegen?

Annelie W., die in der Gruppe Deutsch und "Sowi" unterrichtet, erzählt vom Haushalt ihrer Großmutter in Wien, wo sie als Kind oft gewesen ist. Da gab es eine kleine Müll-Schüssel, die einmal in der Woche geleert wurde. Alles übrige wurde entweder an Tiere verfüttert oder kompostiert oder gesammelt und wiederverwertet oder verbrannt - und das meiste von dem, was wir heute wegwerfen, fiel gar nicht erst an.

Warum können wir nicht wieder so werden? Wieso drohen wir im Müll zu ersticken? Was können wir tun? Das sollen die Leit-Fragen für die kommenden Wochen sein.

Im Lauf der nächsten Tage werden die verschiedenen Vorschläge in eine große Wand-Zeitung auf der Fläche der "Violetten" eingetragen. Sie enthält drei Spalten: "Wissen", "Aktionen" (also das, was man unmittelbar tun kann) und "verändertes Handeln" (also das, was langfristig dabei herauskommen soll). Unter dieser Sparte ist zu lesen:

- Es wird getrennt gesammelt

- Es wird nichts unbedacht und unnötig weggeworfen

- Eltern werden informiert und in das Projekt einbezogen

- Müll (vor allem Verpackungsmüll) wird vermieden

- das Kaufverhalten (z.B. bei Weihnachtsgeschenken) ändert sich

Einige Wochen später, an einem milden Januar-Tag, finden sich 20 Jugendliche mit ihrem Lehrer Dieter S. beim Stadtreinigungsamt ein. Sie sind dort angemeldet, um zu drei Frage-Komplexen Erkundungen einzuholen: Müllabfuhr, Stadtreinigung, Schadstoff-Entsorgung. Sie teilen sich also in Gruppen auf; jede wird von einer für die jeweiligen Fragen kompetenten Person aus den Stadtreinigungsamt betreut.

In der Gruppe "Schadstoff-Entsorgung" finden sich die Batterie-Spezialisten wieder, die nun wissen wollen, was damit geschieht. Ziemlich erschüttert stehen sie vor einem mächtigen Container, der bis zum Rand mit Altbatterien gefüllt ist - einer von vielen auf diesem Gelände - und erfahren, daß die meisten noch verwertbar sind und nur weggeworfen wurden, weil sie nicht mehr die für bestimmte Geräte erforderliche Leistung brachten.

Dann sehen sie die Container mit Farb- und Lackresten und erfahren, wie diese Stoffe entsorgt werden. Im Hof steht das "Schadstoff-Mobil", das vor einem Jahr eingerichtet wurde und seitdem in den verschiedenen Stadtteilen zu finden ist, nach einem Plan, der, zusammen mit einer Informationsbroschüre, allen Haushalten zugeschickt wurde. Die Entsorgung, so erfahren die Jugendlichen, ist nur *ein* Problem; das viel größere besteht darin, die Menschen zu achtsamerem Umgang mit Müll und vor allem zur Müllvermeidung zu motivieren. "Und was ist", fragt jemand, "wenn Leute denken, das ginge sie nichts an, und weiter einfach alles in den Mülleimer werfen?" Dann, so die Antwort, geht alles unsortiert zur Müllverbrennungsanlage, wo nur Metall-Teile mit Magneten herausgeholt werden; alles übrige wird verbrannt und erzeugt die bekannten giftigen Gase und Rückstände.

Die Leute vom Stadtreinigungsamt setzen auf Aufklärung und Überzeugung; von Verboten und Strafen halten sie nicht viel. Besondere Bedeutung messen sie der Arbeit der Schulen bei. So nehmen die Jugendlichen von diesem Besuch das Fazit mit: Es ist nicht unwichtig, was wir machen. Im Gegenteil: Die einzige Hoffnung, das Müll-Problem zu meistern, besteht darin, daß Einzelne sich ändern, daß sie sich zusammentun und gemeinsam etwas bewegen.

Der Besuch im Stadtreinigungsamt war nur einer von mehreren, die die "Siebener" unternommen haben, um zu erkunden, was in dieser Hinsicht von der Stadt und von anderen Einrichtungen getan wird. Im "Umweltzentrum" haben sie sich über alternative Konzepte zur Müllvermeidung und -entsorgung informiert. Probleme und Möglichkeiten der Wiederverwertung haben sie im "Recycling-Zentrum" erkundet. Und die Brockensammlung in Bethel hat ihnen einen Eindruck davon vermittelt, wieviel Müll sich vermeiden läßt und wieviele Menschen bei seiner Verwertung Arbeit finden können, wenn man das Gebot, nichts umkommen zu lassen, ernst nimmt.

Das Projekt steht mittlerweile kurz vor dem Abschluß. Dazu soll in der Schule eine Ausstellung stattfinden, Eltern und andere Interessenten sind geladen, auch von der Presse wird jemand kommen, und der Umweltbeauftragte der Stadt hat seine Teilnahme an einer Podiums-Diskussion in Aussicht gestellt.

Was ist in den Wochen davor geschehen?

Die Jugendlichen haben das Problem zunächst da aufgegriffen, wo es täglich anfällt: Sie haben den Schulmüll von einem Tag gesammelt und analysiert. Obwohl sie ja die eingefahrenen Wegwerf-Gewohnheiten von sich und anderen her kennen, waren sie doch ziemlich entsetzt angesichts dieses "Tagesprodukts": ein Berg achtlos weggeworfenen Zeugs. Das meiste davon, stellten sie fest, gehörte eigentlich nicht in die Mülltonne: die Getränkeflaschen und -tüten, das Papier, ganz zu schweigen von den Butterbroten, vertrockneten Pflanzen, Turnschuhen ... Auch Giftmüll fanden sie: Reinigungsmittel und Batterien. Sie sortierten nach vier Kategorien (Wiederverwertbares, Kompostierbares, Giftiges und anderes), und nachdem sie vom "anderen" auch noch das Unnötige abgezogen hatten, stellten sie fest, wie klein eine Tagesmenge an Schulmüll eigentlich sein könnte und sollte.

Wie lassen sich solche Erkenntnisse anderen vor Augen führen?

Sie beschlossen, von einer anderen Größe auszugehen: der Müllmenge, die eine Person in Bielefeld pro Jahr im Durchschnitt produziert. Aber was heißt "Menge": Gewicht oder Masse/Volumen? Die statistischen Angaben beziehen sich in der Regel auf das Gewicht (in diesem Fall sind es 330 kg). Für unsere Vorstellung und für die Deponierung kommt es aber vor allem auf das Volumen an. Mit Kartons stellten sie dar, wieviel Raum ein Mensch pro Jahr mit Müll ausfüllt, und markierten mit Farben, wieviel davon unnötig ist. Anhand des Schulmülls berechneten sie, wieviel Volumen ein Kilogramm davon einnimmt (ca. 4 Liter). Dann rechneten sie hoch auf eine Jahresmenge und entwarfen ein Plakat, das diese Größe in Beziehung setzte zum Volumen der Universität Bielefeld.

Parallel dazu wurde eine Befragung der eigenen Eltern zum Umgang mit Müll durchgeführt, die jede Gruppe zunächst für sich auswertete. Dann wurden die Ergebnisse zusammengefaßt und die Zahlen für den ganzen Jahrgang auf einem Plakat in Säulendiagrammen dargestellt.

So entstanden nach und nach die Gegenstände der Aussstellung. Sie sollte drei Teile haben: 1. Müllvermeidung/Recycling, 2. Müllkonzepte, 3. Berichte und Ergebnisse. Es gab dazu jeweils Unterthemen, denen sich Einzelne oder Gruppen zuordnen konnten. Die Lehrenden hatten für jedes Thema eine Mappe angelegt mit Informations- und Anschauungsmaterial, Vorschlägen zum Verfahren und Anregungen für das zu erstellende Produkt. Alle Mappen waren für alle Arbeitsgruppen jederzeit zugänglich: An zentraler Stelle stand ein Rollwagen mit Hänge-Registratur, wo sie abgeheftet waren.

Auf diese Weise haben die 60 Mädchen und Jungen dieses Jahrgangs eine Wochen lang arbeitsteilig geplant, gerechnet, geschrieben, gebastelt, gebaut.

Zwischendurch trafen sich die drei Stammgruppen, wie gewohnt, berichteten über den Stand der Arbeit und planten die nächsten Schritte. Darüber hinaus dienten diese Stunden der Übung und gemeinsamen Arbeit. So lernten die "Violetten" z.B. bei dieser Gelegenheit die Technik des Linolschnitts, die sie zur Gestaltung von Plakaten und Comics verwenden konnten. Viel Übung erforderten auch die anfallenden mathematischen Arbeiten: das Umrechnen von Gewicht in Volumen, die Auswertung, prozentuale und graphische Darstellung von statistischen Erhebungen.

Parallel dazu ging die Arbeit an den Ausstellungs-Stücken weiter.

Jetzt, unmittelbar vor der Eröffnung, zeichnet sich ab, was da alles zusammengekommen ist. Eine Gruppe hat z.B. eine Muster-Spüle hergerichtet mit verschiedenen Behältern für verschiedene Müllsorten, eine andere das Verfahren der Kompostierung beschrieben, das Anfangs- und Endprodukt nebeneinandergestellt. Zwei Jungen haben einen "Giftschrank" gebaut, enthaltend alles, was *nicht* in den allgemeinen Müll gehört, zwei andere einen Comic zusammengestellt: "Asterix und die Müll-Deponie". So gibt es "Spezialisten" und Produkte zu allen angesprochenen Bereichen, ob Recycling oder Altpapier-Verwertung oder Geschichte des Mülls.

Die Ausstellung wird mit Reden, Sketchen und Video-Filmen eröffnet und zieht, auch in den folgenden Tagen, viele Zuschauer an. Zum öffentlichen "Hearing", das fast zwei Stunden dauert, kommt zwar nicht der Umweltbeauftragte, dafür aber der Leiter des Stadtreinigungsamts. Er zeigt sich beeindruckt vom Sachwissen der Jugendlichen, ihrem Ernst und ihrem Problembewußtsein.

Was bleibt von ihrem Projekt? Was haben sie in der Schule bewegt? Die Antwort auf diese Frage liegt nicht bei ihnen. Sie haben mehrere Anträge gestellt, mit denen die Lehrer- und die Schulkonferenz sich befassen werden. Der nächste Schritt soll die Gründung einer Umweltgruppe sein. Und damit wenigstens irgend etwas sofort geschieht, haben sie vom Umweltzentrum einen Batterie-Sammelbehälter erbeten. Der steht seitdem auf der Schulstraße.

138

4.2 Steinzeit, Wahlen und Theater - Unterrichtseinheiten und Projekte in der Stufe III

Was ist ein Projekt?

Wenn man die pädagogische Literatur zu Rate zieht, findet man den Begriff enger oder weiter definiert; immer jedoch enthält er folgende Merkmale:

- der normale Fachunterricht setzt aus,

- an seine Stelle tritt ein zeitlich begrenztes Vorhaben,

- dessen Ziel und Ende ist ein konkretes Produkt,

- die Arbeitsschritte werden von den Beteiligten gemeinsam geplant,

- es wird in Arbeitsteilung hergestellt; die Zuordnung der Beteiligten ist freiwillig.

Wie man sieht, bezeichnet der Begriff also ein Unterrichts*verfahren*, bezieht sich also nicht primär auf Inhalte. Die können durchaus denen des üblichen Fachunterrichts entsprechen. In dem beschriebenen "Müll"-Projekt kommen vor allem Natur- und Sozialwissenschaft vor, aber auch Mathematik, Deutsch und Kunst.

In einer Schule, die sich Erfahrungslernen, "learning by doing" und "echte" Arbeit zum Programm macht, wie die Laborschule es tut, wird man sich also dieses Verfahrens häufig bedienen.

Tatsächlich geschieht dies jedoch seltener, als man zunächst vermuten würde. Das liegt daran, daß an dieser Schule *alle* Lehrerinnen und Lehrer bemüht sind, ihren Gegenstand durch Anschauung, Erfahrung, Erkundung-vor-Ort zu vermitteln. Im Religionsunterricht wird "Bibelquartett" gespielt, in Englisch ein Rollenspiel eingeübt, in Mathematik werden geometrische Formen gezeichnet und gebastelt - das alles ist "irgendwie projektartig", ohne, im Sinne der Definition, Teil eines Projekts zu sein.

Mit einem Wort: Wenn Unterricht seinem Selbstverständnis nach immer an Erfahrung orientiert ist, werden die Grenzen zwischen "normalem" und Projektunterricht nahezu zwangsläufig unscharf.

In den Planungspapieren und ersten Curricula der Laborschule wurde der Begriff darum gar nicht verwendet. Für größere Unternehmungen waren die Intensivphasen vorgesehen, deren Bestimmung ja durchaus vereinbar ist mit der oben genannten Definition von "Projekt". Und der "normale" Unterricht soll immer die drei Elemente Erlebnis/Anschauung, Systematik und Übung enthalten. Daß eine Unterrichtsstunde hier 60 Minuten dauert, soll dieser Struktur Rechnung tragen und den Lehrenden ermöglichen, die einzelnen Elemente jeweils in ein sinnvolles Verhältnis zueinander zu bringen.

In der Unterrichtspraxis hat sich aber der aus der pädagogischen Literatur geläufige Begriff "Projekt" eingebürgert. Er wird, wie gesagt, unscharf verwendet und meint zunächst in einem ganz formalen Sinn, daß im Unterricht der Stufe III über längere Zeit hinweg an fächerübergreifenden Themen gearbeitet wird. Man würde also korrekter von Unterrichtseinheiten reden, aber dieser Begriff ist - zumal für Kinder - umständlich und unanschaulich. So sagen sie: "Wir haben jetzt Projekt" und meinen damit etwa: Wir beschäftigen uns zur Zeit mit römischer Geschichte, und gleich werden wir daran weiterarbeiten. Es gibt also "echte" Projekte, wie z.B. den Labyrinth-Bau, und Mischformen in Gestalt solcher Unterrichtseinheiten, in denen viel projektartiges Lernen vorkommt und die oft auf ein Produkt zielen oder mit einer Ausstellung enden.

Beide Unterrichtsarten haben ihre Vor- und Nachteile. Das "echte" Projekt ist Ernstfall, "richtige" Arbeit mit eigener verantwortlicher Planung und dafür, wie am Beispiel des Labyrinthbaus beschrieben, mit Risiken behaftet. Auch das "Müll"-Projekt wurde nicht von allen Gruppen so angenommen und mitgetragen wie von den "Violetten". Einige der Jugendlichen schimpften über das "Öko-Thema" und wollten lieber "richtigen Unterricht" wie weiland die vier Jungen bei den Proben zu "Herdmanns" - es wird wohl bei solchen Unternehmen immer Kinder geben, die sich auf das Thema nicht einlassen wollen.

Unterrichtseinheiten wie z.B. römische Geschichte bieten natürlich weder "richtige" Arbeit noch "hier-und-jetzt"-Probleme. Aber sie können ebenso spannend sein wie Projekte und viele Anlässe für selbsttätiges, erfahrungsorientiertes Lernen bieten.

Beiden Lernformen ist gemeinsam, daß jeweils eine Sache im Mittelpunkt steht, zu der es verschiedene Zugänge gibt und die darum auch sehr verschiedene Arbeitsschritte erfordert. Man kann das Thema "Müll" als politisches Problem angehen; dann wird man die Stadtverwaltung befragen, Kontakt mit dem Umweltbeauftragten suchen, Gesetze und Verordnungen studieren, Anträge stellen. Man kann fragen, was denn Müll eigentlich sei und was er bewirke; dann wird man wiegen, messen und rechnen, beobachten und experimentieren. Man kann eine Ausstellung vorbereiten; dann wird man Collagen, Bilder und Müll-"Objekte" herstellen, Comics zeichnen, Plakate herstellen, Szenen einstudieren. Daß hier verschiedene "Fächer" beteiligt sind, wird Laborschülerinnen und -schülern kaum bewußt sein. Sie lernen an der Sache verschiedene mögliche Zugänge, die sich dann auch auf andere übertragen lassen. So ist die Gliederung des Lernfelds nach Erfahrungsbereichen gedacht, die also keineswegs bedeutet, daß sie getrennt unterrichtet werden müssen (mehr darüber im Kapitel 4.3).

In diesem Abschnitt werden Beispiele für solche fächerübergreifenden Unterrichtseinheiten und/oder Projekte, die in den letzten Jahren in der Stufe III durchgeführt wurden, kurz skizziert. Aus der Art des Themas und der Lernschritte läßt sich jeweils leicht entnehmen, welche Erfahrungsbereiche mit welchen Anteilen daran beteiligt sind. Auswahl und Anordnung sind bewußt unsystematisch; sie sollen die Art und Vielfalt möglicher Themen deutlich machen. Dies ist also kein Gesamtcurriculum der Stufe III, das es ja auch, wie schon gesagt und begründet, gar nicht gibt.

Thema: Ursprung und Entwicklung des Lebens
Jahrgang: 5
Dauer: 10 Wochen mit 5 Wochenstunden
Material: Arbeitsblätter* zum Thema; R. Attenborough, Das Leben auf unserer Erde (Buch und Teile der TV-Serie); Lehrfilme vom Jünger-Verlag; einige Folgen der TV—Serie "Die Reise der Beagle"

Verlauf:

1. Weltentstehungsmythen der Juden, Griechen, Germanen, Eskimos
2. Geschichte der Erde, wie Wissenschaftler sie erklären (TV-Serie)
3. Zahlenstrahl
   An der Wand der Stammfläche wird ein 40 m langer Tonpapier-Streifen angebracht, die Einteilung in Jahrtausende darauf markiert; die Daten der Erdgeschichte werden nach und nach darauf eingetragen
4. Arbeitsmappen
   Die Kinder erhalten Arbeitsblätter, legen Mappen an, zeichnen Tabellen, schreiben ein Fremdwörter-Verzeichnis
5. Spuren der Urzeit/Möglichkeit der Altersbestimmung
   Die Kinder suchen Versteinerungen im Teutoburger Wald, lassen sich die Möglichkeiten der Altersbestimmung von einem Wissenschaftler erklären.
6. Einfachste Lebewesen
   Beobachtung von Einzellern mit Mikroskop (Heu-Aufguß)
7. Arbeit in Gruppen
   Je eine Gruppe übernimmt eines der folgenden Themen:
   - Vom heißen Gaswirbel zur Erdkugel
   - Leben im "Urmeer"
   - Entwicklung von Einzellern und Bakterien im Wasser
   - Die ersten "Pflanzen" und "Tiere"
   - Festland und Luftraum werden erobert
   Ziel: Bericht vor der Stammgruppe und graphische Dokumentation für die Flächenwand
8. Dinosaurier / "Urweltzoo"
   Jeder "baut" einen Dinosaurier aus Ton, Plastilin, Pappe und berichtet kurz über dessen Eigentümlichkeiten
9. Die Entstehung der Arten: Darwins Theorie
   Zwei der Filmfolgen/ Besuch einer Ausstellung in der Universität
10. Das "System der Lebewesen" - Möglichkeiten und Probleme der Einteilung
11. Fahrt nach Münster: Naturkundemuseum, Zoo/ Beobachtung eines Tiers (Notizen, Fotos) mit dem Ziel, sie auszuarbeiten.

Anmerkung: Das Zeichen * bedeutet, daß die Arbeitsblätter zu dieser und den folgenden Unterrichtseinheiten in der Laborschule entwickelt und/oder zusammengestellt wurden und dort erhältlich sind.

142

Thema:	Das Alte Ägypten
Jahrgang:	6
Dauer:	etwa 10 Wochen mit 5 Wochenstunden (z.T. mehr)
Material:	Text- und Bildsammlung in 7 Kapiteln[*]
	Apparat von Bildbänden, Fachbüchern in der Bibliothek
	Hieroglyphentafel, Atlanten, Lexika
	Legosteine, einfache Maschinen

Verlauf:

1. "Ganz Ägypten ist ein Geschenk des Nils"
   Die Kinder "lesen" und interpretieren die Karte des Nil-Tals, zeichnen sie nach. Welche Folgen haben die wiederkehrenden Überschwemmungen für das Leben der Menschen? (Kooperation, Vermessung, Berechnung, Naturbeobachtung, Verwaltung, Schrift: Entstehung von "Staat" und "Kultur")

2. Priester, Könige und andere
   "Gesellschaftspyramide" als Folge der Staatsordnung; Bedeutung der Religion im Leben der Menschen und in der Gesellschaft

3. Das Alte Reich
   Wie lebten die Menschen? Woher weiß man das?

4. Hieroglyphen
   Wie kann man Schrift "erfinden"? Ausprobieren mehrer Möglichkeiten (Bilderschrift, Silbenschrift, Buchstabenschrift); die Kinder malen und entziffern Hieroglyphen, schreiben verschlüsselte Botschaften

5. Arbeit in Gruppen
   Je eine Gruppe übernimmt eines der folgenden Themen:
   - Kultur und Glaube
   - Kultur und Sprache
   - Gesellschaft und Frauen
   - Kultur und Technik
   - Kultur und Feste

6. (parallel zu 5) Mathematisches über die Pyramide
   Die Kinder zeichnen und bauen Pyramiden aus Papier, Legosteinen und mit Fischertechnik und lernen daran Grundlagen der Pyramidenberechnung

7. (parallel zu 5) Einfache Maschinen zum Heben von Lasten
   Die Kinder arbeiten mit Studierenden, experimentieren mit Rolle, Hebel, Flaschenzug

8. (verteilt über die ganze Projektzeit) Spielfilme ("Das Tal der Könige", "Das Geheimnis der Pyramide"), Vorlesen

9. "Nofret die Schöne" - die Rolle der Frau im Alten Ägypten
   Die Kinder besuchen die Ausstellung in Köln

Thema:	Die Religion der Griechen und der Juden
Jahrgang:	7
Dauer:	5 Wochen mit 3 plus 1,5 Wochenstunden
Material:	Altes Testament in verschiedenen Übersetzungen; Kursbuch Religion Bd. 7/8 (Diesterweg); Griechische Sagen, erzählt von H. Peterich und F. Fühmann

Verlauf:

1. Die Entstehung der Welt
   Erinnerung an die im Jg. 5 gehörten Schöpfungsmythen; Lektüre der Genesis im Alten Testament
2. Die Titanenschlacht (Fühmann)
3. Schöpfer oder Ordner?
   Grundsätzlicher Unterschied: Glaube an die Erschaffung der Welt bzw. Glaube an die Gestaltung des Chaos durch Götter und Halbgötter
4. Gibt es Gott?
   Die Kinder versuchen zu "beweisen", daß es Gott gibt oder nicht gibt.
5. Was ist Religion?
   Versuch, am Beispiel der Griechen und der Juden zu verstehen, wie Menschen ihr Verhältnis zu Gott/ zu Göttern definieren und gestalten
6. Die Götter des Olymp
   Die Kinder lernen und schreiben ihre Namen mit griechischen und lateinischen Buchstaben, stellen sie mit Attributen dar
7. Polytheismus oder Monotheismus?
   Ein Streitgespräch
8. Geschichte der Israeliten von Abraham bis Moses
   Die Kinder zeichnen eine Karte mit den Schauplätzen des Geschehens
9. Die 10 Gebote
   Streitgespräch: "passen" sie heute noch? Jeder formuliert seine Forderungen an richtiges Verhalten in 5 - 10 Geboten
   Vergleich mit den "10 Geboten für den Umgang mit Kindern" von H .v.Hentig; Gespräch mit ihm

Anmerkung: Dieses Thema hatten die Kinder sich gewünscht, nachdem sie die Unterrichtseinheit "Das alte Griechenland" beendet hatten. Das zu dieser hergestellte Material ist in der Laborschule erhältlich.

Thema: Bundestagswahl

Jahrgang: 6

Dauer: knapp 3 Wochen mit je 5 Wochenstunden

Material: Wahlkampfmaterial, Zeitungen, Nachschlage- werke in der Bibliothek

---

Verlauf:

1. Die vier großen Parteinen der BRD
   Bedeutung der Abkürzungen, Erklärung der Namen; Umfrage bei den Eltern: Was halten sie von welcher Partei?

2. Der Bundestag
   Die Kinder fertigen eine Skizze an (Zahl der Sitze, jetzige Verteilung) und sammeln Informationen aus Büchern, Lexika etc.: Aufgaben und Arbeitsweise des Bundestags. Diskussion über mögliche andere Re- gierungsformen: Welche gäbe es? Welche wären besser?

3. Das geltende Wahlsystem
   Mehrheits- und Verhältniswahl; Geschichte: Drei-Klassen-Wahlrecht, Vorzüge unseres Systems?

4. Prozentrechnung: Einführung (z.T. Wiederholung); "Proberechnen"

5. Wahlkampf
   Die Kinder haben seit 3 Wochen Material dazu gesammelt (vorberei- tende Hausaufgabe). Arbeit in Kleingruppen: aus diesem Material je 1 Wandzeitung zusammenstellen. Analyse: Was ist Propaganda? Wie wird Sprache als "Waffe" eingesetzt? Zusammenwirken von Sprache und Bild.

6. Sammeln eigener Fragen an die Parteien: Was versprechen sie zu tun in den Bereichen, die *mir* besonders wichtig sind?

7. Erstellen eines Interview-Leitfadens (mit "Probelauf")

8. Besuch in Parteibüros vereinbaren
   Anrufen, Termin vereinbaren, Rollen in der Gruppe verteilen, Art der Dokumentation festlegen

9. Vier Gruppen besuchen je ein Büro (CDU, SPD, FDP, "Grüne")

10. Bericht in der Gruppe

11. "Jahrgangswahl"
    Einrichtung des "Wahlbüros", Verteilung der Wahlscheine, Durchfüh- rung der Wahl (Freitag vor der Bundestagswahl)

12. Auszählung, prozentuale Darstellung der Ergebnisse, Ausrechnen der Sitzverhältnisse, Vergleich mit Ergebnissen in Bielefeld, in NRW, in der BRD

Thema:	Ausdauerschulung

Thema: Ausdauerschulung
Jahrgang: 5
Dauer: 4 Wochen mit 5 - 8 Wochenstunden
Material: Demonstrationsgeräte aus der Biologiesammlung zur Humanbiologie
Broschüre der DAK
Lektüre:"Näpfli, das rote Blutkörperchen"
Innereien vom Schwein (Schlachttier): Herz, Lunge
25 selbsterstellte Arbeitsbögen[11]

Verlauf:

1. Tägliches Training: Ausdauerläufe bis zu 20 Minuten im Wald, Gymnastik oder Ausdauerübungen nach Musik in der Sporthalle.
   Die Kinder lernen, mit ihrem Körper richtig umzugehen: langsames Starttempo, gleichmäßige Atmung, Erholung durch langsames Gehen, Entspannung durch Gymnastik
2. Was geschieht beim Ausdauerlauf im Körper?
   Zusammenhänge zwischen Atmung, Herztätigkeit und Muskelbewegung; Messen und Darstellen der Herzfrequenzen bei unterschiedlicher Anstrengung
3. Was ist Atmung?
   - Funktion der Lungenbläschen (Schweinelunge)
   - Nachweis von Kohlendioxyd in ausgeatmeter Luft
   Das Blut
   Mikroskop: rote und weiße Blutkörperchen
5. "Näpfli, das rote Blutkörperchen"
   Spiel: Die Organe reden miteinander / Näpfli "erzählt"
6. Der Körper und seine Funktionen
   Größe, Gewicht, Lungenfaßkraft, Puls
6. Wie kann man mehrere Messungen vergleichen?
   Mittelwerte berechnen (Größe, Gewicht)
7. Wie kann man nacheinander gemessene Größen einfach und übersichtlich darstellen?
   Diagramme, Herzfrequenzkurve
8. Eigene Herzfrequenzkurve nach einem Lauf und "Erholungspuls" als Maßstab des Trainingserfolgs
9. Abschluß: offene Projektphase (3 Tage)
   Einstudierung von Sketchen ("Herz und Lunge", "das kaputte Knie"), Aufbau von Informationsständen, Vorbereitung eines Eltern-Kinder-Nachmittags, an dem die Kinder ihre Ergebnisse vorstellen, gemeinsam mit Eltern einen Abschlußlauf machen und anschließend essen.

Thema:	Eskimos
Jahrgang:	5
Dauer:	7 Wochen mit 5 - 7 Wochenstunden
Material:	"Was ist der Mensch?" 6 Unterrichtseinheiten für ein fächerübergreifendes Curriculum der Sek. I (Metzler) 1980: 2 Lehrerhandbücher, 2 Schülerhefte, Spiele
	Atlanten, Lexika, Fachbücher, Bildbände

Verlauf:

1. Grundkenntnisse über das nördliche Polargebiet
   Arbeit mit dem Atlas: Die Kinder "lesen" Karten, entnehmen ihnen verschiedene Informationen. Begriffe: Pol, Magnetpol, Polarkreis. Im Freien: tägliches Messen der Sonnenhöhe und Temperatur; Aufzeichnen und Vergleichen der Ergenisse.

2. Pflanzen und Tiere in der Arktis
   Wovon hängt es ab, wo welche Pflanzen wachsen? Welche unserer Pflanzen können auch in der Arktis leben? Anlegen einer Mappe für Blätter, Bilder, gepreßte Pflanzen. Die Kinder sammeln "arktische" Pflanzen im Teutoburger Wald für die Mappe.

3. Wovon leben die Netsili-Eskimos?
   Bedeutung der Jagd; Jagdmethoden; Simulationsspiel: Karibujagd, Robbenjagd (Arbeit mit Texten der Unterrichtseinheit)

4. Wo und wie wohnen die Netsili-Eskimos?
   Bau eines Iglu mit Legosteinen
   Bau eines Sommer-Iglu mit Backsteinen

5. Leben in der Familie
   Vorlesen und gemeinsame Lektüre; Vergleich: Familienleben bei den Eskimos und bei uns; eigene Geschichten schreiben

6. Arbeit in Gruppen
   Zu unterschiedlichen Teilthemen werden Informationen gesammelt, schriftlich aufgezeichnet, illustriert und vorgetragen

7. "Eislandschaften"
   Die Kinder erproben "kalte" und "warme" Farben; Bild: Eislandschaft (Wasserfarben)

8. Lieder und Sagen der Netsili-Eskimos

9. Arbeit mit Speckstein
   Versuch, ein Eskimokind (oder Mann oder Frau) oder ein arktisches Tier in erkennbaren Umrissen darzustellen

Thema:	Tiere und Menschen
Jahrgang:	5
Dauer:	8 Wochen mit 3 - 5 Wochenstunden
Material:	Literarische Texte: "Julie von den Wölfen", "Der Junge, der ein Wolf wurde", "Rotkäppchen"
	Apparat von Tierbüchern in der Bibliothek; Zoologie-Bücher
	Informationsmaterial der Organisationen "World Wildlife Foundation" und "Greenpeace"

Verlauf:

1. Wölfe
   Wo und wie leben sie? Wieviel Raum / welche Nahrung brauchen sie? Wie verständigen sie sich? Wie verhalten sie sich in der Gruppe?
2. Menschen und Wölfe
   Welche Vorstellungen verbinden wir mit Wölfen? (Beispiel: Rotkäppchen; der Wolf als Fabeltier; Werwolf)
   Gegenbeispiel: Eskimos ("Julie von den Wölfen" - ein Mädchen überlebt, weil es von einem Wolfsrudel aufgenommen wird)
   Gegenbeispiel: Indianer ("Der Knabe, der ein Wolf wurde")
3. Wie kommt es, daß Menschen so verschiedene Einstellungen haben? Was sind Tiere für uns? (Haustiere: Arbeitskräfte, Nahrungsmittel, Streichel-Objekte, "Gegenstände" zur Verfügung. Wilde Tiere: nicht, darum "Feinde") Was sind Tiere für die Indianer und Eskimos? (kaum Haustiere; keine Überheblichkeit gegenüber dem Tier)
4. Welche Folgen hat unser Verhalten für die Tiere?
   Bedrohte Tiere: Welche sind es in Europa? Warum sind sie bedroht?
5. Wie kann man bedrohte Tiere schützen?
   "World Wildlife Foundation" und "Greenpeace": Was tun sie? Wofür / wogegen kämpfen sie? Das "Manifest der Tiere"
6. Was können *wir* tun? Ist es richtig, daß wir Tiere halten, die wir "süß" finden?
7. Einzel- oder Gruppenarbeit: Alle schreiben über ein Tier ihrer Wahl anhand von Bild- und Fachbüchern einen Bericht und illustrieren ihn.
   Produkt: ein Tier-Buch der Stammgruppe

148

Thema:	Vom Bauerndorf zur Großmacht: Rom
Jahrgang:	7
Dauer:	10 Wochen mit 3 - 5 Wochenstunden
Material:	verschiedene Geschichtsbücher; Apparat von Bild-Bänden in der Bibliothek; Sagen des Altertums; "Eine Stadt wie Rom" (Mc Cauly); Spielfilm: "Quo vadis?" Bücher: "Der Wettstreit", "Cäsar und Cleopatra"

Verlauf:

1. "Wir sprechen alle Latein"
   Lateinische Wörter in unserem Alltag; Fremd- und Lehnwörter; aus ca. 20 vorgegebenen lateinischen Wörtern Ableitungen finden; lateinische Vor- und Nachnamen; römische Zahlen lernen und an Gebäuden entziffern
2. Roms Aufstieg
   Gründe: eine verkehrsgünstige, zugleiche bedrohte Lage. Karte von Italien zeichnen; eine Chronik anlegen: 1000 Jahre römische Geschichte. Roms Bündnispolitik; Verträge und Kriege
3. res publica
   Regierung und Verwaltung in Rom; Rechtsordnung
4. "Wir hauen ab"; die Plebejer verlassen die Stadt
   Rollenspiel: Versammlung der Plebejer; Diskussion mit Menenius Agrippa; die Volkstribunen
5. "Weltkrieg" - warum mußten Rom und Karthago aneinandergeraten? Verlauf der Kriege
6. Leben in Rom
   Arbeit in Gruppen zu verschiedenen Themen:
   - Familie und Erziehung
   - Stellung der Frauen
   - römische Ideale: Heldengeschichten und Sagen
   - Religion
   - Rechtsprechung
   - öffentliche Einrichtungen
   - Sklaven
   - ein römisches Haus
   - Bau einer Straße / einer Wasserleitung / eines Theaters
   Produkt: Zusammenfassung der Texte zu einem "Buch"
7. Auf dem Weg zur Alleinherrschaft: Cäsar
   anschließend: Entwicklung des Kaisertums
8. Gebührt Hermann ein Denkmal?
   Die Germanen aus der Sicht der Römer; einige Tacitus-Passagen; Streitgesräch
9. Eine Gegenmacht entsteht: Das Christentum
10. Abschluß: Tagesfahrt nach Xanten

(Anschlußprojekt: Theater "Cäsar und Cleopatra")

Thema:	English Day
Jahrgang:	6
Dauer:	1 Tag von 18 - 16 Uhr
Material:	Kochgelegenheit, englische Filme, Kassetten, Spiele, Illustrierte; Sachen zum Übernachten in der Schule; Voraussetzung: Kontakt zu englischer Schule

Verlauf:

1. Ankunft gegen 18 Uhr in der Schule, mit Schlafsack, Geschirr, Vorräten; Einrichten der Fläche zum Wohnen und Schlafen
2. Beginn des English Day; wer Deutsch redet, muß ein (vorher zu vereinbarendes) Pfand zahlen und erhält eine umlaufende rote Karte; wer sie anderntags um 16 Uhr hat, muß als erste/r aufräumen
3. Gemeinsames Singen
4. "Dinner for 20" - Kochen und Essen in der Küche; anschließend Abwasch
5. "Social life": Spiele, Kassetten, evt. Sketche oder Filmszenen
6. Übernachten auf der Fläche
7. Early morning tea: Zwei aus der Gruppe wecken um 6.30 auf die "feine englische Art" - with a cup of tea; anschließend Aufräumen der Fläche
8. Breakfast: Porridge, ham and eggs, Toast; anschließend Aufräumen der Küche
9. Gegen 8 Uhr Aufbruch zur Primary School in Bielefeld (oder: Empfang einer Klasse von dort)
10. Schultag und Lunch in der englischen Schule (oder: ein Tag in der Laborschule; alle Lehrenden versuchen, Englisch zu sprechen, nur der Englischlehrer hält eine Deutschstunde für die Gäste)
11. Verabschiedung der Gäste; "Wer hat die rote Karte?"; allgemeines Aufräumen

150

Thema:	Clowns und andere Typen - eine Revue
Jahrgang:	6
Dauer:	4 Wochen mit 5 - 7 Wochenstunden
Material:	Schminke, Farben, Material für Kulissen und Kostüme; Buch: "Theater, Theater" (Josef Guggenmoos); Schminkbücher; Filme (Pantomime, Stummfilm)

Verlauf:

1. Lektüre der Clown-Stücke von Guggenmoos; Entscheidung, darüber, welche Gruppe welches Stück übernimmt, Verteilung der Rollen
2. Textarbeit in Gruppen: Besprechen und Lernen der Rollen
3. Durchgehend: Proben-Arbeit
4. (parallel zu 3): Pantomime-Kurs
   zunächst einfache Versuche zu vorgegebenen Situationen (Laufen gegen den Wind usw.); dann: Versuche, Gefühle darzustellen; dann: ein "Typ", seine Bewegungen, seine Mimik (der Clown, der Kraftprotz usw.); als Anschauungsmaterial Filmszenen
5. (parallel zu 3): Schmink-Kurs
   Versuche mit verschiedenen Mustern (Katze, Mondkind, Vampir usw.); Versuche, durch Kontraste und Farben die eigene Theater-Maske herzustellen
6. (parallel zu 3): Herstellen von Kostümen und Kulissen mit Hilfe von Werkstatt- Lehrern und anderen Erwachsenen, auch Eltern
7. Aufbau der Kulissen; erste Kostümprobe mit Video-Kamera; anschließend: gemeinsame Regie-Arbeit anhand der Aufnahmen; weitere Proben
8. Einladungen an die Eltern schreiben, Plakate malen
9. Aufführung vor Schul-Publikum

Thema:	Sand-, Wasser- und Kerzenuhren
Jahrgang:	5 (6)
Dauer:	3 Wochen mit 7 Wochenstunden
Material:	"Abfall"gefäße: Klare Glasflaschen, Dosen, Gläser, Becher
	Kerzen, Holzleisten, Tesafilm
	Arbeitsbögen[*]

Verlauf:

1. Warum messen wir Zeit?
   Phantasiegeschichte: Ein Tag ohne Uhren
2. Woran kann man die Zeit messen? (Sammeln von Ideen, Probleme der Orientierung an Sonne und Mond)
3. Bau einer Sanduhr aus zwei Flaschen; Versuche mit unterschiedlich grossen Durchlaßöffnungen und entsprechenden Durchlaufzeiten des Sandes
4. Wie kann man genaue Zeitvergleiche machen?
   Eichen der Uhren: Anbringen von Skalen, Aufzeichnung der Durchlaufzeiten in Diagramme
5. Wie haben Menschen "früher" die Zeit gemessen?
   (anknüpfend an 2: Überblick, Bilder alter Uhren)
6. Wie kann man Zeit(en) einteilen? Wann beginnt und endet ein Jahr?
   Kalender (verschiedene Möglichkeiten, Überblick)
7. "Die Zeit bleibt stehen", "Die Zeit läuft davon" - stimmt das?
   Wie reden wir über Zeit? (Sammlung mit Illustrationen)

Abschluß: Offene Projektphase (3 Tage)
   Jedes Kind hat die Aufgabe, eine Uhr eigener Wahl zu bauen (Sand-, Wasser- oder Kerzenuhr), die anschließend auf ihre Ganggenauigkeit überprüft wird. Versuch: sich einen Schultag lang nach dieser Uhr zu richten.

Anschlußprojekt:	Räderuhren
Jahrgang:	7 (6)
Dauer:	3 Wochen mit 8 Wochenstunden
Material:	Spielzeug-Räderuhren, einfache Zahnräder
	Bindfaden, kleine Gewichtssteine, Becher
	Arbeitsbögen[*]

Verlauf:

1. Räderuhren werden in ihre Bestandteile zerlegt: Pendel, Ankerhemmung, Antrieb, Zahnräder, Zeiger, Zifferblatt
2. Pendel - wovon hängt die Schwingungsdauer ab? (Experimente)
3. Wie wirken Zahnräder zusammen (Übersetzungen und deren Berechnung)
4. Antriebsmechanismen - welche gibt es? Parallel dazu: Räderuhren aus verschiedenen Zeiten
5. Wann gehen Uhren "richtig"? Experimente mit Pendelschwingungen pro Stunde/ Übertragung auf Zeiger
6. Die "Macht" der Uhr: Gibt es sie? Wer hat/hatte sie? Wie groß ist sie?

4. 3 Zwischen ungefächertem Lernen und Fachunterricht: die Erfahrungsbereiche

Von der Erfahrungsbereichen ist schon so oft die Rede gewesen, ihre pädagogische Funktion sowie ihre Rolle im Alltag an so vielen Beispielen in Erscheinung getreten, daß die Darstellung ihrer Theorie kurz sein kann. Dieses Kapitel vermittelt einen Überblick über die 6 Erfahrungsbereiche, deren Selbstverständnis und die daraus sich ergebenden Aufgaben sowie darüber, wie das im Unterricht einer Stammgruppe der Stufe III zum Ausdruck kommt. Die bisher geschilderten Situationen und Projekte geben dafür konkrete Beispiele ab; was darin noch nicht oder zu wenig zur Sprache gekommen ist, wird Gegenstand der folgenden Abschnitte sein.

Worin besteht die pädagogische Funktion der Erfahrungsbereiche?

So wie die Schule selbst eine Brücke ist zwischen der Kleinfamilie und den Großstrukturen der Gesellschaft, sind die Erfahrungsbereiche ein Mittleres, also auch eine Brücke, zwischen dem ungefächerten, ganzheitlichen Lernen in der Stufe I und dem weitgehend nach Fächern spezialisierten Lernen in der Stufe IV. Die in der Einleitung zu diesem Kapitel beschriebene Lerntheorie findet darin ihren organisatorischen Ausdruck. Nicht von "oben", also von den Fachwissenschaften her, sollen Inhalte abgeleitet und dann auf das jeweilige Alter "hinuntertransformiert" werden, sondern der Lern*weg* selbst ist das Gliederungsprinzip, das ermöglicht, die Fülle möglicher Inhalte in eine pädagogisch sinnvolle Ordnung zu bringen, so, wie oben gesagt: in gestufter Steigerung der Anforderungen, der Arbeitsteilung, des Maßes an Abstraktion. "Pädagogisch sinnvoll" heißt in der Definition von Hartmut von Hentig: "Stets wird dem Schüler etwas mehr zugemutet, als ihm ohne die Schule widerfahren würde, und nie mehr, als er verkraften kann." (Hentig 1987, S. 70)

Die Kinder der Stufe I lernen "am Tag entlang", in Lernsituationen, die natürlich von Erwachsenen gestaltet sind, aber eben so, daß sie sich weitgehend orientieren an dem, was der Tag mit sich bringt. Dabei lernen und erproben sie, schon im Spiel, unterschiedliche Zugänge zur "Welt", zum Beispiel den Umgang von Menschen mit Menschen oder den Umgang mit Sachen, der jeweils verschieden sein kann: eher spielend, erfindend, gestaltend, oder eher beobachtend, messend, experimentierend. Je genauer und sachkundiger sie dies tun, umso mehr spezifische Verfahren, Kenntnisse und Techniken brauchen oder entdecken sie: eher handwerklich-künstlerische oder technisch-naturwissenschaftliche. Und je älter sie werden, umso deutlicher wird ihnen bewußt, daß und wie verschieden die Formen dieses Umgangs mit der "Welt" sein können.

Nach solchen unterschiedlichen Möglichkeiten sind die Erfahrungsbereiche ursprünglich benannt. Es sind fünf, und sie entsprechen Fächern oder Fachbereichen, die hier in Klammern mit angegeben sind:

- Umgang von Menschen mit Menschen (Sozialwissenschaften)

- Umgang mit Sachen: beobachtend, messend, experimentierend (Naturwissenschaft)

- Umgang mit Sachen: erfindend, spielend, gestaltend (Künste)

- Umgang mit Gedachtem, Gesprochenem, Geschriebenem (Sprache, Mathematik)

- Umgang mit dem eigenen Körper (Sport, Tanz, Gymnastik, Körperpflege)

Im ersten Kapitel war schon davon die Rede. daß und warum diese Namen sich im Alltag der Laborschule nicht eingebürgert haben. Statt ihrer verwendet man mehr "schulische" Begriffe, die darauf verweisen, welche Fächer in den Erfahrungsbereichen stecken (und sich später ja auch aus ihnen ergeben):

- Soziale Studien

- Naturwissenschaft

- Wahrnehmen und Gestalten

- Mathematik

- Sprache

- Körpererziehung, Sport und Spiel

Diese Begriffe sind insofern eindeutiger als die ursprünglichen, als Lehrer-Kompetenzen sich ihnen leichter zuordnen lassen. Aber das ist nicht unbedingt ein Gewinn. Die ursprünglichen Bezeichnungen waren, wie im Strukturplan (S. 24) dargestellt, bewußt so gewählt, daß sie zugleich sichtbar machen, warum die Grenzen zwischen der Erfahrungsbereichen fließend sind, ihre Zuständigkeiten sich überlappen. Theater z.B. läßt sich nicht einordnen, kann sowohl "erfindend, gestaltend, spielend" sein als auch "Umgang mit dem eigenen Körper" und "Umgang mit Gesprochenem, Geschriebenem, Gedachtem". Im Verwaltungsalltag einer Schule ist so etwas schwierig. Es müssen z.B. Stundenplan-Entscheidungen getroffen oder Stellen ausgeschrieben und dazu eindeutig definiert werden, und so hat man die Grenzen eindeutiger festgelegt und die gewollte und bewußt offengehaltene Überlappung entsprechend wegdefiniert.

Aber die ursprüngliche Absicht hat sich, wie man an den beschriebenen Beispielen sieht, doch wieder durchgesetzt. Die Jahrgangs-Teams planen den Unterricht nach inhaltlichen Schwerpunkten, an denen zwei oder mehrere Erfahrungsbereiche mit unterschiedlichen Anteilen beteiligt sind. Das geht umso leichter, je weniger Personen beteiligt sind, das wiederum geht nur, wenn diese auch fachfremd unterrichten, und so kommen die Planungsprobleme, denen man durch eindeutigere Abgrenzungen der Erfahrungsbereiche begegnen wollte, durch die Hintertür wieder herein. Was kann fachfremd unterrichtet werden, was nicht? Wer entscheidet darüber? Und was ist, wenn etwa Englisch Mangelfach ist, eine Englisch-Lehrerin aber eine Gruppe in der Stufe III betreut und dort fachfremd Deutsch und "Sowi" unterrichten möchte? Das Problem scheint selbst zu den Strukurmerkmalen dieser Schule zu gehören. Fachunterricht soll und muß sein - also orientiert man sich an Kompetenzen; Projektunterricht mit übergreifenden Themen soll und muß sein - also orientiert man sich an der Team-Struktur. Von Jahr zu Jahr müssen die Planer versuchen, die Spannung zwischen diesen gegenläufigen Prinzipien irgendwie produktiv aufzuheben, so daß das eine nicht auf Konsten des anderen geht.

Zurück zu den Erfahrungsbereichen, die nun nacheinander vorgestellt werden sollen. Die ursprünglichen und die jetzt gebräuchlichen Bezeichnungen stehen jeweils nebeneinander, damit das angedeutete Spannungsverhältnis zwischen ihnen offengehalten und deutlich wird.

Umgang von Menschen mit Menschen - Soziale Studien

Umgang von Menschen mit Menschen - das ist Versammlung und Nicaragua, Verteilung der Wochendienste und Streik der ÖTV, Leben der Eskimos und Streit in der Gruppe. Ein so globaler Begriff macht verständlich, warum daraus - nach dem Umweg des in amerikanischen Curricula üblichen Terminus "social studies" und dessen Übersetzung "Soziale Studien" im Alltag der Schule die Abkürzung "Sowi" (für Sozialwissenschaft) wurde, die eigentlich niemand richtig findet. Sie zeigt vor allem, was Leute studiert haben, die solches unterrichten, bzw. welche Fächer das sind: Geschichte, Erdkunde, Politik, Wirtschafts- und Arbeitslehre, Religion, Psychologie, Pädagogik, Philosophie. Aber die "Sowis", wie die Lehrerinnen und Lehrer dieses Erfahrungsbereichs allgemein genannt werden, halten trotz dieser Bezeichnung den pädagogischen Anspruch, der in "Umgang von Menschen mit Menschen" steckt, aufrecht: keine scharfen Grenzen zwischen Leben und Lernen zu ziehen, sondern diese bewußt offenzuhalten. Das heißt auf der Ebene der Planung, daß in aller Regel Betreuung, der Unterricht in "Sowi" und einem weiteren Erfahrungsbereich in einer Hand liegen. Die halbjährlichen "Berichte zum Lernvorgang", die die Kinder anstelle von Zensuren bekommen, enthalten immer als wesentliches Element auch einen Bericht über das Leben in der Gruppe. Darin kommt der Anspruch dieses Erfahrungsbereichs zum Ausdruck, seine Arbeit nie nur "rein fachlich" zu verstehen. Dies ist zugleich das Selbstverständnis aller Erfahrungsbereiche, wie es in den ursprünglichen, Leben und Lernen unter dem Begriff "Umgang mit..." zusammenfassenden Bezeichnungen zum Ausdruck kommt; an diesem aber wird es besonders deutlich.

Dazu ein Beispiel. Die Gruppe "violett" hat in ihrem 6. Schuljahr an folgenden Themen und Projekten gearbeitet:

- Bau eines Labyrinths auf dem Schulgelände

- Leben in den Alpen

- Grundlagen der Naturwissenschaft

- Wohnen im Stadtteil

- Leben an der Nordsee

Wenn nun jemand fragen würde, was diese Gruppe in "Sowi" gelernt habe, so bekäme er Auskunft darüber in der "Beschreibung des Unterrichts", die die Eltern halbjährlich mit den "Berichten zum Lernvorgang" bekommen. Da steht, welche Kenntnisse und Fertigkeiten jeweils bei der Beschäftigung mit einem Thema vermittelt, welche Arbeitstechniken geübt wurden. Die "Violetten" haben, als es um das Thema "Leben in den Alpen" ging, viel mit dem Atlas gearbeitet, Höhenlinien, Klimatabellen, Temperaturkurven gezeichnet, die erdgeschichtliche Entwicklung des Alpenraums und die Entstehung eines Gletschers kennengelernt, allgemein: sie haben an diesem Beispiel verstanden, daß und wie die Lebensbedingungen von Menschen mit den klimatischen und geographischen Besonderheiten ihres Lebensraums zusammenhängen. Sie haben dann, am Beispiel eines Dorfes, die Veränderung der Lebensformen und -grundlagen durch den expandierenden Tourismus verfolgt und schließlich anhand von Filmen und anderen Informationen einen Eindruck davon erhalten, warum diese Entwicklung in unheilvoller Verbindung mit anderen Faktoren lebensbedrohlich für den Lebensraum Alpen werden kann und schon geworden ist. In ähnlicher Weise könnte man für jedes Projektthema angeben, was darin an "Lernstoff" enthalten ist. Dieser aber ist nur ein Teil eines umfassenderen Prozesses; in der Regel sind solche Themen mit Tätigkeiten und Unternehmungen verbunden, die für die Kinder oft das eindrücklichere Lernerlebnis sind. Der Bau des Labyrinths war für die "Violetten" Anlaß für die Besichtigung einer Ziegelei und vor allem für die zwei "Ausbildungs"tage im Handwerker- Bildungszentrum und die spätere Maurer-Tätigkeit; das Thema "Leben an der Nordsee" diente der Vorbereitung einer Gruppenfahrt nach Wangerooge; "Wohnen im Stadtteil" war Anlaß für Umfragen und Erkundungsgänge "vor Ort", und die für Bielefelder Kinder eher ferner liegenden Alpen wurden durch die schwierigen Damüls-Debatten auf ungeahnte Weise aktuell.

Darüber hinaus haben die "Violetten" vieles unternommen, was nicht in direktem Zusammenhang zu Unterrichtsthemen stand: Sie waren zuammen in der Sauna, sind für eine Woche nach Oerlinghausen gefahren (mit "gesunder" Selbstverpflegung), haben zusammen mit Eltern die Wände ihrer Stammfläche gestrichen und an mehreren "Eltern-Kinder-Nachmittagen" vorgeführt, was sie gelernt und getan hatten, sie haben an mehreren Jahrgangs-Versammlungen teilgenommen und natürlich am Schul-Spieltag. Sie haben öfter gemeinsam gefrühstückt, und in ihren Versammlungen immer wieder über die jeweils anfallenden Probleme geredet: Spannungen zwischen Jungen und Mädchen, Unruhe im Unterricht, Dienste, Streitigkeiten mit anderen Gruppen und untereinander usw. usw. Daß eine Schülerin oder ein Schüler die Versammlung leitet, hatte sich bei ihnen längst schon als Tradition eingespielt. Manchmal wurden aus solchen Tages-Themen auch Grundsatzdiskussionen: z.B. darüber, ob es zulässig sei, die Wände mit Postern zu "schmücken", die Gewalt verherrlichen, oder, ob es Tierquälerei sei, Mäuse auf der Fläche zu halten.

Eine andere Tradition wurde von der "Sowi"-Lehrerin eingeführt und ist seither fester Bestandteil des Unterrichts. Es gibt - in der Regel jede Woche - eine "aktuelle Stunde", jeweils vorbereitet von zwei oder drei Kindern. Sie berichten über ein Ereignis, das sie für wichtig halten, informieren die Gruppe anhand von Zeitungsartikeln oder anderem, und auf einer für diesen Zweck eingerichteten Pinnwand wird jeweils abgeheftet, was sie dazu gesammelt haben. An den Bericht schließt sich in der Regel eine Diskussion an, die die "Experten" leicht in Bedrängnis bringen kann, wenn sie nicht gründlich genug vorbereitet sind, um z.B. Rückfragen beantworten zu können.

Auf diese Weise kann die "große" Politik in den Unterricht hineingeholt werden, ohne daß "Belehrung" daraus wird. Und umgekehrt kann die "kleine", die alltägliche Auseinandersetzung mit gemeinsamen Angelegenheiten Anlaß geben zu großen Themen. Die Poster-Diskussion z.B. ist so ein Anlaß. Was ist Gewalt? Welche Darstellung verherrlicht oder verschleiert oder bekämpft sie? Woran will man das messen? Solche und ähnliche Fragen können täglich zum "Pensum" werden, wenn man die Voraussetzung akzeptiert, daß der Umgang miteinander, das Zusammenleben im Alltag selbst Gegenstand täglichen gemeinsamen Lernens ist.

Ähnliches ließe sich über die Geschichte sagen, die auf diesem Jahresplan deswegen nicht erscheint, weil die Gruppe zuvor im 5. und danach im 7. Schuljahr an historischen Schwerpunktthemen gearbeitet hat (Beispiele wurden im vorigen Abschnitt sowie in 1.4 dargestellt). Ebenso wie die Politik wird Geschichte an dieser Schule nicht nur im Unterricht vermittelt, sondern auch in den Alltag einer Gruppe - an dieser Schule also in die Versammlung oder in die aktuelle Stunde - hineingeholt. Krise im Nahen Osten etwa: was ist da los und wie ist es dazu gekommen? Die Berliner Mauer fällt: warum wurde sie überhaupt gebaut? 200-Jahr-Feier der Französischen Revolution: was wird da gefeiert? Oder auch: Streit um ein Kriegerdenkmal in einer nahegelegenen Kleinstadt: worum geht es dabei? Wir fahren nach Münster und besichtigen dort u.a. den Friedenssaal: was hat es damit auf sich? Anlässe für solche Fragen gibt es täglich, und Pädagogen können sich nur wünschen, daß Kinder sie von sich aus stellen, in zunehmendem Bewußtsein davon, daß man nichts vom Leben heutiger oder früherer Menschen verstehen kann, wenn man nicht auch fragt, warum und wie es so geworden ist. An dieser Schule haben sie täglich Gelegenheit, solche Fragen zu stellen, und werden dazu ermutigt, in der Hoffnung, daß sie sich diese Neugier ihr Leben lang bewahren werden.

All das zusammengenommen ist viel mehr als "Sowi". Die Beispiele zeigen auch, daß sie, für sich genommen, gar nicht außergewöhnlich sind; andere Kinder an anderen Schulen haben ähnliche Lernerlebnisse. Das Besondere dieser Schule besteht, wie schon mehrfach gesagt, darin, daß sie nicht Wissensvermittlung als "Hauptsache" und das Leben drumherum als "Nebensache" ansieht, sondern beides miteinander verbindet, aufeinander bezieht und darum auch als pädagogische Einheit unter pädagogischen Begriffen zusammenfaßt, z.B. als "Umgang von Menschen mit Menschen".

Umgang mit Sachen - beobachtend, messend, experimentierend / Naturwissenschaft

Es mag befremdlich erscheinen, daß hier nicht von Naturwissenschaften die Rede ist, wie wir sie kennen: Physik Chemie usw. Der Singular soll wiederum die Logik der Erfahrungsbereichs-Gliederung zum Ausdruck bringen: aus einer größeren Einheit -

die eben bezeichnet er - gehen später die Spezialisierungen hervor, eben die Wissenschaften.

Was diese Einheit ausmacht, läßt sich an der ursprünglichen Bezeichnung erkennen: Sie besteht in der Methode, im "Wie" des Umgangs mit Sachen. Beobachten, messen, experimentieren - das sind die Tätigkeiten, zugleich die Erkenntnismittel, die die "exakten" Wissenschaften von anderen unterscheiden.

Wieder wird zugleich sichtbar, daß diese Abgrenzung unscharf ist. Auch die Sozialwissenschaften z.B. bedienen sich dieser Erkenntnismittel; also werden sich diese beiden Erfahrungsbereiche zum Teil überschneiden. Andererseits kommt in dieser Bezeichnung nicht zum Ausdruck, daß Umgang mit der Natur auch anders sein kann und wie beides sich zueinander verhält. Die Kinder wachsen an der Laborschule mit Pflanzen und Tieren auf. Sie erleben: das ist unser Beet, mein Meerschweinchen ist krank, unsere Pflanzen müssen in den Ferien versorgt werden - eine Beziehung also, die ja auf dieses (mein) Tier, auf diese (unsere) Blumen gerichtet ist, also gerade *nicht* auf Verallgemeinerung; einen Umgang mit der Natur, der gerade *nicht* beobachtend, messend experimentierend ist.

Hier zeigt sich ein ähnliches Spannungsverhältnis wie oben am Beispiel "Soziale Studien" beschrieben. Beides soll sein: das Leben mit Tieren und Pflanzen *und* ein zunehmendes Bewußtsein davon, welche Möglichkeiten und Methoden es gibt, um exakte, nachprüfbare, verallgemeinerbare Antworten auf exakt gestellte Fragen zu erhalten. Das eine erfährt seine Grenzen am anderen, auf keinen Fall soll das eine vom anderen überwältig werden. Man kann an der Laborschule oft beobachten, daß Kinder, die z.B. ein Tier pflegen, umso sachkundiger sind, je ernster sie ihren Auftrag nehmen; an einem Kaninchen, einem Wellensittich kann sich ihnen sozusagen nach und nach die Biologie erschließen. Darum ist die Schule "ein Ort, an dem man mit einem Stück Natur leben kann", wie Hartmut von Hentig eine seiner "Lernbedingungen" genannt hat (Hentig 1987, S. 55). Dahinter steht die Hoffnung, daß diese Kinder später ihren Beitrag zur Bewahrung der Schöpfung leisten werden, ohne zugleich in den Fehler zu verfallen, Wissenschaft und Technik zu verteufeln; da sie ja gelernt haben, sich deren Verfahren zu bedienen, werden sie vielmehr ihre Ergebnisse verständig, d.h. auch kritisch einordnen und sich nicht durch die Fülle des Wissens überwältigen und durch die Perfektion der Apparate einschüchtern lassen.

Eine Hoffnung, wie gesagt, vielleicht eine allzu optimistische. Wie will man angesichts einer rasend expandierenden Entwicklung der Naturwissenschaft Kinder - noch dazu *alle* Kinder - so in sie einführen, daß das gelingt?

Vor dieser Frage stehen natürlich alle, die diese Fächer unterrichten. Die Laborschule kann sich, ihrer pädagogischen und curricularen Freiheit wegen, eine eigene Option dazu leisten. Die "Nawis", wie die Lehrerinnen und Lehrer dieses Erfahrungsbereichs in Analogie zu den "Sowis" genannt werden, stellen an sich den Anspruch, "phänomenologisch" vorzugehen. Das heißt: sie gehen nicht von den einzelnen Fächern und deren Systematik aus, sondern von einzelnen Erscheinungen, Phänomenen, die zu Erklärungen herausfordern; auf diese Weise soll sich bei den Kindern nach und nach ein zunehmend deutliches Bewußtsein von den spezifischen Erkenntnismöglichkeiten, Verfahren und Mitteln der Wissenschaft entwickeln.

Im Schulalltag gibt es dafür viele und unterschiedliche Anlässe. Etwa: Die "Violetten" fahren an die Nordsee und lernen in diesem Zusammenhang, wie die Gezeiten zustande kommen, wie Wellen entstehen und warum sie sich brechen und wie man Deiche konstruieren muß, damit sie standhalten. Oder: Sie vermauern Ziegelsteine, benutzen dazu das Lot, das ja nach "unten" zeigt, merken plötzlich anläßlich einer Frage, daß dies aufhört, selbstverständlich zu sein, wenn man einmal angefangen hat, darüber nachzudenken, und gehen dieser im Unterricht nach; sie stellen Mörtel her und lernen dabei, welche Stoffe und Prozesse wie zusammenwirken.

Ein Blick auf die Themen und Projekte dieses Jahrgangs zeigt aber auch, daß dieses Prinzip nicht durchgängig eingehalten wird. Da gibt es einen Kurs "Grundlagen der Naturwissenschaft"; mehrere Wochen lang haben die Kinder in zwei bis fünf Wochenstunden im Labor Apparate, Techniken und Verfahren kennengelernt, die Naturwissenschaftler anwenden, um bestimmten Fragen auf den Grund zu gehen.

Drei unterschiedliche Möglichkeiten des Zugangs zur Naturwissenschaft: das Leben mit Tieren und Pflanzen, Erscheinungen, die man verstehen möchte (Ebbe und Flut, der Gletscher, das Lot), Wissensvermittlung in Form eines Kurses - was hier für eine Gruppe steht, kann als repräsentativ für das Lernen in diesem Erfahrungsbereich gelten. Und wiederum ist es die pädagogisch gewollte Einheit dieser unterschiedlichen Ansätze, die seine Konzeption ausmacht. Sie kommt auch in der Ausstattung der Schule zum Ausdruck: Es gibt einerseits die Labore mit ihren Geräten und Apparaten, andererseits den Schulgarten und den Zoo - und diese nicht etwa verstanden als "Animation" für die Freizeit, sondern als Lerngelegenheiten, als jenes Stück Natur, von dem "Wissenschaft" ausgehen, von dem aus sie aber auch zurückgeholt werden kann zu dieser meiner/unserer Sache.

Daß ein so verstandener Unterricht in Konflikt zu geltenden Wissensnormen geraten kann, läßt sich leicht ermessen. Laborschülerinnen und -schüler, die nach dem 10. Schuljahr eine weiterführende Schule besuchen, müssen dann in Konkurrenz zu anderen treten, die mehr "Stoff" gelernt haben und ihnen insofern überlegen sind. Die Befragung der Laborschul-Absolventen hat ergeben, daß diese sich gerade in den "harten" Fächern Physik und Chemie ziemlich verloren fühlten und darum der Schule den Vorwurf machen, sie habe sie schlecht vorbereitet.

Wie soll die Schule nun darauf reagieren? Der Lehrgang "Einführung in die Naturwissenschaft " im 6. Schuljahr ist bereits eine Reaktion der Lehrerinnen und Lehrer darauf, eine Kurs-Korrektur in Richtung auf "mehr Wissen". Andererseits halten sie den pädagogischen Anspruch aufrecht, in dieser Altersstufe nicht Wissenschaften zu lehren, sondern Lernanlässe bereitzustellen, an denen Wissenschaft sich als ein Weg, Erscheinungen auf den Grund zu gehen, erfahren läßt. Und dazu braucht man jenen "Mut zur Gründlichkeit", der sich Zeit läßt, den Fragen der Kinder nachzugehen, auch über Um- und Irrwege, weil Verstehen eben so ist. Die Schule muß mit diesem Konflikt leben; sie muß - vielleicht verstärkt in den oberen Jahrgängen - "Stoff" vermitteln, aber sie würde sich selbst verleugnen, wenn darüber das Wichtigere zu kurz käme, eben das "Verstehen Lehren".

Umgang mit Sachen - erfindend, gestaltend, spielend / Wahrnehmen und Gestalten

Die ursprüngliche Bezeichnung dieses Erfahrungsbereichs zeigt, daß er in engem Zusammenhang mit dem vorigen gesehen werden soll; das Beobachten, Messen, Experimentieren im Umgang mit Sachen wird hier sozusagen um seine Komplementärfarben ergänzt: Erfinden, Gestalten, Spielen.

Wie das im Unterricht aussehen kann, zeigt ein Beispiel aus dem Jahrgang 5. Die "Violetten" haben in einer Unterrichtseinheit gelernt, wie man Kreise "frei Hand" und wie mit Zirkel exakt zeichnen kann; sie haben erarbeitet, wie sich mit dem Zirkel die Mittelsenkrechte konstruieren läßt, wie man auf diese Weise den Mittelpunkt eines Kreises finden kann und welche Beziehung zwischen seinem Umfang und dem Durchmesser besteht. In diesen Stunden kam es oft vor, daß Kinder Lust hatten, Flächen auszumalen, mit Kreisen, Zirkel und Farben herumzuspielen, und an der Gruppen-Pinnwand waren solche "Kunst"werke zu sehen. So kam es, daß in den "WuG"-Stunden (das ist die gängige Abkürzung für "Wahrnehmen und Gestalten") das Thema sich verselbständigte zu einem eigenen Schwerpunkt, der den mathematischen ergänzte. Die Kinder erfanden und zeichneten "Kreis-Geschichten", versuchten sich an Kopien (z.B. Kandinskys "Schwarzer Kreis"), entwarfen Muster mit verschiedenen geometrischen Formen und sahen, z.B. an Bildern von Paul Klee, was man daraus machen kann.

Das Beispiel zeigt vielleicht, daß und warum dieser Erfahrungsbereich besonders geeignet ist, Lern-Arbeit, die an Sachen und Strukturen orientiert und auf Verstehen gerichtet ist, zen um die komplementären Elemente Erfinden, Gestalten, Spielen zu ergänzen. Umgekehrt ist Lernen in keinem anderen Erfahrungsbereich so sehr identisch mit Tun wie in diesem. Der Begriff "Wahrnehmen und Gestalten" ist als Einheit zu verstehen; beides ist immer aufeinander bezogen, keines von anderen abtrennbar.

Die im vorigen Abschnitt vorgestellte Übersicht zeigt, wie und in welchen Kombinationen die Arbeit dieses Erfahrungsbereichs sich mit anderen verbinden läßt, ja, es gibt geradezu "geborene" Kombinationen wie Theater ("WuG", Sprache) oder Tanz ("WuG", Sport).

Natürlich ist der Unterricht nicht immer an übergreifende Themen gebunden. Auch in diesem Erfahrungsbereich gibt es kursartiges Lernen zum Erwerb von Zeichen-, Druck oder anderen Techniken, die aber, ihrer Natur nach, immer auf ein Produkt gerichtet sind, also nicht "für sich" gelernt und betrieben werden. Manche Jahrgangs-Teams organisieren das so, daß die in diesem Erfahrungsbereich enthaltenen Fachrichtungen (Bildende Kunst, Darstellende Kunst, Musik) in drei Trimestern von verschiedenen Personen unterrichtet werden. Oder der Unterricht liegt in einer Hand, und es ist dann Aufgabe des Lehrers oder der Lehrerin, ein ausgewogenes Verhältnis zwischen diesen Anteilen herzustellen.

So haben die "Violetten", als sie sich mit Sand-, Wasser- und Kerzenuhren beschäftigten, auch darüber nachgedacht, welche Vorstellungen von Zeit in unseren Redewendungen stecken, und diese in Bilder umgesetzt ("Zeit totschlagen", "Zeit gewinnen" usw. usw.). Sie haben Werbespots zu diesem Thema besprochen und Bilder alter Uhren gesammelt. Für eine Micaragua-Matinee haben sie einen eigenen Beitrag erarbeitet: Vortrag eines lateinamerikanischen Liedes mit Instrumentalbegleitung, die sie selbst "komponiert" und einstudiert hatten. Zum Verkauf beim Weihnachtsbasar haben sie Holzspielzeug gebaut, die Teile mit der Laubsäge ausgesägt, bemalt und lackiert, später dann einen Kalender für ihre Fläche hergestellt und dabei verschiedene Techniken gelernt und angewandt: Frottagen und Collagen, Kordeldruck und andere Druckarten. Sie haben, der Jahreszeit folgend, ein Herbstbild gemalt und eines zum Thema "Eiswelt" und dabei die Wirkung verschiedener Farbmischungen erprobt. Gegen Ende des Schuljahres haben sie die vielen Unterhaltungen und Streitgespräche über Musikvorlieben und -richtungen zum Anlaß für eine Umfrage genommen, Lieder von verschiedenen Gruppen gehört und daran auszumachen versucht, was jeweils das Besondere, das Faszinierende oder auch Abstoßende ist und wie es "gemacht" wird.

Wie hier am Beispiel eines 5. Schuljahres ließe sich an jeder Stammgruppe zeigen, daß der Unterricht in diesem Erfahrungsbereich, ebenso wie in Naturwissenschaft, drei unterschiedliche Ansätze verbindet: das Gestalten der eigenen Umwelt, z.B. der Stammfläche, das Wahrnehmen und Gestalten als komplementäre Erkenntnismöglichkeit, z.B. an Projekt-Themen, und das kursartige Lernen von Techniken. So ist er im Alltag einer Stammgruppe nahezu ständig präsent.

Umgang mit dem eigenen Körper / Körpererziehung, Sport und Spiel

Auch hier zeigt der ursprüngliche Name, welcher pädagogische Anspruch sich mit diesem Erfahrungsbereich verbindet. "Umgang mit dem eigenen Körper" - das bezeichnet etwas anderes und umfaßt sehr viel mehr als die Fach-Bezeichnung "Sport": Ernährung und Kleidung, Kosmetik und Massage, Sexualität und Gymnastik, Tanz und Pantomime. Auch die jetzt geläufige Bezeichnung "Körpererziehung, Sport und Spiel" zeigt, daß die Lehrerinnen und Lehrer dieses Erfahrungsbereichs an diesem Anspruch festhalten, und deutet zugleich an, was sie *nicht* anstreben: Hoch- und

Höchstleistung sowie Konkurrenz. Dagegen setzen sie andere Ziele und Leitvorstellungen: Spiel und Sport als Formen *sozialen* Lernens, Körper-Erfahrung (statt "Trimm-dich") und Kreativität (statt Anpassung), selbstbestimmtes Lernen in allen Altersstufen und Koedukation, verbunden mit dem Anspruch, Benachteiligungen, insbesondere von Mädchen, aufzuheben. Dies steht nicht im Widerspruch zu Sport-Vermittlung; auch hier gibt es "richtiges", kursartiges Lernen, aber die Akzente sind sozusagen pädagogisch verlagert, nämlich "... von der Sportvermittlung auf die Erziehung, vom Lernen auf das Erfahren, vom spezialisierten Fach auf den Zusammenhang kindlichen Handelns und Erlebens" (Funke/Schmerbitz 1984, S. 14).

Wie sehr die Kinder dieses Konzept annehmen, läßt sich im Alltag der Stufe III, und ebenso bei den Kleineren und Größeren, täglich beobachten. Das Ende der 4. Stunde wird, in welchem Unterricht auch immer, von den Kindern pünktlich eingefordert, nach Möglichkeit um einige Minuten vorverlegt; denn es geht für viele von ihnen darum, rechzeitig in der Halle zu sein, um beim begehrten Pausensport [12] das Gewünschte tun zu können. Auch bei anderen Gelegenheiten, wenn der normale Unterricht aussetzt, z.B. bei einem Theater- oder Bauprojekt, wird man feststellen, daß Kinder an dieser Schule zu vielem bereit sind, nur nicht dazu, auf ihre Sportstunden zu verzichten.

Das hat vielleicht damit zu tun, daß "Selbstbestimmung" im Sport-Curriculum nicht nur ein Ziel ist, das irgendwie über dem Unterricht schwebt, sondern eine konkrete Planungsgröße. Sie kommt z.B. im Konzept des eben erwähnten Pausensports zum Ausdruck; es besteht im wesentlichen darin, daß Erwachsene Kindern dabei helfen, das tun zu können, was sie möchten. Wer in der Zeit der Mittagspause auf der "Schulstraße" an den Sporthallen vorbeigeht, sieht dort Kinder und Jugendliche bei sehr unterschiedlichen sportlichen Tätigkeiten. Sie spielen Tennis oder Badminton oder Basketball oder üben sich im Jonglieren, im Trampolinspringen oder an anderen Geräten. Manchmal finden in den Pausen Fußballspiele zwischen Stammgruppen, selten auch Schulspiele statt, und dann herrscht "echte" Fußballplatz-Atmosphäre.

Die eigentliche Einübung in Selbstbestimmung aber ist die so beliebte Verfügungs- oder Wunschstunde, von der schon die Rede war. Es gibt sie in allen Gruppen so, wie am Beispiel der Gruppe "rosa" beschrieben, d.h. einmal in der Woche (bei 3 Sportstunden). Die Kinder können zwischen verschiedenen Sportarten auswählen. Die Notwendigkeit, den verfügbaren Raum zu teilen, sich so zu arrangieren, daß alle zu ihrem Recht kommen (was auch heißt, Minderheiten zu respektieren, vielleicht sogar auf den eigenen Wunsch zu verzichten), durch richtig placierte Abgrenzungen dafür zu sorgen, daß Störungen möglichst vermieden werden, ist ein "nebenbei" ablaufender Prozeß sozialen Lernens. Auch die Anfangs- und Schlußversammlung machen den Kindern in jeder solcher Verfügungsstunde bewußt, daß ihre individuellen Wünsche und deren Erfüllung Teil eines Gruppenprozesses sind, über den zu reden ihnen eine selbstverständliche Tradition geworden ist.

Einmal im Jahr haben sie Gelegenheit, die Qualität ihrer Zusammenarbeit unter Beweis zu stellen, und können die Erfahrung machen, daß es sich auch öffentlich auszahlen kann, diese hochzuhalten und immer wieder zu üben. Es gibt an der Laborschule einen jährlich stattfindenden Sport-Spiel-Tag anstelle der Bundes-Jugendspiele. Dabei geht es nicht um Einzel-, sondern um Gruppenleistungen; eine Stammgruppe aus Jahrgang 5 kann z.B. besser sein als alle "Großen", weil sie bei der Lösung der Aufgaben mehr Phantasie und vor allem bessere Zusammenarbeit gezeigt hat.

Aber auch in den normalen Sportstunden kommen oft Körpererfahrungen vor, die nicht nur ein individuelles Erlebnis vermitteln, sondern auch oder vor allem den Kontakt zu anderen. Die "Violetten" z.B. haben im 5. Schuljahr "Dschungeltänze" ausprobiert und im folgenden Jahr einen weiteren Tanzkurs gemacht. In einem Massage-Kurs haben sie gelernt, wie sie einander helfen können, Verspannungen zu lösen. Im Winter sind sie auf der Schlitten- und Schlittschuhbahn gewesen und haben im 5., 6. und 7. Schuljahr öfter zusammen die Sauna besucht.

Bei solchen Unternehmungen ist es natürlich von unschätzbarem Vorteil, wenn man anknüpfen kann an Erfahrungen, die den Kindern von klein auf vertraut sind. Wenn sie wie Geschwister aufgewachsen sind, als Fünfjährige schon zusammen in der "Ruhezeit" gelegen und bei jedem Schwimmbadbesuch zusammen geduscht haben, werden sie es auch in der Pubertät leichter miteinander haben, als es ohne diese Vertrautheit der Fall wäre. Natürlich ändert sich dann ihr Verhältnis zueinander; es ist nicht mehr selbstverständlich, zusammen zu duschen oder in die Sauna zu gehen, und natürlich gibt es unter Laborschülerinnen und

-schülern die üblichen pubertären Kontaktspiele und Tobereien. Aber man kann hier auch beobachten, wie Jungen und Mädchen einer Stammgruppe, wenn sie etwa im Unterricht im Versammlungskreis sitzen, sich wie selbstverständlich aneinanderlehnen oder -kuscheln. Ebenso selbstverständlich ist es für sie, daß Mädchen und Jungen bei Gruppenfahrten in einem Raum schlafen können; und den Erwachsenen bleibt jenes entwürdigende Auf-demFlur-Wache-Schieben erspart, das Lehrerinnen und Lehrern bekanntlich jeden Spaß an solchen Reisen verderben kann. Wenn es sich aber nicht vermeiden läßt, daß eine Laborschul-Gruppe sich den üblichen Regeln anpaßt (z.B. in Jugendherbergen), so entdecken auch diese Mädchen und Jungen erfahrungsgemäß sehr schnell, daß man einen spannenden Sport daraus machen kann, sie zu umgehen.

Doch zurück zum Sportunterricht. Dort werden natürlich auch die verschiedenen Sportarten gelernt, in Form von Kursen. Bei den "Violetten" waren es im 5. und 6. Schuljahr folgende: Ausdauerschulung (vgl. S.), Boden- und Geräteturnen, Schwimmen (Tauchen, Delphin, Brettsprünge, Staffel), Völkerball, Rückschlagspiele, Fußball, Leichtathletik, Wurfspiele, Hockey, Tennis.

Diese Kurse nehmen den größten Teil des Sportunterrichts ein. Daß aber Körpererfahrung mehr ist als das, was man auf diese Weise lernen kann, merken die Kinder vor allem dann, wenn er aussetzt, vielmehr zum gemeinsamen Erlebnis wird - sei es beim Reiten oder in der Sauna oder auf einem Fluß, wenn der Ernstfall des Kenterns eintritt und die jahrelang gelernte Gemeinschaft sich bewährt, aus der die Einzelnen Sicherheit und Vertrauen gewinnen.

Umgang mit Gedachtem, Gesprochenem, Geschriebenem / Mathematik, Sprache

Dieser Erfahrungsbereich hat sich im Alltag der Laborschule am weitesten von seiner ursprünglichen Konzeption weg-entwickelt. Mathematik- und Sprachunterricht waren zu sehr mit eigenen Problemen befaßt, die Lehrerinnen und Lehrer zu sehr ihren gelernten Fächern verbunden, als daß sie den Anspruch hätten einlösen können, die gedachte Gemeinsamkeit in pädagogische Wirklichkeit umzusetzen. Es gab also bald einen eigenen Erfahrungsbereich Sprache, und die Mathematik verselbständigte sich ihrerseits zu einem weiteren; darum gibt es heute sechs statt der ursprünglichen fünf Erfahrungsbereiche.

Die ursprünglich gemeinte Gemeinsamkeit beruhte darauf, daß Sprache und Mathematik nicht, wie die Gesellschafts- und Naturwissenschaft, auf bestimmte Gegenstands- und Sachbereiche gerichtet sind, sondern selbst *die* Erkenntnisformen und -mittel sind, die Wissenschaft überhaupt erst ermöglichen. Darum sollte es an der Laborschule zwar Fremdsprachenunterricht geben, aber Sprache als Instrument der Verständigung und des Denkens und ebenso die Mathematik sollten im Zusammenhang mit dem gelernt werden, wofür sie wichtig sind, und darum als "Fächer" nicht vorkommen.

An diesem Konzept eines *integrierten* Deutsch- und Mathematikunterrichts hält die Laborschule bis heute fest, wenn auch in veränderter Form. Es zeigte sich im Alltag bald, daß einige Gebiete zu kurz kommen, daß es vor allem an Übung fehlt, wenn Sprache, Literatur und Mathematik *nur* im Unterricht anderer Fächer vorkommen; außerdem hatten die Lehrerinnen und Lehrer vielfach Schwierigkeiten damit. Darum gilt jetzt eine Regelung, die zwar die Idee der Integration aufrecht erhält, den beiden Fächern aber auch Eigenständigkeit sichert.

Mathematik

Zu den "Prinzipien und Aufgaben des Mathematikunterrichts" heißt es im Strukturplan der Laborschule:

> Mathematik ist an der Laborschule sowohl Kulturtechnik als auch Bildungsmittel. Der Mathematikunterricht will die Schüler weder mit bloßem Alltagsrechnen ausstatten, dessen Anlässe durch den jedermann verfügbaren Kleincomputer ständig verringert werden, noch ihnen die für bestimmte Berufe und Studien nötigen mathematischen Kenntnisse mitgeben, deren Anspruch und Umfang sich - ebenfalls durch den Einsatz von Computern - vermutlich erhöhen. Der Mathematikunterricht an der Laborschule will die grundlegenden mathematischen Kenntnisse und Fertigkeiten vermitteln und legt darum "Mathematik als Bildungsgut" entsprechend einfach und praktisch aus. Er will der falschen Angst wie der falschen Ehrfurcht vor der Mathematik entgegenwirken. Er treibt Aufklärung und kann und soll gerade darin lustvoll sein.

Mathematikunterricht an der Laborschule kommt darum in zwei Formen vor: als eigenständiger Mathematikunterricht und als Mathematisierung innerhalb des übrigen Unterrichts. (Strukturplan S. 33)

Mit dieser Festlegung kam eine jahrelang geführte Diskussion zu einem vorläufigen Ende. Eltern hatten mehrere Male den Antrag gestellt, die Zahl der Mathematikstunden solle erhöht werden; sie waren der Meinung, das Konzept der Integration bewähre sich nicht. Die Befürworter sagten dagegen, das Konzept sei richtig, es fehle nur noch an genügend geeigneten Unterrichtseinheiten. Auch im Erfahrungsbereich Mathematik selbst gab es Meinungsverschiedenheiten in dieser Frage. Zwar waren die Lehrerinnen und Lehrer sich darüber einig, daß man Mathematik am besten lernt, wenn man sieht, daß und wofür man sie braucht. Umgekehrt kann es eine ärgerliche Unterbrechung bedeuten, wenn in einem größeren Vorhaben eine Mathematik-Phase zur Einführung und Übung bestimmter Rechentechniken "eingebaut" werden muß. Diese und andere Argumente und Gegenargumente - die wichtigsten sind übrigens im Anhang des Strukturplans wiedergegeben - waren so ausgewogen, daß schließlich mit allgemeiner Zustimmung die jetzt bestehende Kompromiß-Regelung beschlossen wurde.

Im Unterricht der Stufe III sieht das so aus, daß der Stundenplan für eine Stammgruppe jeweils zwei Stunden Mathematik ausweist. Das bedeutet aber nicht, daß diese für den "reinen" Mathematikunterricht reserviert sind im Gegensatz zum integrierten, der im übrigen Unterricht stattfindet. Vielmehr wird die Verteilung vom jeweiligen Jahrgangsteam von Fall zu Fall, genauer: für jedes Thema neu geregelt. Der Überblick über verschiedene Projekte und Unterrichtseinheiten im vorigen Abschnitt zeigt jeweils auch, wo und wieviel Mathematik "anfällt". Dann werden die Mathematikstunden, ebenso wie die der anderen beteiligten Erfahrungsbereiche, mit hineingenommen in die für das Unternehmen veranschlagte Gesamtzeit. Daß darin auch "reine" Übungsstunden vorkommen, widerspricht dem nicht.

Es liegt auf der Hand, daß dieses Integrationskonzept nur funktionieren kann, wenn die Lehrerinnen und Lehrer, die in einem Jahrgang unterrichten, eng zusammenarbeiten und die Gesamtplanung so anlegen, daß die Mathematik dabei nicht zu kurz kommt. Das ist nicht selbstverständlich, denn die Bereitschaft zu Mehrarbeit, die solches "team-teaching" erfordert, kann nicht einfach vorausgesetzt werden und klappt deshalb nicht immer gut. Hinzu kommt, daß viele Nicht-Mathematiker sich auch bei erhöhtem Arbeitseinsatz nicht einfach zutrauen, Mathematik "mit" zu unterrichten, und die (ohnehin wenigen) Lehrerinnen und Lehrer dieses Erfahrungsbereichs können unmöglich den Unterricht der anderen immer mitbetreuen. Das Gelingen der Integration hängt außerdem auch davon ab, ob es genügend geeignete Unterrichtseinheiten gibt. Die Die Entwicklung von Curricula, in denen Mathematik sinnvoll/nützlich zur Anwendung kommt, ist darum ein besonderer Arbeits- und Forschungsschwerpunkt der Laborschule. Die Übersicht im vorigen Abschnitt zeigt, daß und wie solche Integration in ganz unterschiedlichen Zusammenhängen möglich ist. [13]

Sprache

Diese Bezeichnung für einen Erfahrungsbereich könnte, ähnlich wie der Begriff "Naturwissenschaft", Befremden auslösen: Warum der Singular, wenn es doch um Sprachen geht, um Deutsch, Englisch, Latein und Französisch?

Wiederum meint der Begriff zugleich einen pädagogischen Anspruch, eben den, in der Vielheit der Sprachen zugleich eine Einheit erkennbar und erfahrbar zu machen. In gewisser Weise liegt dieser Erfahrungsbereich also quer zu den anderen, weil es die Sprachen ja immer schon gibt; Stufung kann hier also unmöglich bedeuten, daß sie sich, wie etwa die Naturwissenschaften, am Ende des Lernwegs als Fächer erst ergeben. Vielmehr setzt die Einheit, "Sprache", eine höhere Abstraktionsstufe voraus als das Sprechen von Sprachen. Beide Lernprozesse sollen parallel verlaufen. Ihre gegenläufige Bewegung erzeugt ein Spannungsfeld, in dem dieser Erfahrungsbereich angesiedelt ist. Stufung vollzieht sich in ihm also als zunehmend bewußter Umgang mit "Sprache" einerseits, mit Sprachen andererseits. Dies geschieht in mehreren Stufen der Abstraktion, die im Strukturplan wie folgt dargestellt sind:

Stufe I: Verschriftlichung der Sprache

Stufe II: Frühbeginn Englisch / spielende Verdoppelung der Sprachwelt / Sprechhandeln / Aktivierung der Sprech- und Hörorgane für neue Laute

170

Schreiben als Erweiterung der eigenen Ausdrucks-
möglichkeit

Lesen als Erweiterung der eigenen Erfahrungsmög-
lichkeit

Stufe III: Einführung in die Grammatik als Mittel der Sprach-
beschreibung und des Sprachvergleichs / das Verstehen der Sprachlogik, des Satzbaus

Angebot einer zweiten Fremdsprache in unterschiedlicher Absicht und mit unterschiedlicher Wirkung:

- Latein: bewußte Verfremdung der Sprach- und
Denkformen

- Französisch: bewußtes Eindringen in eine andere
Sprach- und Denkkultur

Schreiben und Lesen als Mittel der Verständigung
und des persönlichen Ausdrucks

Literatur vorwiegend als Erlebnisquelle

Stufe IV: Literatur zunehmend auch als Erkenntnisquelle, als
Modell / Spiegel / Verdichtung des Lebens

Sinnfiguren der Literatur als Verständigungsmittel

Formen des Schreibens als Formen der Kultur

Einübung in und Auseinandersetzung mit diesen
Formen Vorbereitung auf die Anforderungen der
weiterführenden Einrichtungen

(Strukturplan der Laborschule, S. 28/29)

Diese Übersicht zeigt zugleich, welche Aufgaben innerhalb des
gesamten Lernwegs dem Erfahrungsbereich Sprache in der Stufe
III zufallen. Es gilt, die erste Fremdsprache Englisch weiter- und
die zweite einzuführen und, anknüpfend an die Fremdsprachen
und zugleich unabhängig von ihnen, zunehmend bewußtzumachen,
wie das Instrument "Sprache"funktioniert und wie unterschiedliche
Spielarten es zuläßt. "Deutsch" hat dabei eine ähnliche Doppelna-
tur wie Mathematik: Es wird als eigenständiges "Fach" auf dem
Stundenplan ausgewiesen und zugleich als Sprach- und Literatur
unterricht in den Unterricht anderer Erfahrungsbereiche integriert.

Weil diese Aufgaben sehr verschiedenartig sind, sollen sie jeweils
gesondert anhand von Unterrichtsbeispielen dargestellt werden.

Die folgenden Abschnitte konzentrieren sich, nachdem bisher überwiegend von Erfahrungslernen, von Anschauung und Erlebnis die Rede war, auf Lern-Arbeit, die Verstehen, Abstraktion, begriffliches Denken anstrebt. Daß dies nicht im Widerspruch zu Erfahrung steht, sondern im Gegenteil aus ihr erst Erkenntnis zu gewinnen erlaubt, muß hier nicht noch einmal begründet werden. An den Beispielen soll zugleich sichtbar werden, wie die Laborschule mit den traditionellen und als "hart" geltenden Schulfächern umgeht, wie sie versucht, deren Anspruch stattzugeben, und das so zu tun, daß daraus zugleich ein Kernstück ihrer Pädagogik

4.4 Warum zeigt das Lot nach unten?

Eine Unterrichtseinheit im 7. Schuljahr

Als diese Frage zum erstenmal auftauchte, waren die "Violetten" mit dem Bau des Labyrinths beschäftigt. Es ging darum, wie man eine Mauer so baut, daß sie gerade ist. "Gerade", das hatten sie gelernt, bedeutet dreierlei: waagerecht, senkrecht und in der Flucht; es gibt, um das zu gewährleisten, unterschiedliche Hilfsmittel: Wasserwaage, Lot und Richtschnur. Alle drei sind einfach, verstehen sich von selbst: die Richtschnur wird von Ecke zu Ecke gespannt, die Wasserwaage funktioniert mit Hilfe einer Luftblase, und das Lot zeigt nach unten, weil es das ja "muß".

Irgendwann in dieser Zeit sagte jemand: Wenn wir das Labyrinth in Australien bauen würden, dann würden wir jetzt mit den Köpfen nach unten mauern und es nicht einmal merken. Sie sprachen im Unterricht darüber, holten einen Globus und stellten sich vor, auf dem Nordpol, dem Südpol und zwei einander genau gegenüberliegenden Orten auf dem Äquator wäre je ein Labyrinth - dann würde das Lot jeweils nach "unten" zeigen, aber in vier verschiedene Richtungen. Es war klar: nach "unten" heißt: zur Erde hin, genauer: zum Erdmittelpunkt. Aber warum? Daß dies gar nicht selbstverständlich ist, sondern vielmehr sehr merkwürdig, wurde bei diesem Gespräch allen bewußt.

So kam es, daß die Frage zum Thema einer Unterrichtseinheit wurde. Jetzt, nach Abschluß der Maurer-Arbeiten, steht sie auf dem Programm des Unterrichts in Naturwissenschaft und Mathematik und leitet einen viele Stunden dauernden, langsamen, oft mühsamen Prozeß des Verstehens ein.

Ausgangspunkt ist das, was alle wissen: Es ist das Gewicht, das das Lot in Richtung Erdmittelpunkt zieht, eine Kraft also, die darum ab jetzt Gewichtskraft genannt werden soll. Klar ist auch, daß das Lot sein Aussehen, seine Größe nicht verändert, an welchem Punkt der Erdoberfläche es auch sein mag. "Größe" soll jetzt ebenfalls genauer benannt werden: Es ist die Masse, die gleich bleibt, auch dann, wenn sich z.B. der Körper durch irgendeinen Zufall verformen würde.

Ob sie meinten, daß auch die Gewichtskraft überall gleich groß sei, fragt der Lehrer. Erste Reaktion: Ja. Aber sogleich widerspricht jemand: "Natürlich nicht! Im Weltraum ist ja die Schwerelosigkeit, also da wiegen die Astronauten gar nichts." Da alle schon gesehen haben, wie diese in ihrem Raumschiff in der Luft herumrudern, kann das nicht bezweifelt werden. Als vorläufiges Ergebnis wird nun also festgehalten: Die Masse eines Körpers bleibt gleich, die Gewichtskraft ist an verschiedenen Orten verschieden.

Aber ein Junge hat dagegen einen Einwand. Die Masse bleibe *nicht* gleich, sagt er, denn wenn durch irgendeinen Unglücksfall der Astronaut ungeschützt in den Weltraum gerate, dann müßten, wegen des notwendigen Druckausgleichs, sofort die Lungen platzen. Dann habe sich die Masse doch wohl verändert. Das löst eine heftige Diskussion aus, an deren Ende die Erkenntnis steht: Das was gleich bleibt und hier "Masse" genannt wird, hat nichts mit der Unversehrtheit des Körpers zu tun. Selbst wenn die Katastrophe noch größer wäre, das Raumschiff etwa mit einem Meteoriten zusammenstieße und mitsamt seinen Astronauten in viele Teile zerrissen würde - die Masse bliebe gleich. Die Versuchung ist groß, sich die Szene weiter auszumalen, mit einsam durch das Universum rasenden Augen, Köpfen, Armen. Aber das Problem holt die Gruselphantasie zurück. "Irgendwie" leuchtet es ein, daß die Masse gleich bleibt. Der Lehrer erinnert an frühere Versuche mit einer Kerze: Sie brennt ab, aber sie löst sich nicht in Nichts auf. Nun ist der Begriff "Masse", der so klar schien, plötzlich schwierig geworden; die Anschauung, die man damit verband, erweist sich als trügerisch, und hinter dem Wort tauchen nun Fragen und Unklarheiten auf, die es normalerweise verdeckt.

Aber hier geht es ja um das Lot, das weder zerrissen noch verbrannt wird, dessen Masse also unbestritten gleich bleibt und zum Erdmittelpunkt zeigt. Die Rückkehr zur Leitfrage ist zugleich Anlaß für einen neuen Denkanstoß. Ob sie eine Vermutung hätten, fragt der Lehrer, warum die Gewichtskraft an unterschiedlichen Orten verschieden sei. Aus dem "Wissen" über Satelliten, Weltraum usw. wird als vorläufige Antwort abgeleitet: Je weiter ein Körper sich von der Erde entfernt, desto geringer wird die Gewichtskraft; und sie wird umgekehrt umso größer, je näher er der Erde kommt.

Die folgende Frage sollen alle zunächst für sich überlegen und eine Vermutung dazu notieren, damit man anschließend darüber diskutieren kann: Angenommen, ein Körper befände sich *innerhalb* der Erde, etwa in 1000 m Tiefe oder einer beliebigen anderen - wird die Gewichtskraft, die auf ihn wirkt, dann kleiner oder größer, oder bleibt sie gleich? Die Vermutungen sind unterschiedlich; alle drei Möglichkeiten werden genannt und sollen nun begründet werden. Dabei zeigt sich, wie schwer das ist, und daß sich auch hinter dem geläufigen Alltagswort "Gewicht" Rätsel und Unklarheiten verbergen. Die einen haben die vorangehenden Denkschritte offensichtlich nicht wirklich vollzogen. Sie glauben, das Gewicht sei so etwas wie die Größe bei einem ausgewachsenen Menschen; irgendwann hat man sie erreicht, und dann bleibt sie gleich: "Wenn der Körper erstmal auf der Erde ist und sein richtiges Gewicht hat, dann muß das doch so bleiben!" Die anderen glauben offensichtlich an eine Art Automatik: "Wenn er der Erde immer näher kommt und das Gewicht dann immer größer wird, dann muß das doch in der Erde so weitergehen!" Eine Gruppe, die sich zusammengetan und die Vermutung aufgeschrieben hat, die Gewichtskraft nehme mit zunehmender Nähe zum Erdmittelpunkt ab, widerspricht entschieden: "Ihr tut ja so, als wäre da so 'n Supermagnet eingebaut, aber das stimmt ja nicht, das ist ja nur ein ganz normaler Punkt!" Jemand schlägt ein Gedankenexperiment zur Begründung der Vermutung vor: "Stellt euch mal vor, man würde einen riesigen Tunnel mitten durch die Erde bohren und dann einen Stein, der so groß ist, daß er gerade nicht anstößt, von einem möglichst hoch fliegenden Flugzeug aus hineinfallen lassen - was würde passieren?" Den Einwand, das sei ja unmöglich, der Tunnel würde verglühen mitsamt dem Stein, läßt er nicht gelten: "Wir können uns das doch mal vorstellen." Seine Idee erweist sich als hilfreich. Allen leuchtet am Ende ein, was sich nun im Gespräch langsam klärt: Der Stein würde über den Erdmittelpunkt hinausfallen, vielleicht am anderen Ende wieder herauskommen, dann aber wieder zurück- und noch einige Male hin- und herfallen, wie ein Pendel, und irgendwann im Mittelpunkt zur Ruhe kommen, obwohl dort "nichts" ist, schon gar kein eingebauter Magnet. Die Gewichtskraft ist aufgehoben, weil sie von allen Seiten gleich stark wirkt; und was da wirkt, ist einfach die Masse selbst, die Masse der Erde.

Warum das so ist, erscheint allerdings jetzt erst recht rätselhaft. Ist die Anziehungskraft eine Besonderheit der Erde? Alle "wissen", daß das nicht so ist, daß auch der Mond sie hat, nur weniger, weil er kleiner ist; darum können die Astronauten mit ihrer schweren Raumausrüstung dort herumhüpfen wie Känguruhs. Die Frage, wie man diese Gesetzmäßigkeit formulieren könne, führt zu dem vorläufigen Ergebnis: Alle Massen ziehen sich an, umso mehr, je größer sie sind; mit zunehmender Entfernung nimmt diese Kraft ab.

Der Lehrer erzählt von Newton, dem herabfallenden Apfel und der plötzlichen Eingebung, die dies in ihm ausgelöst habe: Nicht nur die Erde ziehe den Apfel an, sondern auch der Apfel die Erde.

"Dann müßten wir uns ja auch alle gegenseitig anziehen", sagt jemand. Der Lehrer bestätigt das; und obwohl sie doch soeben das Gesetz dazu genannt haben, löst diese Vorstellung Verblüffung und Heiterkeit aus. "Stellt euch mal vor, ihr trefft den Tommi auf der Straße, und dann müßt ihr auf ihn zustürzen, ob ihr wollt oder nicht, und dann..." (Tommi ist ein dicklicher Junge, der eben darum einigen Spott zu leiden hat). Der Lehrer fragt, warum es denn nicht so sei. "Weil die Erde viel größer ist, da merkt man es nicht."

Newton habe das Gesetz von der Anziehungskraft der Massen als Hypothese formuliert, erfahren die Kinder; den Nachweis habe er selbst nicht erbringen können. Das sei auch auf der Erde sehr schwierig und erst Anfang des vorigen Jahrhunderts gelungen. Ob sie eine Idee für ein solches Experiment hätten?

Nach einiger Beratungs- und Denkzeit meldet sich eine Gruppe zu Wort. Ihr Vorschlag: Man nehme den größten Hubschrauber, den es gibt, und belade ihn mit der größten Last, die er tragen kann. Dann installiere man auf der Erdoberfläche eine sehr feine Federwaage, belaste sie mit einer sehr kleinen Masse (etwa 1 g) und lasse den Hubschrauber darüber fliegen. Der Lehrer lobt den Einfall und berichtet dann vom Experiment des englischen Chemikers Henry Cavendish, durchgeführt zu einer Zeit, in der es bekanntlich noch keine Hubschrauber gab. Ein einfaches Modell macht den Kindern die Vorrichtung klar: zwei seitlich gegeneinander bewegliche Kugeln, deren Bewegung durch einen Lichtstrahl projiziert und darum auch in Bruchteilen sichtbar wird. Die Einfachheit des Gedankens, vor allem der "Trick", Lichtstrahlen als "Anzeiger" zur Hilfe zu nehmen, löst echte Bewunderung aus.

Aber die Leitfrage, warum das Lot zum Erdmittelpunkt zeigt, ist mit alldem noch nicht beantwortet. Bevor sie in den nächsten Stunden wieder aufgegriffen wird, haben die "Violetten" verschiedene Experimente mit Lasten, Federwaagen, Seilen durchgeführt und dabei herausgefunden: Wenn zwei gleich Starke in dieselbe Richtung an einem Seil ziehen, an dem die Last befestigt ist, so verdoppelt sich die Kraft, die auf diese wirkt. Ziehen zugleich zwei andere an einem zweiten Seil in die entgegengesetzte Richtung, so heben die Kräfte sich auf. Ziehen die beiden Seilschaften hingegen so, daß die Seile einen Winkel von weniger als 180° bilden, so bewegt sich die Last "etwas", d.h. verschieden weit und in unterschiedliche Richtungen.

Wie dieses "Etwas" zu berechnen sei, war nun die nächste Frage. Sie führte zur "Entdeckung" des Kräfte-Parallelogramms, mit dessen Hilfe die wirkende Kraft als Resultierende dargestellt werden kann, und diese Kenntnis wiederum hilft nun zu verstehen, warum man annehmen muß, daß das Lot zum Erdmittelpunkt zeigt. Die Erde wird, in vereinfachter Darstellung, als Kreis gezeichnet, das Lot als ein Punkt auf seinem Umfang markiert, und die Gewichtskraft erscheint als eine Vielzahl von "Seilschaften", die alle in verschiedene Richtungen am Lot ziehen; die punktierten Linien deuten an, daß es Masseteilchen sind, die da "ziehen". Zu jeder "Seilschaft", die in einem bestimmten Winkel zieht, gibt es eine andere, die im gleichen Winkel zur anderen Seite zieht. Das wird an mehreren Zeichnungen erprobt, bis allen ganz einleuchtet: Als Resultierende ergibt sich, welchen Winkel man auch annimmt, jedesmal die Kraft, die in Richtung Mittelpunkt der Erde zieht - immer vorausgesetzt, diese sei eine Kugel.

Die hier beschriebenen Stationen auf dem Weg zu dieser Erkenntnis lassen vielleicht nicht erkennen, wie groß bisweilen die Entfernung zwischen ihnen und wie verschlungen die Denkpfade waren, die zur jeweils nächsten Stufe führten. Die Mädchen und Jungen hatten dabei keine Anleitung außer Arbeitsblättern, die in knapper Form das Ergebnis der jeweils vorausgehenden Arbeitsphase festhielten sowie Informationen und Anregungen für das weitere Vorgehen bereitstellten. Der Lehrer, Dieter S., hat auf diese Weise eine neue Unterrichtseinheit zum Thema "Alles im Lot?" zusammengestellt. Ihm kam es dabei auf zwei Grundsätze an, denen er sich in seinem Unterricht verpflichtet fühlt: Das Lernen soll an der unmittelbaren Erfahrung der Jugendlichen ansetzen, und: die Mathematik soll an den Gegenständen des Denkens "entdeckt" und nicht ihnen nachträglich übergestülpt werden. Darum hat er bewußt in Kauf genommen, daß z.B. die Berechnung von Kräften, die üblicherweise erst in höheren Schuljahren "dran" ist, in diesem Zusammenhang eingeführt wurde, und ebenso, daß viele Fragen, die zwischendurch aufgetaucht sind, nicht gelöst wurden; ja, es war auch Ziel dieses Unterrichts, die Erfahrung zu machen, daß scheinbar selbstverständliche Dinge sich als unverstanden, geläufige Sätze und Wörter sich als Gerede erweisen können, hinter dem nur Scheinwissen steckt.

Martin Wagenschein nennt dies "verdunkelndes Wissen" und hat in einem gleichnamigen Aufsatz am Beispiel der Mondsichel eindrücklich beschrieben, was er damit meint:

> Der moderne Mensch hat hier also oft gerade das verlernt, was die Naturwissenschaft ihn hätte lehren können: einer Sache gewahr werden, beobachten. Bedenklicher noch: statt zu wissen, was er sehen könnte, wenn er gelernt hätte hinzusehen, hat er leere Sätze bereit... Er hat es durch sogenanntes Lernen verlernt.

> Gewiß also bedeutet dieses Kuriosum eine Bildungsfinsternis: ein leeres Gerede, eine Papiereule, hat sich vor den Mond gehockt und statt eines Wissens synthetische Torheit beschert." (Wagenschein 1989 S. 62 f.)

Seine Schlußfolgerung für den naturwissenschaftlichen Unterricht lautet:

> "Immer mehr wird in dem kommenden naturwissenschaftlichen Zeitalter die Schule es als eine ihrer vornehmsten Aufgaben erkennen müssen, nicht nur - wie früher - Kenntnisse zu vermitteln, sondern auch publikgewordene Scheinkenntnisse aufzulösen in das, was sie sind: in Nichts. Bildung äußert sich als Unterscheidungskraft zwischen Verstandenem und Unverstandenem." (S. 71)

Die Tendenz scheint heute eher gegenläufig zu sein: immer mehr Menschen "wissen" immer mehr. Kinder haben wissenschaftliche Ergebnisse im Kopf. Aber wie verhält sich das zu *ihren* Vorstellungen und Erlebnissen?

Dazu eine Anekdote aus dem Unterricht einer Gruppe des Jahrgangs 5, Laborschule, Thema "Entstehung und Entwicklung des Lebens". Die Lehrerin möchte herausfinden, welche Vorstellungen die Kinder haben. Wie das alles einmal angefangen haben könnte, fragt sie, oder ob sie meinten, die Welt sei ewig schon so da. Die Kinder winken ab: "Wissen wir. Urknall. Hatten wir schon im Dritten." Sie sprechen über Zeiträume, darüber, daß 100 Jahre im Alter der Welt nur wie Sekunden seien; die Lehrerin erzählt von Menschen, die früher hier gelebt haben, und von deren Geschichten über die Entstehung der Welt: vom Riesen Ymir, den eine Kuh aus dem Eis leckte, und dem Zweikampf, in dem er getötet wurde, wie der Sieger aus seinem Leib die Erde formte, sein Blut zu Flüssen, Seen und Meeren werden ließ und wie er dann vier Zwergen, die er ebenfalls besiegt hatte, die Last des Himmelsgewölbes auferlegte, die sie seither tragen müssen. Die Kinder: "Wie heißen die Zwerge?" "Sind die da noch?" "Dürfen die nie schlafen?" usw. usw.

Diese Kinder denken offensichtlich in Mythen, "dürfen" das aber nicht, weil sie schon "wissen", daß sie falsch sind. Und später, wenn das rationale Denken das mythische ablöst, werden sie erst recht überwältigt von dem, was "die Wissenschaft festgestellt" hat So kann diese selbst zum Mythos werden, besser gesagt, zur unkritisch übernommenen Ideologie; das ist das, was Hartmut von Hentig "die Flucht vor dem Denken in das Wissen" genannt hat. Dagegen setzt er das Verstehen, das "Entdecken" der Wissenschaft anstelle der "einfachen" Übernahme ihrer Ergebnisse.

Das hier beschriebene Beispiel sollte zeigen, wie mühsam, aber auch wie aufregend solches Verstehen sein kann. Es wird niemanden wundern, daß nicht alle Kinder bereit sind, solche Mühe auf sich zu nehmen, zumal in einer Schule, die ja keinerlei "Auslese" kennt. Bei den "Violetten" ist das nicht anders. Ein Junge, der bis dahin nichts gesagt hatte, kriegte einmal die große Wut. Als der Lehrer erzählte, wie Wissenschaftler, die die Hypothese vom Abnehmen der Gewichtskraft im Erdinnern überprüfen wollten, dazu Messungen in stillgelegten Gruben durchführten und zu ihrem Erstaunen höhere Werte maßen als an der Erdoberfläche, schimpfte er los: Er sei es nun, verdammt noch mal, leid; der Lehrer solle endlich mal sagen, was Sache sei; dieses Hin und Her, das halte ja keiner aus; er solle jetzt das richtige Ergebnis an die

Tafel schreiben, damit man es dann abschreiben könne. Sein Nachbar, bis dahin ebenfalls ein stummer Teilnehmer, sagte seinem Lehrer, treuherzig und ohne Schonung: "Weißt du was, Dieter? Du nervst langsam mit deinen Masseteilchen." Und der andere, in dessen Seele noch ein Restzorn steckte, grummelte: "Echt, ey!"

Es wäre noch zu berichten, wie die "Wissenschaftler" an dem Problem herumdachten, den Widerspruch gelöst wissen wollten, wie aber auch die Klügsten unter ihnen keine weiterführenden Ideen oder Vermutungen hatten und in ihrer Ratlosigkeit den Lehrer nach der richtigen Erklärung fragten. Der erklärte, die Materie der Erde sei von unterschiedlicher Dichte und diese in der Nähe der Oberfläche geringer als im Kern. Deswegen nehme die Gewichtskraft, entgegen der Theorie, zunächst zu. Er sprach von Atomen und demonstrierte an einem Tennisball, der den Atomkern vorstellte, die Entfernung zwischen diesem und den ihn umkreisenden Elektronen; die wären dann etwa 3 km entfernt, so weit also, wie von hier zur Stapenhorststraße. Da meldete sich ein Junge: Das sei unmöglich, denn wenn sie den Kern in allen Richtungen umkreisen, dann müßten sie auch durch die Erde gehen, und da kämen sie ja nicht durch.

Nicht alle würden wohl das Atommodell so naiv mißverstehen wie dieser Junge; trotzdem scheint diese Geschichte wiederum für Martin Wagenschein zu sprechen, der entschieden dafür plädiert, nur das im Unterricht zu behandeln, was Kinder und Jugendliche wirklich verstehen können. Gerade das Atommodell gehört für ihn nicht dazu, weil es von falscher Einfachheit sei und darum nicht Verstehen, sondern Scheinwissen fördere.

Nach ihm ließe sich die Naturwissenschaft aufbauen auf wenigen Pfeilern des Verstehens, die es in der Schule zu legen gilt. Sie können entstehen, wenn man nur einer Frage in Ruhe nachgeht, noch dazu einer so einfachen wie der, warum das Lot nach "unten" zeigt.

4.5 Etwas anderes als "Deutsch"

Sprache und Literatur im Alltag der Stufe III

Szene aus einer Versammlung, Jahrgang 5.

Die Kinder reden erregt aufeinander ein. Drei Jungen werden von anderen empört beschimpft: "Ihr seid gemein! Ihr seid schuld, ihr habt ihn so geärgert, daß er jetzt abgehauen ist!" Die Beschuldigten schimpfen lautstark zurück: "Na und? Soll er doch abhauen! *Der* ist schuld, der hat uns geärgert, und das lassen wir uns nicht gefallen!"

Der Lehrer sagt nichts, hört erst einmal zu. Erst als die Beteiligten sich etwas beruhigt haben, fordert er sie auf, sich hinzusetzen; jemand, der das Ganze miterlebt habe und in der Lage sei, ruhig und der Reihe nach zu berichten, solle das jetzt tun; sie könnten dann dazu Stellung nehmen.

So klärt sich der Sachverhalt. Es geht um Erik, einen Jungen, der aus Korea stammt, als elternloser Säugling von einem deutschen Ehepaar adoptiert wurde und nun seit Anfang dieses Schuljahres in der Laborschule und in dieser Gruppe ist. Eigentlich hat er sich gut eingelebt, aber seit einiger Zeit gibt es ständige Reibereien zwischen ihm und einer Clique von drei Jungen. Schon einmal gab es eine dramatische Zuspitzung. Erik fehlte eines Tages, sein Vater rief den Lehrer an und erzählte ihm, die drei Jungen hätten gedroht, sie würden Erik nach der Schule auflauern und ihn verprügeln. Die behaupteten später in der Versammlung, das sei nur Spaß gewesen. Daß es ein schlechter Spaß war, wurde ihnen nicht nur von ihrem Lehrer in aller Deutlichkeit gesagt; auch die übrigen Kinder fanden das.

Heute also hat sich der Konflikt erneut zugespitzt. Die drei haben Erik geärgert, "nur so", er hat gesagt: "Hört auf, ihr Penner!", einer hat ihm gedroht: "Sag das nochmal, Korea!", daraufhin hat Erik zugeschlagen, der andere hat zurückgeschlagen, dann ist Erik weinend weggelaufen, und die anderen haben ihm nachgerufen: "Fahr doch nach Hause, Korea!"

Der Lehrer vermutet, daß Erik nicht zur Bushaltestelle gegangen ist, sondern irgendwo draußen sitzt. Sein Freund und Tischnachbar bietet sich an, ihn zu suchen. Er möge dann bei ihm bleiben und ihn beruhigen, sagt der Lehrer; sie sollten erst wiederkommen, wenn es Erik besser gehe. Die Versammlung wird abgebrochen, die Kinder gehen an ihre Arbeit, stumm und bedrückt.

Später kommen die beiden Jungen zurück. Der Lehrer fragt Erik, ob er gleich über die Sache reden möge, aber der sagt: "Lieber morgen."

So wird das Thema am folgenden Tag erneut Gegenstand einer Versammlung, die diesmal vom Lehrer eingeleitet wird. "Ihr wißt alle, was gestern passiert ist, und warum wir darüber reden müssen." Wenig später ist eine immer noch sehr erregte Diskussion im Gange. Die drei Jungen werden beschuldigt und stellen sich stur. "Der hat 'Penner' zu uns gesagt, wir lassen uns nicht von dem beschimpfen." Das sei doch für sie gar kein Schimpfwort, wird ihnen vorgehalten, das sagten sie jeden Tag 'zig mal, sogar untereinander. Na und? Das sei ihre Sache; wenn Erik das aber zu ihnen sage, sei es ein Schimpfwort. "Und ihr sollt nicht immer 'Korea' zu mir sagen, ihr wißt das ganz genau und macht es extra." "Was ist denn dabei? Korea ist ein Land und kein Schimpfwort. Wenn ich zu Heiko 'Italien' sage, haut der ja auch nicht gleich ab und heult." Das löst einen Hagel an Kritik aus; die übrigen Kinder lassen die Ausrede nicht gelten und finden die drei Jungen gemein. Der Lehrer schaltet sich ein: Er hätte gern die Meinung der Gruppe darüber, ob "Korea" ein Schimpfwort sei oder nicht. Nach kurzer Diskussion faßt jemand zusammen:"Normalerweise nicht. Aber so, wie *die* das zu *dem* sagen, ist es ein Schimpfwort." Alle haben das Bild vor Augen: Die drei grinsen einander vielsagend an, verdrehen die Augen in einer bestimmten Weise und sagen im Chor "Korea!" - sie wissen, daß sie Erik damit zur Weißglut bringen können. Ob sie denn "Penner" für ein Schimpfwort hielten, fragt der Lehrer. Die Kinder: Eigentlich ja, aber das merke man schon fast nicht mehr. "Und wenn ich das zu euch sagen würde?" Ja, dann sei das anders. Der Lehrer verabredet mit einem der Jungen, das einmal zu spielen; er solle ihm eine ganz normale Frage im "Unterricht" stellen. So entsteht folgender Dialog:

Der Junge:	"Du, Hans!"
Der Lehrer:	"Was willst du?"
Der Junge:	"Ich hab' das nicht verstanden."
Der Lehrer:	"Laß mich in Ruhe!"
Der Junge:	"Aber ich komme nicht weiter, erklär' mir das doch mal bitte!"
Der Lehrer:	"Verpiß dich, du Penner, oder ich hau dir eins in die Fresse!"

Heiterkeit, gemischt mit Empörung. Einige Kinder finden es sichtlich auch im Spiel unpassend, wenn Lehrer so reden.

Diese Szene hat, wie man sieht, nichts mit Unterricht zu tun. Wollte man sie irgendwie einordnen, dann wohl unter "Umgang von Menschen mit Menschen". Kein Kind würde auf die Idee kommen, dies habe etwas mit "Deutsch" zu tun. Das Thema Schimpfwörter fasziniert sie, auch unabhängig von dem Konflikt, der dafür Anlaß war. Jemand schlägt vor, eine Sammlung anzulegen. Der Lehrer läßt sich darauf ein. In den nächsten Tagen kommt sehr viel zusammen; die drei Jungen bringen es zu "Spitzenleistungen" und lesen mit Genuß die atemberaubendsten Kraftausdrücke vor. Aber das ist nur noch Spiel. Sie sprechen auch darüber, welche Wörter "im Ernst" schlimm sind. Am Beispiel "Korea" haben alle erlebt, wie ein harmloses Wort verletzen kann, und daß das nicht vom Wort abhängt, sondern davon, wer es in welcher Situation zu wem sagt - und wie.

"Sprache sollte immer im Zusammenhang mit dem gelernt werden, wofür sie wichtig ist" - dieser (leicht abgewandelte) Satz aus dem Strukturplan (S. 32) und die geschilderte Szene aus einer Versammlung machen zusammen vielleicht verständlich, warum es ursprünglich an der Laborschule gar kein Fach "Deutsch" geben sollte: Weil jeder Unterricht auf Sprache angewiesen ist, weil wir alle von ihr abhängen, weil Sprache die Voraussetzung und das Medium nicht nur allen Denkens, sondern auch auch allen menschlichen Zusammenlebens ist, sollte sie nicht in ein "Schulfach" gestopft werden, sollten alle Lehrerinnen und Lehrer für

Spracherziehung zuständig sein und nicht nur die mit "Deutsch-Kompetenz". Und ebenso sollte Literatur als Erlebnis- und Erkenntnisquelle bei allen sich bietenden Anlässen im Unterricht vorkommen und nicht auf wenige Stunden eines für sie "zuständigen" Fachs beschränkt bleiben.

Es wurde im Zusammenhang mit der Mathematik schon gesagt, daß und warum dieses Konzept einer völligen Integration sich so nicht durchgesetzt hat. Nicht alle fühlten sich in der Lage, Sprache und Literatur immer "mit" zu unterrichten, es war schwer, einen Überblick darüber zu haben, was eine Gruppe auf diese Weise lernte. es fehlte an Übung, und einige Bereiche kamen zu kurz. vor allem die Literatur. Also beschloß man, ebenso wie für Mathematik, im Wochen-Stundenplan jeder Stammgruppe von Jahrgang 5 - 10 zwei Stunden für Deutsch zu reservieren.

Als diese Regelung eingeführt wurde, fürchteten die Deutschlehrer, die Fachlehrer würden sich nun nicht mehr für das Üben verantwortlich fühlen und es könnte dieser Deutschunterricht zu einem reinen Rechtschreibungs- und Grammatikkurs verkümmern. Sie suchten darum die Zusammenarbeit und ständige Absprache mit den beiden Erfahrungsbereichen, die ihrer Natur nach die meisten Integrationsmöglichkeiten für Sprache und Literatur bieten: "Soziale Studien" und "Wahrnehmen und Gestalten".

Im Laufe der Jahre hat sich nun folgende Praxis eingespielt: Deutsch wird, ebenso wie der gesamte Unterricht, vom jeweiligen Jahrgangsteam geplant. Kein Lehrer unterrichtet in einer Stammgruppe nur Deutsch, sondern mindestens auch einen der anderen Erfahrungsbereiche; insbesondere Deutsch und "Sowi" liegen, wenn irgend möglich, in einer Hand. Das führt zwangsläufig zu einem gewissen Maß an fachfremdem Unterricht, der dadurch aufgefangen wird, daß die verschiedenen Kompetenzen im Team vertreten sind, daß also ein Deutsch- oder "Sowi"lehrer in der Regel einen Teil der Unterrichtsvorbereitung für die fachfremd unterrichtenden Kollegen mit übernimmt, z.B. Arbeitsblätter herstellt.

Das Fazit sieht also so aus: Ein Teil dessen, was üblicherweise dem Deutschunterricht zufällt, ist an dieser Schule in den Unterricht anderer Erfahrungsbereiche integriert. Daneben gibt es einen Anteil an Übung und Systematik, der aber, ähnlich wie in der Mathematik, nicht mit den zwei ausgewiesenen Deutschstunden zusammenfallen soll und muß. Ein weiterer, vielleicht der wichtigste Teil findet überhaupt nicht im Unterricht statt, sondern ist "abgegeben" an das tägliche Zusammenleben und an den Lernort Bibliothek.

In den "Beschreibungen des Unterrichts", die die Eltern nach jedem Halbjahr bekommen, wird ihnen mitgeteilt, was auf diese Weise in Deutsch vorgekommen ist und wie es sich verteilt. Hier ein Ausschnitt aus einer solchen Beschreibung (Jahrgang 7), in dem es um das geht, was *nicht* im eigentlichen Deutschunterricht vorgekommen ist:

Deutsch war in diesem Halbjahr zum überwiegenden Teil in den Projektunterricht integriert.

Die schulöffentliche Diskussion über das Pro und Contra von Skireisen in die Alpen bot einen ersten Anlaß zum Erarbeiten einer zusammenhängenden Argumentation als Vorbereitung zu einer Eltern-Schüler-Lehrer-Debatte über dieses Thema. Dies hatte noch keinen systematischen Charakter; es ging lediglich darum, Meinungs- und Gefühlsäußerungen von Argumenten zu unterscheiden und vor allem darum, den eigenen Standpunkt nicht absolut zu setzen, sondern auch mögliche Gegenargumente zu verstehen und ernstzunehmen.

Viele Anlässe zur Beschäftigung mit sprachlich-literarischen Themen bot auch die römische Geschichte. An einigen Bereichen (z.B. Zahlen, Kalender, Rechtsprechung) wurde durch Sammeln von Beispielen deutlich, wie sehr unsere Sprache durch Fremdwörter lateinischer Herkunft geprägt ist. Auf die im vorigen Halbjahr begonnene "Erforschung" von Vor- und Nachnamen kamen wir in diesem Zusammenhang zurück (durch Sammeln von Namen römischen Ursprungs). An der Unterscheidung einiger Lehn- und Fremdwörter wurde deutlich, daß viele deutsche Alltagswörter, denen man ihre römische Herkunft nicht anmerkt (z.B. "Fenster", "Pflaster") Dokumente sind für die Übernahme der bezeichneten Sache von den Römern. Darüber hinaus sollten alle (vor allem diejenigen, die sonst nicht Latein lernen), einige lateinische Wörter kennenlernen, die zugleich etwas über die Denk- und Lebensweise der Römer ausdrücken, z.B. Begriffe wie res publica, constantia, colonia, provincia, die auch etwas über das Verhältnis der Römer zu ihrer Republik, zu anderen Menschen, zu Besiegten aussagen und später als Fremdwörter auf uns überkommen sind.

Einige römische Quellentexte, die in Geschichtsbüchern abgedruckt sind, wurden gemeinsam gelesen, andere (z.B. längere Passagen aus römischen Geschichtsschreibern) vorgelesen. Ein zeitgenössisches Jugendbuch ("Der Wettstreit" von P. E. Knudsen) diente als spannende Begleitlektüre; es geht darin um die Abenteuer eines jungen Germanen, der in die Kämpfe zwischen Römern und Germanen (Schlacht im Teutoburger Wald) verwickelt wird, dann als Sklave nach Rom verkauft wird und schließlich nach vielen Erlebnissen im Römerreich wieder in seine Heimat zurückkehrt.

Die Schüler und Schülerinnen haben im Rahmen dieses Projekts einige längere schriftliche Arbeiten angefertigt, die sie zugleich mit der entsprechenden Textsorte vertraut machten. Sie haben eine Reportage geschrieben ("Die Legion im Einsatz" oder "Auf dem Weg nach Rom"), einen Bericht (Führung durch ein römisches Haus) und kleinere Aufsätze zu vorher behandelten Fragen. Das Projektheft ist also in diesem Halbjahr in gewisser Weise zugleich das Deutschheft gewesen.

Natürlich gibt es auch Projekte und Themen im Sachunterricht, in denen die Literatur gar keine und der Sprachunterricht nur eine untergeordnete Rolle spielen, und natürlich wird das den Eltern dann auch so mitgeteilt. Es liegt beim jeweiligen Jahrgangsteam, dafür zu sorgen, daß das entweder durch andere Projekte ausgeglichen wird oder daß der Deutschunterricht sich dann für längere Zeit "selbständig macht".

Um den notwendigen Anteil an Übung und Systematik zu sichern, haben die Deutschlehrerinnen und -lehrer für jeden Jahrgang (5-10) ein "Paket" zusammengestellt, die sogenannten Deutsch-Einheiten*, mit deren Hilfe die Grundfertigkeiten systematisch aufgebaut werden können. So hat die gleiche Gruppe im gleichen Halbjahr gelernt, wie man eine Inhaltsangabe schreibt und zu einem vorgegebenen Thema eine Gliederung entwirft; ausserdem gab es eine Unterrichtseinheit über Haupt- und Nebensätze, verbunden mit einem Lehrgang "Zeichensetzung", und in der Rechtschreibung wurde die "das/daß"-Unterscheidung geübt sowie Besonderheiten der Groß- und Kleinschreibung.

Diese Aufgaben sind nicht etwa als Pflichtpensum für alle Gruppen oder gar als *das* Deutsch-Curriculum der Laborschule zu verstehen, sondern als Angebote, die nur dann sinnvoll genutzt sind, wenn man freizügig mit ihnen umgeht. Weil es in einer normalen

---

* in der Laborschule erhältlich

Stammgruppe in der Regel Kinder gibt, die mit den Aufgaben der Sprach- und Lesebücher nicht ohne Hilfe zurechtkommen, sind diese "Pakete" so zusammengestellt, daß sie sehr unterschiedliche Anregungen und Aufgaben in verschiedenen Schwierigkeitsgraden enthalten, jeweils mit Arbeitsanleitungen in leicht verständlicher Sprache.

Ein Laborschüler würde, wenn man ihn fragte, was er denn in Deutsch in diesem Halbjahr gelernt habe, vermutlich diese Aufgaben hervorholen. Paradox einer Reformschule, daß die Kinder einen so verengten Begriff von einem Fach haben, dessen wesentliche Anteile ja gerade *nicht* in solchen Schreibübungen zu finden sind! Vermutlich würde auch niemand von ihnen die Versammlungen für Unterricht halten, also auch nicht für Deutschunterricht, und das soll auch so sein.

Die Versammlung ist, wie schon gesagt, der "Ort" für alles, was man einander mitteilen will; und da Kinder in der Regel gern vorlesen, was sie geschrieben haben, wird dafür viel Zeit verwendet. Dann kann die Gruppe sich dazu äußern und tut das meistens auch. Dem Kind, das jeweils vorliest, ist diese Rückmeldung mindestens so wichtig wie die des Lehrers oder der Lehrerin. Auf diese Weise wird vieles, was normalerweise dem Lehrer-Kommentar vorbehalten ist, von der Gruppe ins Spiel gebracht, und die Kinder lernen dabei, Ermutigung, Lob und Kritik zu äussern und zu begründen bzw. anzunehmen, sich der Maßstäbe bewußt zu werden, die sie dabei anlegen, und schärfen so ihr Urteilsvermögen und ihre Wahrnehmung für die Wirkungen und Möglichkeiten von Sprache.

Fester Bestandteil der Versammlungen ist auch das Vorlesen; manchmal hängt das Buch mit einem Unterrichtsthema zusammen, manchmal nicht. So, wie in der Unterrichtsbeschreibung dargestellt, gibt es in der Regel zu jedem Projekt eine Begleitlektüre. Die Stammgruppe z.B., von der in der Unterrichtsbeschreibung die Rede war, hat im 5. Schuljahr einige Kinderbuch-Klassiker gelesen: "Die Brüder Löwenherz" von Astrid Lindgren, "Momo" von Michael Ende und "Wolfsblut" von Jack London; ein anderes Kinderbuch begleitete das Projekt "Bielefeld im Mittelalter"("Faustrecht" von Martin Selber), und aus zwei Lektüren gingen später Theaterprojekte hervor: "Hilfe, die Herdmanns kommen" von Barbara Robinson und "Konrad, das Kind aus der Konservendose" von Christine Nöstlinger. Im 6. Schuljahr lasen sie "Krabat" von Otfried Preußler, "In den Höhlen der großen Jäger" von Hans Baumann (zumThema "Leben in der Steinzeit") und "Ben liebt Anna" von Peter Härtling; später, als es im Unterricht um die DDR ging, die beiden Bücher von Isolde Heyne "Und keiner hat mich gefragt" und "Treffpunkt Weltzeituhr". Im 7. Schuljahr arbeiteten sie viele Wochen am Thema "Die Griechen"; es fing an mit der Ilias (in der Nacherzählung von Walter Jens), den Abenteuern des Odysseus (in der Nacherzählung von Franz Fühmann) und anderen Sagen (Schwab, Fühmann), später lasen sie das Buch "Im Zeichen von Olympia" (M. Hodges) und, im Zusammenhang mit römischer Geschichte, "Der Wettstreit" (P. E. Knudsen), wie oben beschrieben, und "Cäsar und Cleopatra" von Shaw.

Neben dieser Tradition des Vorlesens gibt es in vielen Gruppen auch die, daß Kinder reihum ihre Lieblingsbücher vorstellen. Das heißt: sie erzählen den Inhalt (aber nicht alles, damit die Spannung nicht weg ist) und lesen einen Abschnitt vor; danach wird eine Karteikarte dazu geschrieben mit dem Titel des Buches und den weiteren üblichen Angaben sowie Stichworten zum Inhalt. Auf diese Weise entsteht eine langsam immer umfangreicher werdende Gruppen-Lieblingsbuch-Kartei, die in den oberen Jahrgängen bisweilen auch für englische Bücher geführt wird.

Umgang mit Texten ist natürlich auch wesentlicher Bestandteil des Deutschunterrichts, des eigenständigen sowohl wie auch des integrierten. Was man literarische Erziehung nennt, ist also in dieser Schule in ähnlicher Weise verteilt wie der Sprachunterricht, der, wie an der eingangs geschilderten Szene zu sehen, oftmals keiner ist.

Das gilt auch - jedenfalls im Bewußtsein der Kinder - für alles, was in der Bibliothek getan werden kann. Ohne sie wäre ein solches Konzept eines offenen Unterrichts nicht möglich; ja, es gibt wohl keinen anderen Ort an dieser Schule, von dem man mit soviel Recht sagen könnte, hier sei ihre "Seele". Und die Seele der Bibliothek wiederum ist die Bibliothekarin, die nicht nur alle Kinder kennt, sondern auch - so scheint es wenigstens - alle 9000 Bücher. Sie berät alle Schülerinnen und Schüler, von Jahrgang 0 bis Jahrgang 10, entweder mit Buchvorschlägen oder mindestens -

mit Hinweisen, wo etwas Geeignetes zu finden sein könnte. Hier schreiben die Kinder ihre "Sowi"- oder "Nawi"-Referate, hier finden sie Fachbücher und Bildbände dazu, hier lernen sie, in Lexika nachzuschlagen, Wichtiges herauszuschreiben, hier finden sie auch ihr Bastelbuch oder ihren Roman, die Tageszeitung oder "Asterix". Die Ausleihzahlen sind enorm hoch; aber es gibt natürlich auch Kinder, die trotz aller Lese-Anreize bestenfalls zu einem Sachbuch oder Comic greifen. Ob das anders wäre, wenn sie "richtigen" Deutschunterricht hätten? Die Frage muß offenbleiben.

4. 6 Appropinquat, circumspectat -
"Latein für alle" im 5. Schuljahr

Zwanzig Kinder beobachten gespannt einen Diebstahl, der sich vor ihren Augen abspielt. Ein Mann, der wie zufällig vorüberkommt, bleibt plötzlich stehen, weil er etwas Glitzerndes gesehen hat; begehrlich starrt er hinüber zu den "Goldstücken", die da auf einem Tisch liegen. Vorsichtig schleicht er heran, sieht sich nach allen Seiten um, ob ihn auch niemand beobachte (die zwanzig Kinder sieht er natürlich nicht, es ist ja "Theater"); dann greift er zu, stopft den "Schatz" in seine Taschen und macht sich schleunigst aus dem Staube.

Sogleich gibt es Meldungen. Die Kinder haben schon mehrere solcher "Kurzgeschichten" kennengelernt und wissen darum, wie es jetzt weitergeht. Der "Dieb" tritt nun aus seiner Rolle heraus, wird wieder zum "magister", ernennt einen Spieler. Und während dieser nun mit großem theatralischen Einsatz den eben gesehenen "Krimi" nachspielt, wendet er sich an das Publikum, die Kinder, und kommentiert das Geschehen, indem er jeweils mit dem Daumen über die Schulter nach hinten weist, auf den "Täter" also und das, was er gerade tut. Wie üblich, ist es ein "Drama" in vier Akten, und die Kinder kennen auch die lateinischen Bezeichnungen, mit denen der jeweils folgende angekündigt wird. "Actus primus" (das Anschleichen) - Kommentar: "appropinquat"; "actus secundus" (das vorsichtige Umhersehen): "circumspectat"; "actus tertius" (der Raub): "raptat"; "actus quartus" (die Flucht): "avolat". Noch einmal wird das Ganze gespielt und kommentiert. Dann folgen erst einmal Nachsprechübungen; besonders der "actus primus" ist ein Zungenbrecher, und manche Kinder brauchen lange, bis sie "appropinquat" über ihre Lippen bringen. Als schließlich alle die vier Wörter einigermaßen sicher können, werden die Rollen erneut vergeben: der Täter und der Kommentator - diesmal ein Kind; der Lehrer ist "nur" Souffleur. So wird das "Drama" noch einige Male gespielt.

Der hier geschilderte Unterricht nennt sich "Latein für alle" (auf den Unterrichtsbeschreibungen steht die korrektere Bezeichnung "Grammatik am Latein") und findet im ersten Halbjahr des Jahrgangs 5 in zwei von drei Stammgruppen statt.

Die Kinder haben in den letzten Wochen mehrere solcher Spielgeschichten kennengelernt und gespielt; es gab z.B. eine "Schneidegeschichte", eine "Rauchgeschichte" - bei den Kindern besonders beliebt, sie endete nämlich mit "Kotzen" - , eine "Begrüßungsgeschichte" und nun eben eine "Klaugeschichte".

Aber das Lernen der neuen Wörter, das Vor- und Nachspielen der Geschichten war nicht der wichtigste Inhalt dieser Stunden, sondern die Voraussetzung für ein anderes Lernpensum. Man kann diese Geschichten abwandeln, und diese Spielarten haben die Kinder nach und nach gelernt; mit jeder neuen "fabula" kam eine weitere hinzu. Die Rauchgeschichte z.B. wurde zunächst so eingeführt wie eben beschrieben: Der Lehrer spielt sie vor, dann wird sie nachgespielt, der "magister" wendet sich an die "discipuli" und kommentiert, mit der beschriebenen Bewegung: "fumat". Die neue Variante besteht darin, daß nun eine zweite Person die "Bühne" betritt, auf den Täter zeigt und ihn anredet:""Quid facis?" (Was machst du?) Der zeigt auf sich selbst und antwortet: "fumo". "Ah", sagt der zweite und wiederholt die Tat, indem er sie dem anderen mit ausgestrecktem Zeigefinger sozusagen auf den Kopf zusagt: "fumas".

Als dies in vielen Durchgängen und mit Hilfe der schon bekannten Geschichten eingeübt ist, kommt eine weitere Variante hinzu. Ein Dritter kommt mit dem Zweiten auf die Bühne. Er ist schwerhörig ("surdus"), versteht nicht, was die beiden reden und nervt seinen Begleiter durch sein Dazwischenfragen: "Quid facit?" (Was macht er?) Der wendet sich ihm zu und schreit ihm ins Ohr, indem er über die Schulter zurückweist auf den Täter: "fumat!"

Weil die Kinder diese Varianten kennen und viele Male gespielt haben, wollen sie sie nun auch auf die neue Geschichte übertragen. Viele haben sich bereits zurechtgelegt, was wer zu sagen hat: Der Zweite fragt den Täter, was er mache; der antwortet "appropinquo". "Ah", sagt der Zweite, "appropinquas". "Quid facit?" schreit der Schwerhörige, und der Zweite schreit zurück: "appropinquat!" "Ah", wiederholt der "surdus", "appropinquat". Entsprechend geht es weiter bis zum letzten Akt.

Aber die heutige Stunde hat eine andere Pointe. Der Lehrer erklärt die neue Spielart: Der "Schatz" ist eine Falle, der Täter soll auf frischer Tat ertappt werden; ein Polizist hat sich in der Nähe versteckt, so, daß er alles sehen kann; sein Chef, der Kommissar, erwartet ihn und seinen Bericht später im Büro. Diese Szene soll jetzt gespielt werden; der Lehrer ist der Kommissar und sieht dem eintretenden Kollegen gespannt entgegen. Der beginnt, die Geschichte zu rekonstruieren und kommentiert dabei: "appropinquat". Sein Chef sieht ihn verständnislos an, schüttelt den Kopf. Der "Polizist" ist irritiert, er hat doch korrekt berichtet! Also wiederholt er die Meldung - mit dem gleichen Ergebnis: sein Chef ist sichtlich unzufrieden, ungeduldig und wartet offenbar auf etwas. Nun steigt die Verwirrung bei dem jungen Kollegen; irgendwie ist ihm klar, daß seinem Bericht etwas fehlt, aber wie soll er ihn ändern? Das Verwirr-Spiel dauert noch eine Weile an, bis er es schließlich damit versucht, den Täter beim Namen zu nennen. Sogleich beginnt sein Chef zu strahlen. "Ah", wiederholt er, sichtlich erleichtert, "Marcus appropinquat!" Das war es, was ihm gefehlt hatte; er war ja nicht Augenzeuge gewesen und hatte also nicht wissen können, von wem denn da die Rede war!

Die hier beschriebene Unterrichtsszene liegt schon länger zurück. Der Lehrer und damalige Wissenschaftliche Leiter Hartmut von Hentig hatte diesen Kurs als ein didaktisches Experiment angekündigt, es bei den zuständigen Gremien als Entwicklungsprojekt beantragt und vor Beginn des Schuljahres den Eltern, Lehrerinnen und Lehrern dieses Jahrgangs sein Vorhaben erklärt. Die Idee war: Alle Kinder eines Jahrgangs sollen im 5. Schuljahr ein halbes Jahr eine fremde Sprache lernen. Latein ist für diesen Zweck besonders geeignet; aber auch eine andere Sprache könnte es sein, etwa Esperanto. Ziel dieses Unterrichts ist nicht das Beherrschen der Fremdsprache; es geht vielmehr darum, wie es in der Unterrichtsbeschreibung heißt, die Kinder "mit den Grundverhältnissen der Sprache und mit den Mitteln ihrer Beschreibung (also Grammatik) vertraut zu machen." Der Gebrauch der Muttersprache ist jedem selbstverständlich; daß wir mit ihr zugleich auch über jene "Grundverhältnisse" verfügen, darum nicht bewußt, es geht also darum, diese zu "entdecken", und dazu ist eine gänzlich neue Sprache eine besonders geeignete Lerngelegenheit, eben weil der Verfremdungseffekt das bewußte Begreifen von scheinbar einfachen Verhältnissen begünstigt.

Eine Handlung oder ein Sachverhalt wird "in Sprache gefaßt" und in dieser Form weitergegeben, also mitgeteilt - in dem Koordinatensystem, das durch diese drei Bezugspunkte erzeugt wird, entstehen komplexe Beziehungen. Jemand tut etwas, ein Zweiter berichtet einem Dritten darüber, oder er redet den Täter an, oder der Täter redet selbst zu ihm - jedesmal vermittelt die Sprache zwischen Handlung und Person(en), und jedesmal anders, je nachdem, welche Position der Redende und der Angeredete zur Handlung einnehmen. Die lateinische Sprache drückt das mit Endungen aus. Diese Formen haben die Kinder beim Nachspielen gelernt. Zu den Spielregeln gehört das Zeigen mit dem Finger; das ist ein unverzichtbares Hilfs- und zugleich Lernmittel - es veranschaulicht die Beziehung zum Sprecher/zum Täter unmittelbar, ohne die leere und mißverständliche Formel ("Erste Person") und ohne die umständliche Erklärung ("Erste Person ist, wenn die Person, die die Tat tut, sie auch sagt"). Wenn ich handele und der Zweite mich fragt, zeige ich auf mich und sehe ihn an; wenn ich den Täter anrede, zeige ich auf ihn und sehe ihn an; wenn ich aber dem Schwerhörigen erkläre, was der Täter tut, zeige ich über die Schulter auf diesen, sehe und spreche aber den "surdus" an - das scheinbar Einfache wird plötzlich sehr kompliziert, wenn man es sich bewußt macht. Diese Geschichten werden nie übersetzt, sie dürfen es nicht; das würde die beabsichtigte Wirkung zerstören. Die Kinder sollen, indem sie redend, zeigend, spielend sprachliche Funktionen darstellen, diese langsam als "Grundverhältnisse" verstehen lernen, bis sie die Abstraktion vollziehen können und, wenn eine neue Geschichte eingeführt wird, wissen, wie man sie verändern kann, ohne die Formen vorher gehört zu haben. Daß eine Handlung auch von zwei oder mehr Tätern begangen und Fragern, Sprechern, Schwerhörigen kommentiert werden kann, leuchtet unmittelbar ein. Dann macht man die gleichen Zeigebewegungen, nur mit zwei Fingern, und es ist dann nur noch eine Frage der Übung, wie lange es dauert, bis alle Kinder diese 6 möglichen Spielarten und die Formen, in denen sie zum Ausdruck kommen, beherrschen.

Grammatische Begriffe kommen in den ersten Wochen kaum vor. Es werden auch keine Regeln formuliert. Dafür erfahren die Kinder vieles, was ihnen diese fremde Sprache vertraut macht, sie hören Geschichten, lernen die Bedeutung vieler Vor- und Nachnamen und wundern sich, wieviel Latein sie immer schon sprechen, ohne es zu wissen, weil viele vertraute Dinge eben lateinische Namen haben; der Zirkel und der Omnibus, die Mensa, das Video und die Universität. Besonders viel Spaß macht es, wenn man in neu gelernten Wörtern bekannte wiederfindet, etwa in "circumspectat" den Zirkus und den Zirkel - weil der Täter sich ja "ringsum" umsieht -, vielleicht auch das Spektakel, das Spektrum oder die "spectacles".

Aber in dieser Stunde geht es, wie gesagt, um etwas anderes: die "Entdeckung" des Subjekts als eines ausdrücklich genannten Satzteils, sozusagen aus der Not des Kommissars heraus. Erst wenn der Empfänger der Mitteilung nicht Augenzeuge der Handlung ist, muß der Täter beim Namen genannt werden, muß, grammatisch gesprochen, die Funktion "Subjekt" sich von der Handlung ablösen. Aus der Ein-Wort-Mitteilung ist ein zweigliedriger Satz geworden.

Im Laufe des Halbjahres wird dieser Satz nach und nach erweitert; jede Erweiterung ist zugleich eine neue Stufe des Verstehens, und jede wird "theatralisch" vorbereitet und eingeführt. Der Lehrer bringt z.B. eine Rute mit und schlägt damit auf einen "Esel" ein; das Mitgefühl mit dem Opfer ist der erste Schritt zum Verständnis der Funktion "Objekt".

Für jede neue Funktion wird ein neues, sehr einfaches Symbol eingeführt; nach und nach entwickelt sich so ein mehrfarbiges, kunstvolles Satz-Bild. Zunächst wächst es von links nach rechts; später werden unter der Tätigkeit "Kofferschilder" angehängt, die sie näher bezeichnen; mit dieser Funktion (Adverbiale) ist der Kurs abgeschlossen.

Drei Jahrgänge haben bisher auf diese Weise Grammatik am Latein gelernt. Nach diesem Halbjahr konnten die Kinder dann entscheiden, ob sie weiterhin Latein lernen oder Französisch wählen oder keins von beidem wollten. Weil es nicht möglich war, diesen Unterricht in allen Stammgruppen durchzuführen, hatten die anderen in der gleichen Zeit einen "normalen" Grammatik-Kurs auf Deutsch; die Lehrerinnen und Lehrer, die ihn durchführten, wollten ihn übrigens nicht als "schlechten Ersatz" verstanden wissen, sondern in produktive Konkurrenz zum Latein treten; später wollte man dann Verlauf und Ergebnisse vergleichen und auswerten.

Die Frage, was sich wie bewährt habe, ist aber bis heute offen geblieben. Weil nach der Pensionierung von Hartmut von Hentig keine Lehrerstunden mehr dafür zur Verfügung standen, konnte der Kurs in den letzten beiden Jahren nicht angeboten werden. Diese Beschreibung, unvollständig wie sie ist, will also kein Curriculum vorstellen, sondern lediglich einen Eindruck davon vermitteln, wie eine Schule, die sich als Experimentalstation versteht, neue Formen des Lehrens und Lernens erprobt und wie dann auch schwierige und abstrakte Dinge - Grammatik steht bei vielen in diesem Ruf, erst recht Latein - allen Kindern zugänglich gemacht, ja, "spielend" von ihnen gelernt werden können.

4.7 Lingua, language, langue - Fremdsprachen

Die drei Wörter in der Überschrift stehen nicht nur für die Sprachen, denen sie jeweils entstammen und die an der Laborschule unterrichtet werden, sondern zugleich für eine gedachte pädagogische Beziehung unter ihnen, wie sie im Abschnitt über die Erfahrungsbereiche (4.3) dargestellt wurde: "language" für die erste Fremdsprache Englisch, die alle lernen, "langue" für die zweite, die man wählen kann, ebenso wie "lingua", das die sprachliche Wurzel für beide ist und darum am Anfang steht; damit soll zugleich der Anspruch ausgedrückt werden, daß die Stufen des Sprachenlernens zugleich Stufen des Verstehens sind, der zunehmenden Abstraktion im Hinblick auf das Allgemeine, eben "Sprache".

Im Alltag der Stufe III tritt das jedoch zunächst kaum in Erscheinung. Besucher, die z.B. wissen möchten, wie Kinder dieser Altersstufe Fremdsprachen lernen, werden manchmal schon mit Englisch "überfallen", ehe sie noch Gelegenheit hatten, sich mit einzelnen Personen oder Gruppen bekanntzumachen. "Do you speak English?" Wenn sie das bejahen und dann auch noch die Anschlußfrage ("May I ask you some questions?"), kann es sein, daß sie mit indiskreten Reporterfragen konfrontiert werden, etwa: "How old are you?" oder: "Are you married?" Hier wie überall sind die Kinder froh, wenn sie ihr Englisch "im Ernst" gebrauchen können, und die vielen Fremden, die diese Schule besuchen, geben dafür willkommene Testpersonen ab.

Daß schon Neun- und Zehnjährige so in der Fremdsprache agieren, liegt an der Einrichtung des Frühbeginns; in der Laborschule setzt ja Englisch für alle Kinder im 3. Schuljahr ein.

Dieser Anfangsunterricht will weder das übliche Pensum des 5. Schuljahrs vorwegnehmen - schon gar nicht die Arbeit mit dem Lehrbuch - noch das Fundament legen für einen irgendwann zu erreichenden maximalen Stoffumfang. Er will vielmehr allen Kindern ermöglichen, so in die Fremdsprache hineinzukommen, daß sie sie gern, locker, spielerisch lernen, ohne Angst, "schlecht" zu sein oder nicht mitzukommen, sondern vom ersten Tag an mit dem Gefühl: Englisch macht Spaß, Englisch ist leicht, das kann ich.

"English - what fun" - so heißt auch das Curriculum, das für diesen Frühbeginn entwickelt wurde.[14] Es ist kein geschlossener Lehrgang - gerade das würde der pädagogischen Absicht dieses Unterrichts *nicht* entsprechen -, sondern eine reichhaltige Sammlung von Ideen, Anregungen, Materialien, gruppiert um Themen des täglichen Lebens. So sieht man die Kinder des 3. und 4. Schuljahrs in den unterschiedlichsten Rollen und Situationen agieren: als Kunden auf dem Markt, als Patienten beim Doktor, als BusFahrer, feine Damen oder Zoobesitzer. Es ist eine bekannte Begleiterscheinung jedes Anfangsunterrichts, daß die Lehrerinnen und Lehrer ganze Berge von allen möglichen Gegenständen anschleppen, um ihr Pensum mit Leben und Anschauung zu verbinden; man kann sich leicht vorstellen, um wieviel mehr ein Unterricht in dieser Altersstufe auf solche Lernanlässe und -anreize angewiesen ist, zumal er nicht nur auf Lehrbücher verzichtet, sondern weitgehend auch auf das Schreiben. Erst im 4. Schuljahr fangen die Kinder damit an und lernen es dann an wenigen Beispielen und Übungen.

Zu Beginn der Stufe III "können" sie also bereits Englisch; sie sprechen es mühelos, locker und - wie die Fachleute übereinstimmend sagen - mit überwiegend sicherer und guter Aussprache.

Aber natürlich ist dieses "Können" sehr unterschiedlich, weil und wie es auch die Kinder sind. Es ist eine Erfahrung aller Lehrerinnen und Lehrer in allen Stufen, daß diese bekannte "Schere" sich in vielen Fällen nicht schließen läßt, obwohl gerade die langsam lernenden Kinder hier besonders viel Zuwendung und Förderung bekommen. Trotzdem können *alle* Kinder einer Gruppe zu guten Leistungen gelangen - vorausgesetzt, man bewertet dies nach *ihren* Möglichkeiten und nicht nach vorgegebenen Standards - und dabei gern lernen; das kann man in dem beschriebenen Anfangsunterricht täglich beobachten. Er muß natürlich entsprechend angelegt sein: um ein gemeinsames Lernpensum herum muß es sehr verschiedene Übungs- und Lernanlässe geben und entsprechend viel unterschiedliches Material. Auch die äußeren Voraussetzungen müssen gegeben sein: Kleingruppen müssen ungestört arbeiten und sich dazu vom Ort des Unterrichts entfernen können, und das wiederum setzt voraus, daß es ihnen selbstverständlich ist, so selbständig zu lernen. Darum ist es in dieser Schule ein alltägliches und vertrautes Bild, daß Kinder in irgendwelchen Winkeln und Ecken hocken - mit Büchern und Kassettenrekordern etwa oder auch ohne solche Hilfsmittel, und englisch reden oder spielen; auch französische oder lateinische "Konversation" können Besucher auf diese Weise erleben.

In der Stufe III setzt die Arbeit mit einem Lehrwerk für Gesamtschulen ein, dessen pädagogische Konzeption ähnlich ist und das darum sehr vielfältige und unterschiedliche Lernmöglichkeiten anbietet. Die aber reichen bei weitem nicht aus, um den Bedarf für einen Unterricht in solchen Gruppen zu decken. Die Lehrerinnen und Lehrer haben darum im Laufe der Jahre eine umfangreiche Englisch-Sammlung zusammengestellt: ausgeschnittene und mit Folie beklebte Fotos, Haftelemente, Spiele, "Eßbares" aus Plastik, Bilderbücher, Liedersammlungen, Thermoskannen für die "tea-time", diverse Anschauungsgegenstände vom "Jumping Jack" bis zur Uhr usw. usw. Neben der Lehrbuch-Arbeit gibt es also in allen Gruppen auch anderes: Die Kinder spielen Theater oder richten "English Corners" auf ihren Flächen ein oder schreiben eigene Dialoge oder bereiten ein englisches Frühstück zu.

Der Englischunterricht in der Stufe III unterscheidet sich von dem an anderen Schulen also nicht so sehr in dem, *was* die Kinder lernen - das ist normaler Lehrbuchstoff -, sondern darin, daß die Lehrerinnen und Lehrer um diese Gemeinsamkeit herum soviel an Besonderheit einzurichten versuchen, daß 20 z.T. sehr unterschiedliche Kinder gut und effektiv lernen und arbeiten können.

Eine Lehrerin hat z.B. in den drei Jahren mit ihrer Gruppe ein Theatercurriculum aufgebaut, das seitdem in der Stufe III vielfach verwendet wird. Sie berichtet darüber:

Jedes Jahr ein Theaterstück als Abschluß und natürlich Höhepunkt des Schuljahres, in dem Kinder ihr Können erproben, sich beweisen, Eltern und interessierter (Schul-)Öffentlichkeit vorstellen können, war ein Ziel, das sich die Gruppe über drei Jahre hinweg setzte und das alle in Atem hielt... Bedingung für die Auswahl der Stücke war: Jedes Kind mußte mitspielen, kein Kind sollte ohne Rolle bleiben, aber jedes sollte eine finden, die seinem Vermögen angemessen war. Solche Stücke werden von Verlagen in der Regel nicht angeboten - 20 Rollen von unterschiedlichem Schwierigkeitsgrad! -, wir mußten also selber unsere Stücke finden und schreiben. Mögliche Vorlagen brauchbarer Rahmengeschichten habe ich den Kindern vorgelesen - im 7. Schuljahr haben sie selbst die Suche übernommen. Da die Stücke immer so ausgewählt werden sollten, daß alle dabei möglichst viel neues Sprachmaterial lernen, mußte mein Vorlesen nicht nur durch viel Mimik und Gestik, sondern auch von deutschen Erklärungen begleitet werden. Alle sollten den Inhalt grob nachvollziehen können. War die Rahmengeschichte akzeptiert, haben wir vorhandene Rollen an die Tafel geschrieben und gemeinsam einen Schwierigkeitsgrad bestimmt - sowohl, was die englische Sprachfertigkeit, als auch die Herausforderung an spielerisches Können betraf. Erste Meldungen zu Rollen wurden vorläufig festgehalten und gemeinsam diskutiert - dabei hat mich immer die weitgehend richtige Selbsteinschätzung der Kinder verblüfft - weitere Rollen gemeinsam erfunden, die Geschichte also entsprechend inhaltlich erweitert. Die dann folgende Phase hat mir am meisten Vergnügen bereitet. Die Kinder, die besonders gern, gut und sicher englisch sprechen, und diejenigen, deren Rollen erfunden werden sollten, haben mit mir gemeinsam in wechselnden kleinen Gruppen geschrieben, verändert, neu geschrieben, bis schließlich jedes Kind eine Rolle in dem Stück hatte, die ihm gefiel und derart angemessen war, daß es dabei gerade soviel Neues lernen mußte, wie es bewältigen konnte. Die Ergebnisse dieser Arbeiten haben wir wiederum der gesamten Gruppe vorgestellt, weiter nach deren Anregungen geändert, bis schließlich die gesamte Gruppe ein Stück besaß, das gefiel und gerne gespielt werden wollte.

(Susanne Thurn: Besondere Differenzierungsmöglichkeiten im Englischunterricht mit heterogenen Gruppen, unveröffentlichtes Manuskript, S. 1 f.)

Im 5. Schuljahr haben die Kinder auf diese Weise ein Stück namens "Late for School" gespielt, eine Schul- und Detektivgeschichte, im 6. "Discord at the Disco", die Geschichte eines Streits und einer beginnenden Freundschaft, und im 7. "She would be Model", ein Stück über den Karrieretraum eines Mädchens und dessen Nicht-Erfüllung. Die Texte basierten auf vorhandenen Vorlagen und wurden, wie oben geschildert, so umgeschrieben, daß alle Kinder eine "gute", d.h. gewünschte Rolle hatten.

In den Wochen, die der ersten Phase der Texterarbeitung folgten, war die Arbeit so organisiert, daß die Lehrerin in der Regel mit den Kindern, die nicht probten, normalen Unterricht machte. Das kam allen zugute: den "Schnellen", die mit großen Rollen gefordert waren, und den Langsameren, die ihre Rollen ebenfalls gut fanden und außerdem mehr Zeit für die Lehrbuch-Arbeit *und* die verstärkte Zuwendung der Lehrerin hatten.

In der letzten Phase wurde dann die gesamte Englisch-Zeit für gemeinsame Proben angesetzt; daneben gab es schriftliche Aufgaben, die alle zu machen hatten, wenn sie nicht dran waren. In den "WuG"-Stunden wurden Kulissen gebaut, Plakate gemalt, in den Deutschstunden Einladungen und deutsche Inhaltsangaben für nicht englisch sprechende Eltern geschrieben, und auch freie Nachmittage sowie ein Wochende mußten geopfert werden. Und wenn dann, trotz aller Probleme und Pannen, die eine so totale Anstrengung in der Regel mit sich bringt, die Aufführung schön war, die Kinder sich durch ihren Erfolg belohnt fühlten und von den Eltern mit einem Festessen geehrt wurden, dann hieß es, oft noch am gleichen Abend: "Und was spielen wir nächstes Jahr?"

In der gleichen Gruppe gab es eine weitere feste Einrichtung im Englischunterricht, die nichts mit dem Lehrbuch zu tun hatte. Die Lehrerin hatte im 5. Schuljahr mit den Kindern kleine, einfache Lektüren, meist Comic-Texte, gelesen. Im Jahr darauf stellte sie andere, unterschiedlich schwere Lektüren zu einem "Apparat" in der Bibliothek zusammen, und jedes Kind hatte die Aufgabe, daraus einen Text zu wählen. Dann folgten drei Arbeitsschritte: den Text zu lesen (und dabei, wenn nötig, ein Wörterbuch zur Hilfe zu nehmen), eine knappe Inhaltsangabe dazu zu schreiben, die später, korrigiert und ins Reine geschrieben, Bestandteil der Gruppen-Kartei wurde, und schließlich den Inhalt in der Versammlung zu erzählen - auf Englisch natürlich - und Fragen zu beantworten.

Diese Methode hat sich mehrfach bewährt; sie führt z.B. dazu, daß manche Schülerinnen und Schüler später in der Stufe IV "richtige" Romane lesen und darüber berichten - fließend, wenn auch natürlich nicht ohne Fehler. Es gehört übrigens zu den Spielregeln, daß die Lehrerin sich dann nicht einschaltet, um zu korrigieren, sondern nur hilft, wenn Aussagen unverständlich oder so unklar sind, daß die Wiedergabe des Inhalts darunter leidet.

Auch für Englisch spielt also die Bibliothek eine große Rolle, und das gilt ebenso für die anderen Fremdsprachen. Sie ist gut ausgestattet mit Lektüren unterschiedlichen Inhalts und Schwierigkeitsgrads, so daß es allen möglich ist, eine zu finden, die ihnen zusagt und sie nicht überfordert.

Diese Beispiele mögen genügen, um zu zeigen, wie die Laborschule mit dem "Schulfach" Englisch umgeht. Die Lehrerinnen und Lehrer sehen es nicht als ihre Aufgabe an, alles anders zu machen als andere Schulen - wie könnten sie allein auch die Fülle und Perfektion dessen, was auf dem Markt angeboten wird, überbieten! Vielmehr ist ihre Anstrengung darauf gerichtet, das Prinzip "Angebot statt Auslese" so mit Inhalt zu füllen, daß es sich an den Kindern bewährt, daß sie alle ausgelastet und gefördert, nicht aber überfordert sind. Man kann leicht ermessen, wie schwer das ist, wieviel Phantasie und Einsatz es von den Lehrerinnen und Lehrern verlangt, den Unterricht entsprechend vorzubereiten - aber damit teilen sie nur das Los aller, die an dieser Schule unterrichten.

Die zweite Fremdsprache hat dagegen erst einmal günstigere Voraussetzungen: Französisch und Latein werden ja gewählt, und es sind in der Regel die sprachbegabten Kinder, die sich im 5. Schuljahr dafür entscheiden. Aber gerade dabei macht sich zum erstenmal ein Problem bemerkbar, das in den Stufen I und II nicht oder kaum in Erscheinung tritt. Die zweite Fremdsprache gilt als "Prestige"-Fach, und darum sind manche Eltern geneigt, ihr Kind "auf jeden Fall" dazu anzumelden, auch wenn dessen Sprach- und Lernentwicklung das eigentlich nicht geraten erscheinen läßt. Dieses Problem hat in der Geschichte der Laborschule viel Unruhe gestiftet. Zunächst waren Französisch und Latein als Wahlkurse angeboten; aber das ging auf Kosten der übrigen, die "auszutrocknen" drohten, weil zu viele Kinder die Sprachen gewählt hatten - von sich aus oder auf Wunsch der Eltern. Dann gab es eine andere Regelung: Unterricht in der zweiten Fremdsprache sollte außerhalb der normalen Zeiten liegen. Jahrelang mußten die Kinder, die ihn gewählt hatten, also früher in die Schule kommen oder länger bleiben oder einen Teil ihrer Mittagspausen dafür opfern, bis man schließlich beschloß, diese ungerechte Härte zu beenden und Französisch und Latein wieder in die normale Unterrichtszeit zu legen. Parallel dazu sollte für alle, die keine zweite Fremdsprache lernten, Förderunterricht angeboten werden.

Seitdem ist es für die Eltern leichter geworden, zu Beginn der Stufe III die Frage der Teilnahme zu entscheiden, zumal sie ja wissen, daß im 7. Schuljahr ein "Spätbeginn"-Kurs in Französisch angeboten wird. Im 5. Schuljahr stehen also Französisch, Latein oder Förderunterricht zur Auswahl.

Der Anfangsunterricht in Französisch ist in vieler Hinsicht dem in Englisch vergleichbar. Da auch der Frühbeginn der zweiten Fremdsprache eine Laborschul-Besonderheit ist, wurde dafür ein eigenes Curriculum entwickelt.[15] Die Kinder spielen Namen- und Beruferaten, singen Lieder und schreiben eigene Dialoge, "lesen" Asterix-Bilder und handeln mit Plastiktomaten, -broten, -käsestükken usw. usw.

Aber es gibt auch einen deutlichen Unterschied zu Englisch. In dieser zweiten Fremdsprache finden die Kinder viele Wörter der ersten in veränderter Form wieder und sind erstaunt, wenn sie erfahren, daß und warum sie von Frankreich nach England gelangten und dort "eingedeutscht" wurden, wie ein Kind es einmal formulierte. Das neue Wort für "Tisch" ist das gleiche wie im Englischen: "table". Es kommt vom lateinischen "tabula" - dazu gehört die Geschichte, warum Französisch sich aus der Römersprache entwickelt hat, und schon ist man, wenn auch nicht bei den Anfängen der Geschichte Frankreichs, so doch mindestens bei Asterix und Obelix. Aus "tabula" wurde unsere "Tafel"; "tabula" bedeutet eigentlich "Brett" und konnte darum später zwei so unterschiedlichen Dingen wie Tisch und Tafel zum Namen werden. Viele solcher Wort-Geschichten laden zum Nachdenken ein, und die Sprache selbst erfordert es. Die Aussage "il mange" z.B. klingt gesprochen genauso wie "ils mangent"; aber im ersten Fall ist es eine Person, die da ißt, im zweiten sind es zwei oder mehrere. Für viele Kinder ist es sehr schwer, solche Erscheinungen zu verallgemeinern und mit ihren Worten zu sagen, was das Allgemeine, also die Regel ist. Gut für sie, wenn sie vorher "Latein für alle" hatten; in diesen Jahrgängen konnte man beobachten, wie die Kinder, von sich aus und ganz selbstverständlich, die gelernten Zeigebewegungen machten und dann etwa sagten: "Ils mangent - das ist, wenn man mit beiden Daumen nach hinten zeigt." Solche Formulierungen werden akzeptiert; es ist nicht Ziel dieses Anfangsunterrichts, die grammatische Terminologie zu entwickeln. Wohl aber ist das Lernen der zweiten Fremdsprache in höherem Maße Denk-Arbeit (und soll es sein), als das in Englisch der Fall ist; das bewußte Vergleichen und Einordnen erfordert eine weitere Stufe der Abstraktion: Hinter den Einzelsprachen wird "Sprache" als System sichtbar.

Erst recht gilt dies für Latein; der Anfangsunterricht besteht ja, wie im vorigen Abschnitt beschrieben, wesentlich darin, daß die Kinder die Grundfunktionen des Satzes nach und nach "entdekken" und verstehen. Das Curriculum für den halbjährigen Grammatik-Kurs wurde zwar für diesen Zweck neu zusammengestellt, ist aber von dem des "richtigen" Lateinunterrichts nicht wesentlich verschieden. Da dessen Ansatz von dem der Lehrbücher deutlich abweicht, werden diese nur gelegentlich als Text-Quellen benutzt; die eigentliche Lern-Arbeit besteht, wie gesagt, darin, die allmählich sich erweiternde Entwicklung eines Systems "Sprache" am Latein mit- und nachzuvollziehen.

Jeder Unterricht in einer Fremsprache versteht sich in der Regel auch als Einführung in den von ihr jeweils repräsentierten Kulturkreis. Für Englisch stellt sich das Problem, die Kinder dafür zu motivieren, wohl kaum, angesichts der Tatsache, daß und wie unsere eigene Kultur anglo-amerikanisch "durchtränkt" ist. Aber Frankreich ist für Bielefelder Kinder sehr weit weg und erst recht natürlich das Alte Rom. Sie "kennen" es von den Asterix-Geschichten her, aber was daran stimmt und ob das eher hundert oder tausend oder zehntausend Jahre zurückliegt, das liegt für viele von ihnen im Nebel. Als in einer Gruppe von "Fünfern" einmal die Rede von der Evolution war und einige Kinder ihr Wissen einbrachten, daß die Menschen von Affen abstammen, fragte ein Mädchen, etwas besorgt, ihre Lehrerin: "Aber du doch nicht?" So wie in der Vorstellung vieler Kinder Menschen spätestens ab 30 einfach alt sind, so reicht auch die Dimension "Vergangenheit" für sie kaum über das eigene Erinnern zurück, weil das Denken in Zeiträumen ein Maß an Abstraktion verlangt, das sie noch nicht erreicht haben.

In den Französisch- und Lateinstunden wird darum viel Zeit dafür verwendet, den Kindern nach und nach einen fremden Kulturkreis zu erschließen. Die "Lateiner" lernen römische Geschichte an Geschichten, angefangen vom Kampf um Troja; auf einer großen Tafel, auf der der Zeitraum von 3000 Jahren linear dargestellt ist, tragen sie alle erzählten Ereignisse ein und auch alle wichtigen, die ihnen sonst bekannt sind, so daß sich dieser "Raum" nach und nach füllt und damit an Tiefenschärfe gewinnt. Die "Franzosen" beginnen zunächst mit Näherliegendem: Lieder, Märchen, Bilder und Filme über Frankreich. Geschichte erscheint "von selbst" als Sprachgeschichte, wie oben beschrieben, und darüber hinaus bei vielen Gelegenheiten; das kann die Mode sein oder der "Bon Roi Dagobert" aus dem Lied, das Gipfeltreffen in Paris oder auch französische Namen von Leuten in Bielefeld, die von Hugenotten abstammen.

Wie in Englisch, so spielt auch in der zweiten Fremdsprache das Theater eine bedeutende Rolle. Anläßlich des zehnjährigen Bestehens der Schule spielten die "Lateiner" ein Stück namens "ludus aut labor?", das mit dieser Frage ("Spiel oder Arbeit?") zugleich die eigene Schule zum Thema machte; auch die "Franzosen" spielten zwei Schulgeschichten. Seitdem hat es in jedem Jahr solche Vorstellungen gegeben; die "Bremer Stadtmusikanten" gaben den Stoff für ein lateinisches "Drama" ab, die lateinische Weihnachtsgeschichte wurde schon zweimal aufgeführt, und bei der letzten Ko-Produktion spielten die "Franzosen" eine neue Variante ihres Schulstücks, die "Lateiner" eine Janosch-Geschichte ("O wie schön ist Panama") - eine farben- und kostümprächtige Tier-Revue. Auch bei dieser Theaterarbeit gilt natürlich das Prinzip, daß die Rollen unterschiedlich umfangreich und schwer sind; Tiger und Bär z.B. gaben wahre lateinische Satz-Kaskaden von sich, während die Maus nur einmal in höchster Not über die Bühne lief, laut schreiend ("miserrima me!" - "Ich Ärmste!"), weil eine dicke Katze hinter ihr her war mit dem Siegesruf "te capiam! te capiam!" ("Ich kriege dich!) - und immer wieder stimmten alle in den Refrain ein: "Panama ist das Land unserer Träume" - "Panama terra nostrorum somniorum est!"

4. 8 Küche, Garten, Elektronik - die Wahlkurse

(Maria F. Rieger)

Eines der Merkmale der Stufe III ist der Beginn des Wahlunterrichts. Von Jahrgang 5 an wählt jedes Kind einen "Wahlgrundkurs" (diese Bezeichnung stammt aus der Planungszeit: Es sollte Grund- und Aufbaukurse geben), eine zweite Fremdsprache oder Förderunterricht und einen sogenannten "Club" (eine Einrichtung, die es schon in der Stufe II gibt) - zusammen acht von maximal achtundzwanzig Wochenstunden. Alle entsprechen dem, was sonst Wahlpflichtunterricht heißt.

Wahlunterricht will den Schülern ein Stück Selbstbestimmung einräumen, Lust am Lernen erhalten, und gerade dadurch möglichst effizient sein. Für eine integrierte Gesamtschule wie die Laborschule ist Wahlunterricht die am wenigsten problematische Form der Differenzierung. Der Curriculumwerkstatt Laborschule liegt auch an dem anderen Aspekt von Wahl, dem breiten Angebot von Fächern und Spezialisierungen in ihnen. Längst schon sind Politik , Arbeitslehre und Informatik zu Fächern der allgemeinbildenden Schule avanciert. Auch Verkehrserziehung, Gesundheitslehre, Umweltkunde wären dringend notwendig. Aber wo bleiben dann die anderen, "alten" Fächer, die ja nicht abgeschafft sind? Wir wissen : Mehr Unterricht ist kein Ausweg. Weder die Verlängerung des Schultages noch die der Ausbildungszeit ist bekömmlich für die lebensnotwendige Erhaltung der Lernfähigkeit. Jede Auswahl bedeutet notwendigerweise Verzicht auf anderes, ebenfalls Wünschenswertes. Ein durchdachtes Angebot an Wahlunterricht kann immerhin mehr von der Vielfalt der Welt und ihrer Probleme und der Methoden, diese anzugehen, zeigen als ein fester Fächerkanon. Durch begrenzte Kursdauer fördert es auch das Wählenlernen.

Im Strukturplan der Laborschule heißt es dazu:

Wahlkurse sind dadurch gekennzeichnet,

- daß sie dem Schüler erlauben, wechselnden Gegenständen des eigenen Interesses nachzugehen,

- daß sie ihm ermöglichen, mit einem von ihm gewählten Lehrer in einer von ihm wenigstens zum Teil mitbestimmten Gruppe und Arbeitsform zu lernen,

- daß hier Themen/Gegenstände aufgenommen werden können, die nicht im Fächerkanon der Schule zu finden sind,

- daß die Arbeit in ihnen von den Schülern entlastet ist, die den betreffenden Gegenstand nicht mögen ...,

- daß Lehrer und Schüler mit dem Inhalt des Unterrichts experimentieren können ...,

- daß in ihnen die zeitraubende Erkundung oder Konstruktion oder praktische Bearbeitung eines Gegenstandes vorgenommen werden kann, die der Pflichtunterricht sich in diesem Grad von Ausführlichkeit nicht leisten kann ...

Wahlkurse sollen der verschulten Schule entgegenwirken und dies vor allem mit Hilfe des liebhabermäßigen Lernens... Wahlkurse sind an der Laborschule nicht nur aus ökonomischen Gründen altersübergreifend organisiert. Hier sollen vielmehr Schüler verschiedenen Alters zusammensein - eine Erfahrung, die nur vorübergehend in der Stufe II um der dort notwendigen neuen Gruppierung willen aussetzt. Wahlkurse sind an der Laborschule die einzige Form der 'äußeren Differenzierung'. Diese Differenzierung erfolgt jedoch nicht aufgrund von Leistung, gar Leistungsmessung und Zuweisung der Schüler zu unterschiedlich schwierigen Wahlkursen; sie erfolgt ausschließlich aufgrund von Neigung. Neben - oder genauer gesagt: vor - diese Aufgaben des jeweiligen Wahlkurses tritt die Aufgabe des Wahlkurssystems im ganzen: Die Welt nicht als die eine festgelegte, gebahnte und abschließend bewertete erscheinen zu lassen, sondern das Wählen lernen zu lassen, das 'Fertigwerden mit der Fülle' durch Fassen eines eigenen Standortes, die eigene Zuordnung zu Zielen und Zwecken. Wählen kann man nur, wenn man einen Überblick, eine Vergleichsmöglichkeit hat. Das Wahlkurssystem sichert diese Möglichkeit nicht, aber es eröffnet sie wenigstens.

(Strukturplan der Laborschule, 1988, S. 43 f.)

Die folgenden Seiten

- beschreiben, dokumentieren und illustrieren die Wahlkurse und das Wählen im Winterhalbjahr 1988/89,

- untersuchen dann, wie sich der jetzige Modus, der im dritten Jahr seiner Erprobungsphase steht, allmählich herausgebildet hat,

- formulieren Antworten auf Fragen, die man der Curriculumwerkstatt Laborschule stellen könnte und müßte, z. B.:

1. Wie früh können Kinder wissen, was sie lernen wollen/sollen?
   ("wählen", was sie nicht kennengelernt haben? sich vom Ehrgeiz der Eltern freimachen? usw.)

2. Welche "Stoffe" und welche Fertigkeiten sollen (nur?) im Wahlangebot vorkommen?

3. Wie ist ein Wahlkursangebot, das diesen Namen verdient, bezahlbar? (Wie groß müssen die Jahrgangsgruppen und damit die
   Schule sein? Wie groß kann die Spanne bei altersübergreifenden
   Gruppen sein? Welche Organisation, welche Didaktik sind für
   sie erforderlich? usw.)

4. Wie frei kann/darf die Wahl sein? (Für den Schüler: Kann er
   stets nur "Fußball" wählen? Für die Schule: Kann/soll sie ihr
   Angebot je nach dem Trend ändern, z. B. kurzfristig zwei In-
   formatikkurse einrichten, den Musikkurs streichen?)

Für die hundertachtzig Schülerinnen und Schüler der Stufe III gibt
es zwölf oder dreizehn Kurse; bei "gleichmäßiger" Wahl entfielen
also fünfzehn auf einen Kurs gegenüber zwanzig im Pflichtunterricht. Gewählt wird jeweils zu Beginn des Schulhalbjahrs. In den
sechs Halbjahren der Stufe sollen aus den drei Bereichen Haus-
halt/Technisches/Musisches je zwei absolviert werden. Alle Kurse
haben überwiegend praktische Arbeit zum Inhalt; aber alle sind
auch auf Theorie verpflichtet; übrigens auch auf Aus-der-Schule-
Gehen. Die Kurswahl geschieht meist in den ersten Doppelstunden
des Halb- jahrs, die als "Wahlmarkt" organisiert ist: Alle, die einen
Kurs anbieten, bauen in ihrem Fachraum oder auf der Schulstraße
so etwas wie einen Stand auf: Ausstellung der Arbeitsgeräte und
Produkte, Demonstration der Arbeiten. Jeder soll fragen, darf probieren. Die Kinder haben die Zettel schon tags zuvor bekommen,
mit dem Betreuungslehrer oder der Betreuungslehrerin und den
Eltern besprochen. Vom Wahlmarkt müssen sie Unterschriften von
Kursleitern beibringen, das heißt nachweisen, daß sie den Markt
genutzt haben, bevor sie in der Stammgruppe schriftlich wählen
können. Zur Zeit verlangt dies - außer der immer schwierigen
Entscheidung - einiges an abstraktem Nachdenken: Aus jedem
Bereich müssen, wie gesagt, zwei Kurse in Betracht gezogen und

diese sechs bevorzugten Kurse in der Reihenfolge ihrer Wünschbarkeit beziffert werden. Außerdem kann man noch angeben, mit wem man zusammen sein möchte. Aufgabe der Betreuungslehrerinnen und -lehrer ist es, durch Beratung und Buchführung dafür zu sorgen, daß alle Bereiche in den drei Jahren je zweimal vorkommen. Vor allem aber müssen sie noch am selben Tag mithelfen, die Wahlen auszuwerten, das heißt, zwölf funktionsfähige Kursgruppen zusammenzustellen. An diesem kniffligen Aushandeln beteiligen sich auch die zwölf Lehrerinnen und Lehrer, die diese Kurse anbieten. Es ist erträglich, weil die meisten die hundertachtzig Schüler der Stufe kennen.

Auch für eine andere Einrichtung sind die Betreuungslehrerinnen und -lehrer mit zuständig: den sogenannten Produkttag gegen Ende des Halbjahres. Kinder und Erwachsene zeigen ihre Arbeit; Eltern und Freunde sind eingeladen; an Weihnachten wird das ganze eher als Basar organisiert, im Sommer eher in ein Schul- oder Stufenfest übergehend.

Als Kurszeit hat sich bewährt: eine Doppelstunde am Morgen und eine einzelne am Nachmittag.

In den folgenden Situationsschilderungen werden Szenen aus drei verschiedenen Kursen beschrieben.

Im Schulgarten, Anfang November. An diesem Mittwochmorgen ist es kalt, aber es hat noch nicht gefroren und regnet nicht. Der Schulgarten ist noch nicht ganz winterfest. Darum müssen die 17 Mädchen und Jungen, die diesen Wahlgrundkurs gewählt haben, heute draußen arbeiten. Um 8.30 Uhr treffen sie sich im ''Nawi''-Labor. Es geht um das Programm und die Aufteilung der notwendigen Arbeit: zwei größere Beete abernten und abräumen, dann Erde lockern und Wurzeln herausklauben, reifen Kompost sieben und auf die vorbereiteten Beete verteilen, verrotteten Rindenmulch sieben und als oberste Schicht darüber streuen.

Der Lehrer Erwin T. läßt sich und den Kindern Zeit für die Vorbereitung im Warmen. Er erläutert alle Arbeiten genau, fragt, wozu sie wohl gerade so getan werden sollten, stellt die vier Arbeitsgruppen nach Schülerwunsch zusammen, macht ein wenig Bilanz der letzten Stunde, wo sich jemand hartnäckig auf ''keinen Bock'' berufen und kaum mitgearbeitet hatte, und gibt schon den Ausblick auf die kommende Woche. Es ist ein lebhaftes, erstaunlich fachkundiges Gespräch, an dem sich fast alle beteiligen.

Um neun Uhr sind alle oben im Garten und bei der Arbeit. Das Verteilen von Gerät, Handschuhen, Gummistiefeln ging ohne Reibung. Aber die meisten Kinder sind ganz ungeeignet gekleidet; bekümmert gibt Erwin dem einzelnen Rat; wie oft hat er Kinder, Eltern beschworen...(um 10.20 Uhr wird die ganze Gesellschaft mit lehmigen Profilsohlen, Blättern und Sträußen und Gemüsen ins Schulhaus rennen...). Die Arbeit an den Beeten beginnt mit der Gemüseernte: Lauch, Sellerie, Zwiebeln, Kohl, u.a. Sie wird verteilt, soweit sich Abnehmer finden; der Rest geht in die Schulküche. Die Arbeit in den Beeten ist unterschiedlich schwer; am größeren sind sechs Kinder tätig, drei mit Grabgabeln, drei haben nur schmale Schäufelchen und ihre Hände, um Stengel, Wurzeln und Steine aus der Erde zu lesen. Dabei werden die Hände klamm, der Rücken steif. Die "Graber" und "Jäter" müssen abwechseln. Das Graben muß systematisch und im Rückwärtsgang geschehen und man muß auf die Stauden achten, die stehenbleiben sollen. Aber zunächst scheint alles Gaudi und Anlaß zu Neckereien zu sein, dann wird erzählt: vom Kartoffeln- und Speckbraten vor zwei Wochen, und daß Erwin "spitze" sein könne, aber auch zu streng: Warum darf man zum Beispiel seine Zootiere nicht mit in den Garten nehmen?- Schon viertel vor zehn Uhr kommt die erste Frage nach der Uhrzeit. Das Beet ist entmutigend groß, sieht zertrampelt und wegen der Stauden unordentlich aus. Die Jungen nebenan haben ordentlich geerntet, ihr Beet ist klein und ansehnlich und dabei scheinen sie nur Unfug zu machen. Derweil haben Cathi, Hanni, Cora und Nicola am Kompost geschuftet: unterm Sieb liegt ein beachtlicher Haufen. Bei den Rindenmulchern ist fast nichts passiert; das Sieb fällt häufig um, es tauge nichts und das Zeug sei noch nicht verrottet. Unerwartet ruft Erwin alle ins Gartenhaus. Dort ist es kaum wärmer, aber Ausruhen tut gut. Wieder gibt es Bilanz: Lob, Tadel, Erläuterungen. Und ein ganz neues Tätigkeitsangebot: Hecke schneiden und Kompost transportieren. Wieder wählen dreizehn der siebzehn Kinder strahlend, ziehen mit Heckenscheren, Schubkarren und anderem ab. Die fleißigen Kompostwerkerinnen sollen sich eine Weile ausruhen. Die nutzen sie, um das Gartenhaus zu fegen und aufzuräumen, "damit Erwin es nicht machen muß". Alle sind vergnügt tätig, als Erwin ruft, sie sollten aufräumen und Schluß machen. Dreckig, eilig, meist grußlos ziehen die Gärtnerinnen und

Gärtner ab. Das meiste des vorher verteilten Gemüses, die Tagetes und anderes bleibt liegen. Klaglos macht sich der Lehrer ans Aufräumen und Säubern. Gleich werden die "Pausenkinder" kommen, aus den Stammgruppen, die ein Beet bewirtschaften. Auch dafür bleibt die Verantwortung und nicht wenig Arbeit bei ihm. Und wie ist es eigentlich in den Ferien?

Fünf Tage später in der Töpferei, Einzelstunde, von 15.00 bis 16.00 Uhr. Dreizehn Teilnehmerinnen aus fünf Stammgruppen. Für acht Mädchen war "Keramik" die Erstwahl, die anderen erinnerten sich nicht genau: wohl die dritte. Es gibt zwei Aufgaben, zuerst die eigenen, geformten und getrockneten Werkstücke glätten, dann aus Büchern die Idee für ein neues Werkstück suchen und für dieses einen schriftlichen Entwurf machen.

Der Unterricht beginnt pünktlich und still. Trotz beengtem Raum arbeiten die meisten konzentriert an ihren Produkten: Spielwürfeln, Mäusen, Schälchen, Wandschildchen..., polieren sie mit Küchenmesser oder Sandpapier. Ines B., die Lehrerin, erläutert, daß sie zunächst auf technische Qualität sehe: für das Vertrautwerden mit dem Material nimmt sie offensichtlich in Kauf, daß die Kinder sich u.U. Kitsch aussuchen; *sie* sollen ja wählen dürfen. Alle Elaborate werden sorgfältig verwahrt (später glasiert und gebrannt). Als die ersten mit dem Glätten fertig sind, ihren Tischplatz säubern sollen für die Arbeit mit Buch, Papier und Stift, entsteht Unruhe, dann Streit. Die neue Aufgabe scheint viele zu überfordern. Immerhin vertiefen sich vier Mädchen in die Bildbände, zwei beginnen wakker zu zeichnen. Ines B. sieht allem gelassen zu, bis die letzten Tonsachen weggebracht worden sind. Dann ordnet sie an, wie alle Arbeitsflächen wirklich zu reinigen sind und wie die zweite Aufgabe gemeint ist. Rasch ist die Säuberung vollzogen, dann sitzen alle - diesmal sehr eng- um einen Tisch herum. Anhand der von einem Mädchen gewählten Vase mit Fuß erläutert die Lehrerin genau und einfach, welche Techniken als nächste und welche erst später zu lernen sind (Drehscheibe zum Beispiel kommt in diesem Grundkurs nicht vor), und wozu ein Entwurf tauglich sein muß, die Zeichnung und der Text. Für die Stillarbeit bleibt dann nicht mehr viel Zeit. Zwei Entwürfe sind fertig geworden, die andern sollen möglichst bald abgeliefert werden. Als alle um 16.00 Uhr gehen, ist die kleine Töpferei tadellos aufgeräumt.

Musikkurs, wieder eine Doppelstunde am Morgen. Siebzehn Kinder, davon nur vier Mädchen, von denen zwei an diesem Tag krank sind. Ein Junge aus Jahrgang 5, neun aus den drei Gruppen aus Jahrgang 6 , sieben aus zwei Gruppen von Jahrgang 7. Nur der "Fünfer", Markus, hat Musik als erstes gewählt, sieben hatten es immerhin als zweites, sechs geben an, "höchstens als viertes!" Einer war am Wahltag krank, weiß nicht recht, wieso er hierher geschickt wurde. Später scheint er besonders fasziniert zu sein. Musik ist Mangelfach an der Laborschule. Der Lehrer, Peter K., hat nur eine halbe Stelle, nur wenige Jahrgänge haben reguläre Musikkurse innerhalb des WuG-Unterrichts. Der Wahlkurs soll also unbedingt genutzt werden, aber er wird zur Zeit wenig gewählt, gerade weil viele Kinder unvorbereitet dafür sind. Zu Beginn wird ein mexikanisches Tanzlied gelernt. Alle sitzen um einen langen Tisch. Peter singt "La Bamba" zur Gitarre; der (minimale) spanische Text wird geschrieben, besprochen. Melodie und Rythmus sind schwierig, die Lust am Mitsingen gering. (Oder darf sie nicht gezeigt werden?) Der Lehrer schlägt vor, daß man sich schon mal an der Instrumentalbegleitung versuchen könne. Jeder holt sich Rassel oder Klangholz oder... Nun wird deutlich, daß viele mitmachen wollen. Unbekümmert um "schräge" Töne der geräuschvoll Übenden singt und spielt Peter viele Male das Lied, und am Ende hat er eine vielstimmige, erstaunlich passende Orchesterbegleitung. Nun wird auch lauthals gesungen. Die zweite Phase beginnt im Rhythmuskreis, ohne Tisch, auf einem kleinen Podium, mit anderen, zum Teil aufwendigen Perkussionsinstrumenten. Es geht darum, im Vierertakt wandernde Pausen einzuhalten: alle, in Kleingruppen, einzeln. Nach wenigen Minuten sind alle Schüler konzentriert und ehrgeizig dabei, fast dreißig Minuten lang, an immer schwieriger werdenden Klanggebilden. Gerade Jungen, die in der Schule bekannt sind als wenig konzentrationsfähig, haben hier Erfolg. In der dritten Phase sind sie noch immer im Kreis mit den Instrumenten. Jetzt stellt jeder seines vor, möglichst auch mit Klangmodulationen. Wie kann man solche hervorrufen? Woher kommt es, daß die Trommel mal höher, mal tiefer klingt? Mal dumpf, mal schrill? In der Schlußphase sitzen alle wieder am Tisch, die von den Schülern gefundenen Antworten werden von Peter diktiert. Daran schließt sich sofort die Wiederholung eines Minitests zu Akkorden: Nur zwei Veränderungen sind, nach dem Gehör, im Notenheft mit einer bestimmten Symbolik zu notieren. Es gelingt den meisten; nach fast hundert

Minuten Konzentration. Markus bleibt nach Unterrichtsschluß, hilft die Instrumente aufzuräumen; den Rest der Frühstückspause verbringen er und sein Lehrer am Klavier.

In den drei Kursen (und allen anderen besuchten) wurde konzentriert und meist mit spürbarem Spaß gearbeitet, gerade auch von Kindern, die als passiv und "schwierig" bekannt sind. Aber kommt in den Kursbeschreibungen und in den Fotos etwas von dem zum Vorschein, was Wahlunterricht, wie im Strukturplan dargestellt, in dieser Stufe "bringen" soll:

- daß er deutlich anders ist als der Pflichtunterricht, zum Beispiel dessen Tendenz zum Verschulen gegenhält? (1)

- daß er den Schülern ermöglicht, nein, ihnen zumutet, Lerngegenstand, Lehrer und Lerngruppe mitzubestimmen? (2)

- daß er ihnen in den sechs Kursen der Stufe III Überblick verschafft und sie das Auswählen lehrt? (3)

Zu (1): Hoffentlich! Soviel Arbeit mit Händen und Füßen, von Muskeln und Gefühl - und das für alle - kann kein Pflichtunterricht liefern, auch nicht im Projekt. Die Ziele sind im Wahlkurs eindeutiger, liegen näher; es geht um bestimmte Fertigkeiten oder begrenzte Expertisen. Hinter dem konzentrierten Arbeiten schien sogar etwas wie Ungeduld der Kinder zu stecken: Das wollen wir aber "richtig" lernen!

Zu (2) ist schon gesagt worden, daß das zur Zeit erprobte System die Wahlfreiheit mehr einschränkt als frühere. Es gibt Anzeichen dafür, daß gerade die "Gängelung" bewußteres Wählen des Gegenstandes bewirkt. Klar ist, daß die Option für den Lehrer so wichtig ist wie die für den Stoff. Aussagen über die Mitbestimmung der Lerngruppe über den Stoff sind hingegen nicht generell zu machen. Zwar kommt in jedem Kurs "irgendwie" Mitbestimmung vor - aber wie, das hängt vom Gegenstand ebenso ab wie von den beteiligten Personen. Aus der Sicht der Kinder heißt Wahlunterricht vor allem, daß die Stammgruppe sich auflöst und daß die Jahrgänge gemischt sind. Die "Zumutung" für die Zehn- bis Dreizehnjährigen ist also, daß sie etwa ein Drittel der Unterrichtszeit (drei Wahlgrundkurs-, drei Fremdsprachen- oder Förder-, zwei Club- und anderthalb Religionsstunden) in unter sich wieder verschiedenen, zum Teil altersübergreifenden und zweimal im Jahr wechselnden Gruppen lernen und leben. (Zumutung übrigens auch und besonders für die Lehrenden.) Umso wichtiger ist es - und wird auch von den Kindern so empfunden, daß man quer zur Wahl des Kurses angeben kann, mit welchen Freundinnen und Freunden man auf jeden Fall zusammenbleiben will.

Zu (3): Überblick bekommen, Wählen lernen. In diesen beiden Zielen kommt eine gegenläufige Tendenz zum Ausdruck. "Überblick bekommen" kann man nur, wenn in dem vielen Unterschiedlichen eine Struktur, also Gleichbleibendes auszumachen ist; "Wählen lernen" kann man nur, wenn Verschiedenes angeboten und die Wahl frei ist. In der 15-jährigen Geschichte der Laborschule hat der Wahlunterricht - je nachdem, welche dieser Tendenzen jeweils überwog - verschiedene Veränderungen erfahren. Am Beispiel dieses Prozesses läßt sich zugleich zeigen, wie der auf sich selbst reagierende Schulversuch Laborschule den zugestandenen Freiraum nutzt, um seine Ziele zu erreichen.

Ursprünglich sollte das Prinzip "Wählen lernen" für jeden, also auch für den Pflichtunterricht gelten. Im "Grünen Buch", der Gründungsschrift der Laborschule (Hentig 1971) war dies mit der Hoffnung begründet, daß Kinder, wenn sie zwischen verschiedenen Angeboten und Lehrpersonen wählen könnten, auf diese Weise zu ihrem didaktischen Optimum gelangen würden. Allerdings sollte die Wahl nicht beliebig frei sein; man sollte beispielsweise nicht zwischen Latein und Handarbeit wählen können, wohl aber zwischen Kochen, Schneidern, Stenographie oder zwischen Englisch, Französisch, Russisch (S. 30). Für zusätzliche Kenntnisse und Fertigkeiten sollte es darüber hinaus Wahlkurse geben; in den Jahrgängen 5 - 7 sollte jedes Kind drei Grundkurse wählen und sich dann in Jg. 8 für einen dreijährigen Aufbaukurs entscheiden.

Diese kühne Vorgabe ist nie verwirklicht worden. Dazu waren die Wirren der Anfangsjahre zu groß. Weil gleichzeitig drei Jahrgänge aufgenommen werden mußten (0, 5 und 7), konnte weder das Konzept der Grund- und Aufbaukurse noch das der Fremdsprachen organisch entwickelt werden. Hinzu kam, daß manche Kinder mit der Wahlfreiheit überfordert waren, manche Erwachsene diese allzu großzügig auslegten. Sehr bald wurde also die Wahlmöglichkeit im Pflichtunterricht abgeschafft. Dafür wurden die Kurs-Angebote bunter, vielfältiger, verloren somit nach und nach ihren Grundkurs-Charakter

Nach einigen Jahren wurde die Revision des ursprünglichen Konzepts beschlossen und im Strukturplan 1979 festgeschrieben. Von da an gab es im Wahlbereich drei Kursarten:

- die Wahlkurse 1 für die Stufe III zum Kennenlernen von möglichst vielen Gegenständen und Erlernen von Fertigkeiten. in der Regel halbjährig, 3 Wochenstunden,

- die Wahlkurse 2 für die Stufe IV zur Vertiefung und Spezialisierung in einem bis drei Fächern, einjährig, 2 Wochenstunden,

- die Leistungskurse für die Stufe IV für Erfahrungen mit einem hohen Leistungsanspruch und zur Profilierung des Schulabschlusses, mindestens zweijährig, 3 Wochenstunden.

In dieser Form bewährten sich die Wahlkurse der Stufe III. Die Angebote waren, wie gesagt, bunt und vielfältig, die Kurse darum bei den Kindern beliebt; viele Unternehmungen in- und außerhalb der Erfahrungsbereiche profitieren heute von dem, was dort an Fertigkeiten gelernt wurde. Noch wichtiger ist wohl, was den Laborschul-Kindern durch das "Wählen-Lernen" an Selbständigkeit und Wachheit zuwächst, Eigenschaften, die viele Besucher ihnen attestieren. Vor allem aber sind die Wahlgrundkurse ein Bollwerk gegen die immerwährende Gefahr der Verschulung. Der Pflichtunterricht kann ihr gar nicht ganz widerstehen: Verordnungen der Behörde, die Sorge um das Fortkommen der Kinder und Jugendlichen, aber auch die Erschöpfung der Erwachsenen begünstigen diese Tendenz. Was liegt näher bei Mittelkürzungen, bei der periodisch immer mal virulenten Angst von Eltern und Kindern, nicht genug Schulwissen mitzubekommen, als auch an das Reservoir des Wahlunterrichts zu gehen? Bisher ist es gelungen, dieses nicht kleine Stück Freiheit und learning by doing zu erhalten. Aber es hatte und hat Schönheitsfehler, die häufig beklagt, kontrovers diskutiert und alle paar Jahre tatkräftig angegangen werden.

1985 gab es erneut eine Bestandsaufnahme, erarbeitet von einer dazu berufenen Arbeitsgruppe, die - außer den überwiegend guten Erfahrungen mit den Wahlgrundkursen - auch einige wiederkehrende Probleme herausstellte:

- Beliebigkeit der Kursinhalte; die Schüler verwechseln sie mit den Clubs (den Hobby- und Spielangeboten),
- Probleme mit der Altersheterogenität
- höhere Fehlquote als im Pflichtunterricht
- die leidige Notwendigkeit, 12 funktionsfähige Kurse zu bilden, d.h., Schüler in Kurse zu schicken, die sie nur als zweite oder dritte gewählt haben und
- ungleiche Behandlung der Wahlfreiheit durch die Betreuungslehrerinnen und -lehrer.

Massive und ernstzunehmende Kritikpunkte! Sie waren der Anfang eines erneuten Revisionsprozesses, zu dem alle Erfahrungsbereiche aufgerufen waren und der schließlich zu der jetzt gültigen, noch in der Erprobungsphase befindlichen Regelung führte. Deren inhaltlicher Kern ist eine stärkere Festlegung der Angebote; dem entsprechend ist auch die Wahlfreiheit gegenüber der vorigen Regelung eingeschränkt.

Es gibt je vier Angebote in drei Bereichen; die Kinder müssen in den sechs Halbjahren der Stufe III aus jedem zwei Kurse wählen.

Unter "Hauswirtschaft" wird angeboten: Kochen, Garten, Gesundheit/Ernährung und Kleidung; im technischen Bereich: Metallverarbeitung, Holzverarbeitung, Elektrotechnik und Energietechnik; und im dritten Bereich (Musisches) kann man wählen zwischen Musik, Tanz/Gymnastik, Foto/Film/Video und Schrift/Druck/Layout.

Unter den Kindern ist das neue Modell umstritten. Zwar finden viele, daß die Wahl nicht ganz frei sein sollte, aber auch, daß es z. B. sehr ärgerlich sein kann, wenn man im Garten einen Sommer lang geackert hat, dann aber im Herbst nicht ernten darf, weil es nicht erlaubt ist, einen Kurs zweimal zu wählen. Ein starkes Argument dafür, das System doch weniger rigide zu gestalten!

"Was lehrt uns die Geschichte" von den fast vier Jahren Planung und über fünfzehn Jahren Unterrichtspraxis der Laborschule, außer den Binsenweisheiten, daß die Reform mühselig ist und den Reformern Bescheidenheit ansteht?

Zum Beispiel,

- daß diese Schule stets dafür gekämpft hat, ihren Schülerinnen und Schülern die Verantwortung für ihr Lernen zu übertragen, aber auch, diese Verantwortung als Schule zu tragen; - daß es möglich ist, alle Beteiligten in die permanente Reform einzubeziehen;

- daß es *mit* ihnen leichter ist, die Balance zu finden zwischen der notwendigen Kühnheit - zu kleine Veränderungen werden von der mächtigen Gewohnheit erdrückt - und der ebenso notwendigen Behutsamkeit im Ändern. Beständigkeit scheint eine notwendige Bedingung für gutes Heranwachsen zu sein.

Und was wäre dem kritisch freundlichen Frager zu antworten auf die vier eingangs genannten Fragen?

1. Wie früh können Kinder wissen, was sie lernen wollen/sollen?

Auf jeden Fall zu Beginn der Sekundarstufe I. Nach aller Beobachtung in den fünfzehn Jahren überlegen die Zehn- und Elfjährigen sorgfältig und selbständig; sie informieren sich allerdings eher oberflächlich über die angebotenen Kurse, wägen dafür sehr genau ab zwischen Lernenwollen und Lustprinzip. Daß die Kurslehrer fast so wichtig sind wie die Themen für die Entscheidung, ist an der Laborschule intendiert, aber sicher auch anderwärts kein Zeichen von Wahlunmündigkeit.

Eltern scheinen sich mehr für das Kursangebot im Ganzen zu interessieren als für die Einzelentscheidung ihres Kindes. Das Gespräch zwischen ihnen und den Lehrenden (meist *mit* den Kindern) ist so "dicht", daß es kaum Fälle gegeben hat, in denen eine Kurswahl gegen den Wunsch des Kindes und den Rat des Lehrers erzwungen wurde.

Fehl-Wahlen kommen vor; nicht häufiger als bei Älteren; in Absprache mit den Beteiligten sind sie in den ersten Kurswochen auch korrigierbar.

2. Welche Stoffe und welche Fertigkeiten sollen im Wahlangebot vorkommen?

Hier fällt die Antwort schwer. Ein paar Teilantworten im Herbst 1990:

- Das Kursangebot soll sich möglichst von dem des Pflichtun-

218

terrichts unterscheiden.

- Es ist nicht so wichtig, welche Inhalte angeboten werden, als
- daß es ein breites Angebot gibt.

- Abschließbare Themen und Unternehmen sind gut, weil die Möglichkeit, mehrere solcher Kurse zu absolvieren, wichtig ist.

- Fächer, die auf Kontinuität angewiesen sind oder gar abschluß-relevant wie eine zweite Fremdsprache, müssen ganz "anders" wählbar sein als Elektronik oder Theaterspiel, gehören nicht zum hier beschriebenen Wahlunterricht.

3. Wie ist ein Kursangebot, das diesen Namen verdient, bezahlbar? Welche Organisation, welche Didaktik ist dafür erforderlich?

Es läßt sich nicht leugnen, daß Wahlunterricht mehr kostet als Pflichtunterricht:

- mehr Lehrkräfte; an der Laborschule sind es 25 %. Auch wo man die Kursgröße für Wahl- und Pflichtunterricht gleich ansetzte, würden die Kinder nicht gleich-mäßig wählen;

- mehr Arbeit für Lehrende und Schulleitung, für Planung, Beratung, Auswertung... und einige Unterrichtszeit der Schüler für Wahlmarkt, Wahl, Produkttag; beides an der Laborschule zwei-mal im Jahr;

- mehr Räume und solche, die Bewegung, Geräusch und Schmutz vertragen;

- einiges an Ausstattung für Handarbeit. Vieles muß auch an der Laborschule improvisiert, zum Beispiel Materialgeld von den Eltern getragen oder durch Produkte verdient werden.

Für die Laborschule mit ihren nur 60 Kindern pro Jahrgang ist die altersübergreifende Organisation des Wahlunterrichts unumgänglich, ja, sie gehört zum Prinzip. Allein, daß "schwache" Kinder hier einmal die Chance haben, als Ältere die "Starken" zu sein, lohnt die größere Mühe.

Die Didaktik solcher Kurse gibt es bisher nicht; wohl aber gesicherte Erfahrungen, die aufgeschrieben werden könnten.

Übrigens hängt das Gelingen der Kurse außer von der Zusammensetzung der Gruppe und dem Geschick der Lehrerinnen und Lehrer (sie müssen zugleich zupackender, "strenger" und lockerer sein als im Pflichtunterricht) eben von der Gesamtorganisation des Wahlunterrichts ab.

4. Wie frei kann/darf die Wahl sein? Für den Schüler? Für die Schule?

Offensichtlich nicht völlig frei. Keine Schule kann je nach dem Wahlergebnis ad hoc das Kursprogramm ändern, andere Fachlehrer einsetzen etc. Und das ist vielleicht gut, weil es den von ihren bisherigen Erfahrungen "konditionierten" Kindern keine Freiheit vorgaukelt; weil eben gerade das Wählen innerhalb von Regeln gelernt werden muß.

Für das Lernziel Wählenkönnen, "Leben mit der Fülle der Mittel und der Vielfalt der Ziele" (Hentig 1969, S. 26) scheint der Einstieg gerade zu Beginn der Sekundarstufe I günstig zu sein. Die Kulturtechniken stehen dann einigermaßen zur Verfügung; in der späten Kindheit ist das Interesse mehr auf die Welt als auf das Selbst gerichtet; in der Laborschule ist die Stammgruppe als notwendiger Halt dann zusammengewachsen; der gleichzeitige Beginn der zweiten Fremdsprache übernimmt die andere notwendige (und ungleich härtere) Wahl zwischen zusätzlichem Lernstoff und wiederholendem Üben der Kulturtechniken.

Aber ganz sicher ist, daß Sachzwänge und allzu große erzieherische Fürsorge *die* Feinde von Wahlunterricht sind. Die Laborschule ist auch mit ihrem derzeitigen ausgeklügelten Wahlsystem nicht ganz zufrieden. Es läßt sich hoffentlich noch ein wenig besser und einfacher machen!

5. 1 Kai, Michael, Sabine und Nina - biographische Skizzen

In diesem Abschnitt ist von vier sehr unterschiedlichen Kindern die Rede, die die Stufe III noch nicht lange hinter sich gelassen haben. Diese Jahre sind für sie ebenso unterschiedlich gelaufen, waren aber - darin liegt das Gemeinsame - jeweils mit einer deutlichen, vielleicht entscheidenden Veränderung in ihrem Leben verbunden.

"Biographisch" sind diese Skizzen nur in einem sehr begrenzten Sinn; sie wollen nicht Entwicklungen in ihrer ganzen Komplexität nachzeichnen sondern beschränken sich auf einen begrenzten Zeitraum, genauer: auf die Frage, was die Schule in dieser Zeit an den Kindern vielleicht bewirkt hat, und wie.

Kai - die Geschichte einer Beruhigung

Kai ist Einzelkind einer alleinerziehenden Mutter. Seine Kindheit ist geprägt durch einen schrecklichen Unfall, den er als Vierjähriger hatte; er wäre fast verbrannt. Monatelang muß er danach im Krankenhaus liegen, mehrere Transplantationen werden durchgeführt. Schließlich heilen die Brandwunden. Hingegen erweist sich die psychologische Betreuung als äußerst schwierig; Kai reagiert ablehnend und sehr aggressiv auf alle Versuche, ihn aus seiner Isolation und seinen Tagträumen herauszuholen.

Als er dann wieder in die Schule gehen kann, beginnt für ihn ein schwieriger Prozeß der Wiedereingliederung. Und auch in der Gruppe gilt er - was Wunder! - als einer der "Schwierigen".

Zu Beginn der Stufe III, der Zeit also, die dieser Bericht beschreibt, hat er den ersten und schwersten Teil dieses Prozesses hinter sich und geht fröhlich und neugierig in das neue Schuljahr hinein. Der Übergang ist für ihn kein Bruch, denn sein "alter" Betreuungslehrer unterrichtet weiterhin in der Gruppe Mathematik, und zur neuen Lehrerin hat er schnell einen guten Draht. Er findet alles spannend, die neue Fläche, die Lehrerinnen und Lehrer, den veränderten Unterricht; er steckt voller Ideen und greift Anregungen gern auf.

Die Gruppe mag ihn; trotzdem hat er Schwierigkeiten, Tisch-
gruppen-Partner zu finden. Niemand hält es lange aus, neben ihm
zu sitzen. Ständig ist er in Aktion, zappelnd, wackelnd, fuchtelnd,
redend; er selbst kann sogar dabei arbeiten, aber kaum jemand in
seiner Nähe. Im Unterricht ist es nicht anders; die Erwachsenen
mögen ihn, aber es vergeht kaum eine Stunde, ohne daß einem
von ihnen der Kragen platzt. Kai kann keinen Gedanken, keine
Seelenregung ungeäußert lassen; oft kommen sie eruptionsartig aus
ihm heraus. Er steckt in ständig wechselnden Rollen, ist sozusagen
sein eigener Produzent und Regisseur, der die "Filme", die in ihm
ablaufen, zugleich in Szene setzt. Jeder Blumentopf, jedes Stuhl-
bein, jeder Stift verwandelt sich für ihn in ein Gefährt oder Ge-
büsch oder Geschütz, und wenn man ihn anspricht, muß er erst
die gerade in Produktion befindliche Comic-Blase abrattern (t-t-t-
- kchch - boing!), bevor er anwortet: "Ja, was ist?" Er ist reizbar,
von sich aus selten aggressiv, aber leicht zur "Explosion" zu bringen, wenn jemand es darauf anlegt. Dann schreit oder schlägt er
um sich oder läuft weg.

Er ist auch gutmütig und freundlich, weich und leicht beeinfluß-
bar, lebhaft und neugierig, an Sachen interessiert; so kann man an
ihn herankommen. Die Lehrerinnen und Lehrer mag er überwiegend, ja, er sucht ihre Zuwendung. Sie halten Kontakt zu seiner
Mutter, die sich Sorgen macht wegen seiner schlechten Leistungen.
Die entsprechen - darin sind die Erwachsenen sich einig - bei
weitem nicht seinen Fähigkeiten. Darum wird Kai für Latein
angemeldet und findet das zunächst auch gut. Aber bald zeigt
sich, daß es ihm in diesem Unterricht nicht anders geht als sonst
auch: Er kriegt bestenfalls die Hälfte mit, verlangt dann, wenn er
eine Aufgabe machen soll, Hilfe - am liebsten wäre es ihm, der Lehrer würde sich zu ihm setzen und die ganze Stunde dableiben -
und wenn er die nicht sofort bekommt oder nicht genug, wird
er bockig oder gibt auf. Seine Schrift ist ausgeprägt und kippelig
zugleich; er schreibt Phantasiegeschichten, die meistens von Horror handeln, und wie Horror sieht auch aus, was er ständig und
auf alles malt und kritzelt.

Seine Betreuungslehrerin trifft mit ihm und seiner Mutter ein
Abkommen. Er darf, wenn er zu zappelig ist, von sich aus im
Unterricht weggehen, um sich zu entspannen und dann wieder-

zukommen. Er darf auch allein arbeiten und dazu in die Bibliothek gehen. An jedem Freitag wird eine gemeinsame Wochenbilanz gezogen. Was Kai in der Schule nicht geschafft hat, holt er entweder zu Hause nach, oder er bleibt am Dienstag, wenn die anderen mittags nach Hause gehen, länger in der Schule. Dann hat seine Lehrerin, haben gelegentlich auch die anderen Erwachsenen vor Beginn ihrer Konferenzen für ihn Zeit, und es gibt Tee und Kekse.

Dies bewährt sich eine zeitlang; seine Leistungen werden sichtlich besser. Am besten ist er, wenn er nicht stillsitzen, zuhören oder schreiben muß. Bei allen Erkundungsgängen, Reisen, Projekten und irgendwie praktischen Tätigkeiten zeichnet er sich durch Neugier, Eifer und originelle Einfälle aus. Wenn aber Ausdauer verlangt wird, kippt er meist irgendwann um und läßt das Angefangene liegen, nicht anders als im Unterricht.

So geht es im 5. und 6. Schuljahr mit ihm "irgendwie" ganz leidlich; aber gegen Ende des 6. tritt eine deutliche Verschlechterung ein. In Latein tut er gar nichts mehr, er will "raus aus Latein", ist bockig und aggressiv, um von sich aus "nachzuhelfen". In Mathematik ist es ähnlich, und auch die anderen Erwachsenen beklagen sich über ihn. Seinen Wahlkurs boykottiert er, weil er nicht seiner Erstwahl entspricht.

Wieder finden lange Gespräche statt. Seine Mutter und die Lehrerinnen und Lehrer sind sich darin einig, daß man ihm die Trotz-Haltung nicht durchgehen lassen kann. Schließlich treffen sie eine Vereinbarung, der er zustimmen kann: Er bleibt vorerst in Latein, geht im 7. Schuljahr für einen Monat in den "Spätbeginn"-Kurs Französisch und entscheidet dann zwischen beiden Fremdsprachen. In Mathematik muß er einen Sondereinsatz leisten. Bei der nächsten Kurswahl wird seine Betreuungslehrerin alles tun, damit er seine Erstwahl bekommt, und seine Mutter stellt ihm die Erfüllung seines größten Wunsches in Aussicht: ein eigenes Schlagzeug. Vor einigen Monaten hat er seine Vorliebe für dieses Instrument entdeckt und geht seitdem in jeder Mittagspause in den Musikraum.

Einige Monate danach, im neuen Schuljahr, erscheint er wie ausgewechselt: ruhig (soweit er das überhaupt sein kann), selbstbewußt und freundlich. Er hat sein eigenes Schlagzeug, ist im Französisch-Kurs und findet das, wenn schon nicht gut, so doch passabel, und er hat eine weitere Vorliebe entdeckt, das Skateboardfahren, und damit auch neue Freunde gewonnen. Seine Leistungen sind in allen Fächern zufriedenstellend, und mit zunehmendem Selbstvertrauen entwickelt er auch mehr und mehr Ehrgeiz. Das kindlich-trotzige "Na und?", das er allen an den Kopf zu werfen pflegte, die ihm sagten, er versäume etwas Wichtiges, hört man kaum noch; er hat sich so weit im Griff, daß er die eigenen Launen und Stimmungen und die Ansprüche, die von außen an ihn gestellt werden, einigermaßen rational ausbalancieren kann.

Mittlerweile ist Kai in der Stufe IV, hat Musik als Leistungskurs gewählt und kommt, wie er sagt, "gut klar". Er wird, wie es jetzt aussieht, sicher einen guten Hauptschulabschluß, vielleicht die Fachoberschulreife bekommen. Spätestens im 6. Schuljahr wäre er unter normalen Umständen "reif" gewesen - nicht nur zum Sitzenbleiben, sondern auch zur Abschulung in die nächst"untere" Schulart.

Michael - die Geschichte eines Scheiterns

Michael ist im 5. Schuljahr in die Laborschule gekommen und hat sie am Ende des 7. wieder verlassen. Für ihn bedeutet diese Zeit also den gescheiterten Versuch, in dieser Schule Fuß zu fassen.

Seine Mutter hat ihn angemeldet, um die von seiner Grundschule angestrebte Überweisung in eine Sonderschule zu verhindern. In den ersten Tagen fällt er niemandem besonders auf, wirkt still und brav, blaß, verschlossen und eher schwächlich. Gegen Ende der ersten Woche reizt ihn jemand, und plötzlich schlägt er zu, mit solcher Wut und Brutalität, daß es allen den Atem verschlägt. Dann läuft er weg, nach draußen, ein Junge geht ihm nach, um ihn zurückzuholen, doch er erklärt, er werde diese Schule nie wieder betreten. Schließlich versucht es die Betreuungslehrerin, vernünftig mit ihm zu reden, er erklärt ihr das gleiche, fährt nach Hause und ist am nächsten Tag wieder da, als sei nichts geschehen. Gesprächsversuche blockt er ab.

Diese Episode ist der Auftakt zu einem langen "Tauziehen" um ihn, vor allem aber in ihm. Michael ist der Älteste von drei Geschwistern, seine Mutter arbeitet tagsüber, der Vater ist arbeitslos. Es kommt oft zu Auseinandersetzungen zwischen ihm und seinem Sohn; Michael fürchtet sich vor dem Vater, will ihm aber auch imponieren. Im Haus wohnt ein Jugendlicher, mit dem er sich angefreundet hat; beide haben ähnliche familiäre Probleme und ähnliche Wünsche und Träume. In der Schule erzählt er von den Waffen, die sein Freund ihm geschenkt habe, angeblich sind es mehrere Messer und eine Pistole. Zwei Jungen aus der Gruppe schließen sich ihm an; sie bewundern ihn und sind ihm mehr und mehr ergeben. Michael hat die brutalsten Ausdrücke "drauf" und gebärdet sich, trotz seiner körperlichen Schwäche, gern als harter Schläger.

Unterricht läßt er im wesentlichen über sich ergehen, entzieht sich den Anforderungen, wie überhaupt dem "Zugriff" der Erwachsenen, soweit er kann. Seine Betreuungslehrerin setzt auf Ermutigung und Lob; er hat eine schöne Schrift, schreibt auch gern ab, und er freut sich über Lob. Aber er ist auf keine Weise zu anderen Leistungen zu bewegen; in Englisch, das er ja nachlernen muß, verweigert er von vornherein die Mitarbeit.

Einmal stößt er bei einer Rangelei ein Regal mit Tassen, Kannen, Blumentöpfen und anderen "Haushaltsgegenständen" der Gruppe um; alles geht zu Bruch. Er steht da, erschrocken, jämmerlich, bleich vor Angst. Es gibt aber kein "Donnerwetter", die Lehrerin beruhigt ihn, viele helfen, die Trümmer zu beseitigen; er ist sichtlich erleichtert und dankbar. Die Lehrerin hofft, dies sei vielleicht der Durchbruch gewesen.

Aber der kommt nicht, auch im nächsten Schuljahr nicht, als er einen Sportunfall hat, ins Krankenhaus kommt und das Mitgefühl aller so genießt, daß er später einmal sagt, er würde sich wohl am besten wieder mal ein Bein brechen.

Im Unterricht setzt er sich mittlerweile so weit wie irgend möglich vom jeweiligen Erwachsenen weg, und seine Freunde machen es ihm nach. Die drei sondern sich auch sonst mehr und mehr ab.

Die Lehrerin sucht die Familie auf, weil die Eltern von sich aus nicht in die Schule kommen. Der Vater entzieht sich regelmäßig solchen Gesprächen, die Mutter ist freundlich, man trinkt Kaffee, Michael genießt es, im Mittelpunkt zu stehen, und faßt gute Vorsätze. Sie vereinbaren, beim Jugendamt Unterstützung zu beantragen. Michaels bester Freund war ein junger Sozialarbeiter, der die

Familie lange regelmäßig besucht und die Kinder, vor allem ihn, betreut hat. Seitdem er weggezogen ist, geht es mit Michael, wie die Mutter sagt, bergab.

Die Schule kann diese Entwicklung nicht aufhalten. Michaels Leistungen gehen gegen Null, er schlägt angebotene Hilfen aus und reagiert auf Anweisungen selten anders als aggressiv. Er redet und träumt von Gewalt. Es kommt zu bösen Schlägereien, er bedroht jüngere Kinder. Im Zeltlager und bei einem Aufenthalt im Landschulheim zieht er sich, sooft er kann, zurück, verdunkelt alles um sich herum und hört Horrorkassetten.

Die Lehrerin hält Kontakt zum Jugendamt, aber die angekündigte Maßnahme kommt nicht zustande, weil Michael es ablehnt, daß eine Sozialarbeiterin ins Haus kommt. Mehr und mehr zeigt sich, daß er Frauen überhaupt ablehnt, bis zum Haß. Aber auch ein Lehrer, der einen guten Draht zu ihm hat und sich um ihn kümmert, kommt schließlich nicht mehr an ihn heran. Es finden zahlreiche Gespräche und Konferenzen statt, die jedoch keine Änderung bewirken. Die Lehrerin fragt beim Jugendamt an, ob Michael eventuell ein Stipendium für ein Landschulheim bekommen könne. Das wird abgelehnt. Daraufhin empfiehlt sie der Mutter, Michael in eine Hauptschule umzumelden, in der Hoffnung, er werde vielleicht in einer strengeren Ordnung den Halt finden, den die Laborschule ihm nicht hatte geben können. Die Mutter meldet ihn ab, aber die Hoffnung bestätigt sich nicht; nach einem weiteren Jahr wird Michael in ein geschlossenes Heim eingewiesen.

Dies ist einer von den Fällen, in denen die Laborschule kapituliert hat; meist ging es dabei um Kinder, die, wie Michael, später gekommen waren, aber es ist auch vorgekommen, daß Kinder, die von Anfang an hier waren, später auf Empfehlung der jeweiligen Stammgruppenkonferenz umgeschult wurden. Die Ursachen sind natürlich von Fall zu Fall andere; allenfalls läßt sich sagen, daß manche Kinder mit der Offenheit der Schule und der Selbstverantwortung, die ihnen hier zugemutet wird, überfordert sind, aus welchem Grund auch immer, und dann mit Verweigerung reagieren. Im Falle von Michael war der Schlüssel zum Verstehen seiner Geschichte vermutlich die Vater-Sohn-Beziehung; und da der Vater sich der Schule völlig entzog, gab es auch für die Lehrerin keine Chance, an diese Ursache seiner Schwierigkeiten heranzukommen. Die Abgründe an Angst, die in ihm steckten und die er in Gewalt-Träumen, später mehr und mehr in Gewalt-Tätigkeit umsetzte, machten ihn mißtrauisch gegen einen anderen Umgang mit Menschen, nach dem er sich insgeheim vielleicht sehnte, und wohl auch unfähig, eine Schule anzunehmen, die ihm dies hatte ermöglichen wollen, die aber letztlich an ihm versagt hat.

Es gibt übrigens nicht viele solcher Fälle von Abgängen auf Betreiben der Schule; allerhöchstens 20 in den 15 Jahren ihres Bestehens (bei 660 Schülern), und fast alle waren Jungen, wie auch immer man das interpretieren mag.

Sabine - die Geschichte einer Krise

Eine gute Möglichkeit, Laborschul-Kinder kennenzulernen, ist die Lektüre der Beurteilungen, die sie nach jedem Halbjahr erhalten. Nach und nach wird eine dicke Mappe daraus; ein sehr persönliches und darum kostbares Dokument. Manchmal lassen die Betreuungslehrerinnen und -lehrer eines Jahrgangs den Mädchen und Jungen zum Abschied ihre "Berichte zum Lernvorgang" binden; dann nehmen sie ein Buch mit, das die Erwachsenen, mit denen sie je in ihrer Schulzeit zu tun hatten, über elf Jahr hinweg über sie geschrieben haben.

Wer auf diese Weise Sabines Lernweg bis zum Ende der Stufe III verfolgte, würde feststellen, daß die Berichte über sie durchgehend erstaunlich ähnlich bleiben. Bestimmte Eigenschaften und Verhaltensweisen werden von allen Erwachsenen hervorgehoben und geben so etwas wie einen roten Faden ab: Sabine ist demnach ein fröhliches, beliebtes, unkompliziertes Mädchen, manchmal etwas zu redefreudig; sie drückt sich auch gern mal vor unbequemen Aufgaben oder "vergißt" sie, ist aber insgesamt eine gute Schülerin, vor allem in den Fremdsprachen. In ihrer Entwicklung gibt es keine Brüche, nicht einmal dramatische Phasen, und doch hat sie im 6. Schuljahr eine Schulkrise zu bestehen, die zugleich die größte Krise ihres bisherigen Lebens ist.

Ihre Eltern sind seit kurzem geschieden; sie wurde der Mutter zugesprochen. Die ist umgezogen in eine Kleinstadt der näheren Umgebung und fährt nun von dort aus jeden Tag zur Arbeit nach Bielefeld. Sabine kann morgens mitfahren, aber die Mutter findet das für sie sehr anstrengend. Darum schlägt sie Sabine vor, sie umzumelden an eine Schule des neuen Wohnorts.

Für Sabine kommt das nicht in Frage, auf keinen Fall. Das sagt sie ihrer Mutter, und die Sache ist für sie vorerst abgetan. Nicht so für die Mutter; sie läßt nicht locker. Mehr und mehr zeigt sich, daß der Umzug für sie nur ein willkommener Anlaß gewesen ist, daß sie sich schon lange mit dem Gedanken getragen hat, ihre Tochter könnte vielleicht ein Gymnasium besuchen. Sie hat sich darum - bewußt oder unbewußt - alles zueigen gemacht, was ihr an Kritik über die Laborschule bekannt war, und nun fügt sie diese Kritik mit dem durch den Umzug entstandenen Sachzwang zu einer schwer zu durchbrechenden Argumentationskette zusammen: Sabine sei eine gute Schülerin, sie könne das Gymnasium schaffen und werde an der Laborschule nicht genug gefördert; sie solle sich doch wenigstens auf eine Probezeit einlassen und werde dann die Erfahrung machen, daß ihr Abschiedsschmerz nur vorübergehend sei, daß sie am Gymnasium auch neue Freunde finden und außerdem die Befriedigung haben werde, die bestmögliche Schule zu besuchen - ganz zu schweigen von dem Vorteil, nicht mehr fahren zu müssen.

Sabine wehrt sich mit allen Kräften. Weder hält sie ein Gymnasium für die bestmögliche Schule noch die Aussicht, sie könne auch da vielleicht eine gute Schülerin sein, für schmeichelhaft. Ihr Argument: Für sie sei die Laborschule *die* Schule, an keiner anderen könne sie besser lernen und sich wohler fühlen, und darum wolle sie weiterhin fahren, das mache ihr nichts aus. Die Kritik der Mutter sei nur nachgeredet, treffe für sie und ihre Gruppe überhaupt nicht zu.

Über Wochen zieht diese Auseinandersetzung sich hin, und da beide, Mutter und Tochter, nicht von ihrem Standpunkt abrücken, wird ihre Beziehung immer gespannter, der Streit immer emotionaler und quälender.

Der eigentliche Schock kommt aber erst, als Sabine, von einer Klassenfahrt zurückgekehrt, von der Mutter erfährt, sie sei nun von der Laborschule abgemeldet und werde ab morgen das XY-Gymnasium besuchen. Sabine ist außer sich, fühlt sich von der Mutter überrumpelt und verraten; es kommt zu einer schrecklichen Szene. Am nächsten Morgen geht sie trotz allem in die neue

Schule; sie muß ja. Aber ihr Widerstand ist nicht gebrochen, und so ist sie fest entschlossen, alles Neue schlecht zu finden. Auch die beste Schule der Welt hätte sie unter diesen Umständen wohl kaum von dieser Haltung abbringen können, und so ist es nicht verwunderlich, daß sich diese widerspenstige Laborschülerin in einem ländlich-leistungsorientierten Gymnasium als schwer oder gar nicht integrierbar erweist. Genau das ist ja Sabines Strategie. Sie hat darüber hinaus mit dem Vater Kontakt aufgenommen und ihn um Hilfe gebeten. Nach zwei Wochen hat sich die Situation so zugespitzt, daß Sabine ihrer Mutter erklärt, sie werde entweder ab morgen wieder in die Laborschule gehen oder zum Vater ziehen. Die Mutter nimmt die Herausforderung an und bleibt hart. Sabine packt ihre Koffer und verläßt sie noch am selben Tag.

Seitdem sind mehr als zwei Jahre vergangen; Sabine ist jetzt im 9. Schuljahr und lebt nach wie vor beim Vater. Zur Mutter zurückzugehen hat sie seither nie ernstlich erwogen. Sie sieht im nachhinein, daß die damalige Schulkrise eine schon vorher vorhandene Beziehungskrise ans Licht gebracht hat, und auch, daß ihr Urteil über jenes Gymnasium sicherlich einseitig und ungerecht war. Trotzdem - auch heute noch findet sie, es sei dort "schrecklich" gewesen. Einmal stand ein Lehrer neben ihr und beobachtete sie bei der Arbeit. Er fragte, ob sie die Aufgabe verstanden habe. "Ein bißchen", sagte Sabine. "Was soll das heißen? Ja oder nein?" sagte der Lehrer. Von da an fand Sabine ihn "total streng", auch die anderen Lehrer, obwohl die meisten freundlich zu ihr waren. Den Unterschied zur Laborschule beschreibt sie so: "Hier sag' ich zum Lehrer: 'Du, erklär mir das mal bitte!' Und dann tut er das. Und wenn ich es nicht verstanden habe, dann sage ich: 'Tut mir leid - ich hab' das immer noch nicht gecheckt, du mußt mir das nochmal erklären', und dann tut er das. Aber da war das so - du hast es entweder kapiert oder nicht." Was sie am meisten gestört hat, war die "Einzelkämpfer"-Situation. "Die saßen da alle zusammen in einem Raum, und jeder hat allein vor sich hin gearbeitet." Kein Sitzkreis, keine Tischgruppe - Sabine, die ebenso kontaktfreudig wie auf Kontakt angewiesen ist, merkte jetzt erst richtig, welchen Halt sie verloren hatte, und fühlte sich vereinsamt und verunsichert. "Und in den Pausen, da wußte man gar nicht, wo man hingehen sollte. Die mußten da alle auf den Hof, und da stand ich dann herum und wußte nicht, wo ich hingehen sollte." Sie betont das so besonders, weil es ihr eben bis dahin selbstverständlich gewesen war, die Pausen im Zoo zu verbringen oder in der "Disco" oder in der Uni.

Heute ist Sabine ebenso überzeugt wie eh und je, die für sie beste Schule zu besuchen. Ihre Leistungen sind durchschnittlich oder besser; sie wird voraussichtlich die Fachoberschulreife bekommen, vielleicht schafft sie sogar den Qualifikations-Vermerk. Dann könnte sie - theoretisch- die Oberstufe jenes Gymnasiums besuchen und käme vermutlich auch zu einer anderen Einschätzung. Damals, als Zwölfjährige, blieb ihr wohl kein anderer Ausweg als erbitterte Gegenwehr, für die sie zum Glück stark genug war. Denn sie war, ohne sich dessen bewußt zu werden, in für sie unlösbare Widersprüche geraten - zwischen gesellschaftlichem Prestige-Denken, das sich im Ehrgeiz der Mutter niederschlug, und den Werten und Grundsätzen einer Schule, die das einzelne Kind vor solchen Zwängen schützen will, damit es ihnen später besser standhalten kann. Sabines Standpunkt in dieser Frage ist klar, auch ihre Standhaftigkeit hat sie bewiesen. Den Beweis dafür, daß sie die Hoffnungen, die man heute in sie setzt, rechtfertigen wird, hat sie später anzutreten.

Nina - die Geschichte einer Kräftigung

Nina ist ein kleines, zartes, zierliches Mädchen. Als Kleinkind bekam sie Rheuma; ein zweiter, schwerer Schub folgte, als sie fünf Jahre alt und "Nullerin" in der Stufe I war. Im Jahresbericht ihrer Lehrerin heißt es: "Sie kam damals oft matt in die Schule, hatte Schmerzen, war in ihrer Bewegungsfreiheit eingeschränkt. Es ging ihr aber im Laufe des Jahres zunehmend besser, und zunehmend wurde sie wieder das aktive, witzige, nachdenkliche, fröhliche und freundliche Kind, das sich schon morgens tatkräftig auf die Welt einließ."

Inzwischen ist Nina im 7. Schuljahr; und ebenso wie bei Sabine zieht sich durch alle ihre Beurteilungen wie ein roter Faden, was in dieser ersten Charakteristik so knapp und prägnant formuliert ist. Das gilt auch für einen anderen Charakterzug, der ihrer Lehrerin schon damals Anlaß zur Sorge war. Sie schrieb: "Ihre Vorliebe galt dem Rechnen, das sie unermüdlich betrieb. Damit sie nicht ständig der Konkurrenz zu ihren älteren Mitschülern ausgesetzt war, an deren Leistungen sie sich - oft angestrengt - maß, bekam sie zuletzt eigene Übungsblätter."

Dieses ängstliche Sich-Messen-an-Besseren ist leicht erklärbar: Nina hat eine nahezu perfekte ältere Schwester, die nicht nur intellektuell brillant, sondern auch ebenso musisch und sportlich begabt ist; sie hat die Laborschule vor kurzem als jüngste Absolventin (wegen eines übersprungenen Schuljahrs) mit dem denkbar besten Zeugnis verlassen und verbringt jetzt ein Auslandsjahr in den USA.

Nina hatte also in ihren Leben mit zwei Schwierigkeiten zu kämpfen: ihrer Krankheit und dem Bewußtsein, es der Schwester trotz aller Anstrengung nie gleichtun zu können. Gegen beide wehrte sie sich mit zäher Vitalität, Beredsamkeit, Witz, Spielfreude und einer besonderen Fähigkeit, sich - wie ihre Lehrerin es ausdrückte - "tatkräftig auf die Welt einzulassen". Schon als Nullerin war sie geradezu begierig nach Sachaufgaben - rechnete mit der gleichen Begeisterung und Ausdauer, wie sie schwamm und tauchte, Tiere versorgte und Ställe schrubbte, die fast doppelt so groß waren wie sie.

Der Übergang in die Stufe II vollzog sich für sie in besonderer Weise: Nach dem ersten Halbjahr des zweiten Schuljahrs "sprang" sie ins dritte zu ihren "alten" Freundinnen, die ein halbes Jahr zuvor ganz normal übergegangen waren. Zu dieser Maßnahme hatten Lehrerin und Mutter sich entschlossen, weil Ninas intellektuelle Entwicklung sie rechtfertigte und weil eben jene ein Jahr älteren Freundinnen für sie so besonders wichtig waren. Aber das Springen hatte auch seinen Preis: Sie wirkte nun in der Gruppe erst recht klein, und ihr ängstliches Bemühtsein um gute Leistungen konnte zu völliger Verkrampfung führen. In ihrem Abschlußbericht über das 4. Schuljahr beschreibt Ninas Lehrerin eindrücklich, wie Aufregung und Verspannung ihre Leistungen beeinträchtigen können. Zum Schluß heißt es: "Du wirst im 5. Schuljahr gut zurechtkommen, je zuversichtlicher und ruhiger Du es angehst, umso besser."

Inzwischen ist Nina, wie gesagt, im letzten Jahr der Stufe III, innerlich und äußerlich gewachsen, ein selbst- und modebewußtes Mädchen und eine gute, z.T. ausgezeichnete Schülerin.

An dieser Entwicklung haben mehrere Faktoren zusammengewirkt. Der wichtigste ist sicherlich jene besondere Mischung von

Sachlichkeit und Eifer, die Nina von jeher auszeichnete und die sie nun alle Angebote der Stufe III begierig aufnehmen läßt. Die zahlreichen neuen Erwachsenen, mit denen sie es zu tun hat, schrecken sie nicht im geringsten; sie bedeuten für sie ebenso viele Chancen, Spezialwissen "anzapfen" und in eigenes Können umwandeln zu können. Und die Erwachsenen schätzen natürlich dieses kleine, fröhliche Energiebündel. So bekommt sie immer wieder positive Rückmeldungen. "Liebe Nina", schreiben ihr die beiden Werklehrer, "es hat uns viel Spaß gemacht, mit Dir in der Werkstatt zusammenzuarbeiten." "Du bist die begeisterungsfähigste Schülerin, die ich kenne", heißt es in einer Latein-Beurteilung, und zugleich macht die Lehrerin ihr das Angebot, als ihre "Assistentin" mit Kindern zu arbeiten, die weniger schnell lernen; ihr ausgezeichnetes Sachwissen und ihre ausgeprägte Hilfsbereitschaft befähigten sie dazu gleichermaßen. Seit Beginn des 7. Schuljahrs lernt sie darüber hinaus noch Französisch als dritte Fremdsprache; sie war schon einige Male mit der Familie in Frankreich und brennt nur darauf, endlich dort mitreden zu können; die Mehrbelastung nimmt sie darum gern auf sich. Im Garten wird ihr ein Beet zu verantwortlicher Pflege anvertraut; im Sport erntet sie großes Lob für ihre turnerischen Leistungen und vor allem für ihren besonderen Einsatz in Sportarten, die ihr, klein und zart wie sie ist, kaum liegen können, nämlich Fußball und Basketball. Der Mathematik-Lehrer schreibt: "Ihr Heft und ihre Mappe sind Erholung für meine Augen!"

Natürlich bekommt sie auch Kritik zu hören, z.B. an ihrer immer noch reichlich chaotischen Rechtschreibung (sie "vergißt" sämtliche Regeln, wenn es ihr vor allem um den Inhalt geht), auch an ihrer Zappeligkeit, die im Unterricht sehr "nerven" kann. Aber gemessen an dem Lob nimmt sich diese Kritik gering aus. Nina spürt und bekommt immer wieder Bestätigung dafür, daß sie nicht nur als Mitmensch beliebt und geachtet, sondern auch als Schülerin sehr erfolgreich ist. So kann sie sich mehr und mehr von der Vorstellung lösen, sie müsse in allem ihrer Schwester nacheifern, sie kann auch bewußt anderes wollen und anders sein wollen als diese. Die Schwester ist z.B. literarisch begabt, schreibt Briefe, Tagebucheintragungen, Geschichten und hat schon einen Aufsatz in einer Zeitschrift veröffentlicht. Nina hingegen denkt praktisch und pragmatisch und bringt die Dinge kurz und knapp auf den Punkt. Von einer Klassenfahrt schreibt sie ihrer Schwester einmal folgenden Brief: "Liebe Sarah! Mir geht es voll gut, und Dir? Wir waren schon fünfmal schwimmen. Heute können wir reiten! Ich reite. Die Jungen nerven ganz doll. Was soll ich noch schreiben? Nina." So ist ihr Stil.

Sie hat aber auch schon mehrere lange Arbeiten geschrieben, darunter ein 30-Seiten-Referat über Wellensittiche, in dem sie ihre über Jahre erworbenen Erfahrungen und angelesenes Wissen in der ihr eigenen Mischung von Eifer, unbefangener Kindlichkeit und prägnanter Sachlichkeit zu einem kleinen "wissenschaftlichen" Werk verarbeitete. Zufällig geriet es einen Bielefelder Wissenschaftler in die Hände, der es für so bemerkenswert hielt, daß er der Autorin schrieb und später auch mit ihr Bekanntschaft schloß. Möglich, daß dies ein erster Schritt war in Richtung auf die zukünftige Karriere einer jungen Wissenschaftlerin.

Vielleicht wird sie später aber auch andere Wege einschlagen. Denn ihre Stärke ist nicht nur der Umgang mit Sachen, sondern mindestens ebenso alles, was Menschen betrifft. Es mag mit ihrer Krankheit zusammenhängen, daß sie von jeher ein sicheres Gespür hatte für Probleme anderer; hinzu kam ein ausgeprägter Gerechtigkeitssinn. Heute hat sie die Krankheit, dank einer streng eingehaltenen Diät, einigermaßen im Griff, ist - für ihre Verhältnisse - groß und kräftig geworden, aber immer noch die Jüngste und Kleinste in ihrer Gruppe. "Ameisen - King Kong" sagen die Jungen zu ihr, wenn sie sie ärgern wollen. Aber das ist nicht ohne Respekt gesagt. Denn sie wissen: Wenn Ninas Gerechtigkeitssinn gefordert ist, wenn sie sich für jemanden oder etwas mit ihrer ganzen Energie einsetzt, dann wird die "Ameise" in der Tat zum "King Kong", dann redet sie auch die größten Maulhelden und Muskelprotze an die Wand. Und wenn einer ganz und gar nicht hören will, wird sie sich nicht scheuen und nicht zögern, ihn beherzt in den Hintern zu treten.

Was auch immer Nina später tun und wenn sie auch immer klein und gesundheitlich labil bleiben mag - als Person wird sie stark sein.

5. 2 Die "weiße" 7 - Portrait einer Stammgruppe

In diesem Abschnitt soll ein Eindruck davon vermittelt werden, was der Grundsatz "mit Unterschieden leben" im Alltag der Laborschule bedeutet. Da Kinder hier ja nicht ausgesondert werden, finden sich in jeder Stammgruppe potentielle Besucher aller Schularten, vom Gymnasium bis zur Sonderschule, und auf Grund des bereits beschriebenen Aufnahmeschlüssels entspricht ihre Zusammensetzung außerdem etwa der der Bielefelder Bevölkerung.

Unter den 20 Kindern der Gruppe "weiß" gibt es nur 8, deren Eltern zusammenleben; von den 12 anderen werden 6 von der Mutter allein erzogen, 5 leben bei der Mutter und deren neuem Partner, ein Mädchen lebt beim Vater und dessen neuer Partnerin. Von diesen 20 Familien leben 4 von Sozialhilfe, 5 erziehungsberechtigte Väter sind Arbeiter (davon einer zur Zeit arbeitslos), 6 erziehungsberechtigte Väter bzw. Mütter mittlere Angestellte, 4 Akademiker (ein Wissenschaftler, ein Arzt, zwei Lehrende), ein Vater ist selbständiger Unternehmer.

Diese Angaben vermitteln vielleicht einen Eindruck davon, daß so dramatische Lebensschwierigkeiten, wie im vorigen Abschnitt dargestellt, keine Seltenheit sind. Diese sind übrigens auf alle genannten Gruppierungen verteilt; man kann also nicht sagen, daß Kinder aus "normalen" Ehen in der Regel stabiler, leistungsfähiger oder weniger schwierig seien als die anderen. Solche gibt es natürlich, aber umgekehrt können auch die "normalen" Verhältnisse, wie man weiß, abgründig sein. Einige Kinder erleben zu Hause nicht selten gewaltsame Auseinandersetzungen, auch Alkoholismus, bei zwei Kindern vermuten die Lehrer, daß sie zu Hause geschlagen werden, bei einem Mädchen sexuelle Übergriffe des Vaters.

"Die Lebensprobleme der heute heranwachsenden Kinder sind so viel größer als ihre Lernprobleme, sie schieben sich so gebieterisch vor diese oder fallen ihnen in den Rücken, daß Schule, wenn sie überhaupt belehren will, es erst mit den Lebensproblemen aufnehmen muß." Die Tragweite dieses Satzes (Hentig 1987 c, S. 90) läßt sich vielleicht nur ermessen in Gruppen wie diesen, in denen Kinder unverlesen zusammen leben und lernen.

Da säßen sie also beieinander, in einer Versammlung etwa, Kai, Michael, Sabine und Nina. Neben Michael sein Freund Marc, ein Langsamer, Eigensinniger, Träumer und Grübler, Video-süchtig und Horror-Spezialist, mit mäßigen bis schlechten Leistungen und einer ausgeprägten Schreibschwäche. Der Dritte im Bunde ist Thomas, ein blasser, freundlicher Junge, leicht verwahrlost und traurig wirkend, so labil, daß er alle möglichen unguten Dinge tut, wenn man es ihm sagt, und darum schon einige Delikte hinter sich hat. Für ihn ist Fußballspielen das Wichtigste, und weil er sich zu Hause langweilt, geht er Abend für Abend auf den Bolz-platz; an der Schule interessiert ihn (außer seinen Freundschaften) vor allem der Pausensport; sonst ist er ein ganz schwacher Schü-ler. Daneben Sebastian, ein Denker und "Wissenschaftler", zugleich ein schwieriger Einzelgänger, verschlossen und leicht reizbar, weniger sprachbegabt, aber gut in Mathematik und Naturwissen-schaft, ein gründlicher, ausdauernder Arbeiter. Sein Freund Patrick hingegen übertrifft alle an Beredsamkeit; er ist "Spezialist" für Politik, ehrgeizig, zugleich ängstlich, leidet unter dem Druck, den sein Vater auf ihn ausübt wegen der schlechten Rechtschreibung; der hat gedroht, ihn von der Schule zu nehmen, wenn er nicht "besser" werde, und so schreibt er verkrampft, mit hochgezogenen Schultern, tut viel, um in allen übrigen Fächern "gut" zu sein, und wird darum von der Michael-Marc-Thomas-Clique als "Streber" verschrien. Wenn er und Michael aneinandergeraten, kann Schlim-mes passieren. Neu in der Gruppe ist Peter; der Betreuungslehrer wollte ihn eigentlich nicht aufnehmen, weil er fand, es gebe schon genügend schwierige Kinder in der Gruppe, mehr könne sie nicht verkraften. Dieser Junge war in einem Gutachten als verstört, depressiv, ja selbstmordgefährdet beschrieben worden, der im 5. Schuljahr im Gymnasium gestartet und zuletzt in der Haupt-schule gelandet war. Er ist nun doch in die Gruppe gekommen und erweist sich als gutmütiger, ein wenig schwerfälliger und schwermütiger Junge, bemüht, sich anzupassen und alles richtig zu machen. Er hat die Laborschule sogleich als Heimat angenommen; sein "Auftauen" und seine Leistungsbereitschaft zeigen, daß es vermutlich das war, was ihm bislang gefehlt hatte. Ganz anders geartet, nämlich anmutig und fröhlich, ist Uwe, der darum zu den "Stars" in der Gruppe gehört; er ist geschickt und hilfsbereit, der "geborene Handwerker"; er schwärmt für alles, was man auseinander- und wieder zusammenbauen kann, vor allem, wenn es "elektrisch" ist, und verfügt dabei über beachtliches Sachwissen. Umso auffälliger ist seine Sprach- und Schreibschwäche; er zeigt auch von sich aus keinerlei Ehrgeiz, dagegen anzugehen, kann sogar widerborstig und aggressiv reagieren, wenn er sich in Deutsch und Englisch von den Lehrern "gequält" fühlt. Ein weiterer "Star" unter den Jungen, weil bester Fußballspieler, und zugleich Liebling vieler Mädchen ist Harald, ein fröhlicher, blonder Junge, Sohn wohlhabender Eltern, modebewußt, zugleich freundlich zu allen, labil, aber mit ausgesprochenem Gerechtigkeitssinn und darum auch Klassensprecher. Seine Leistungen sind weit weniger gut als sein "Image" in der Gruppe, weil er, wie die Lehrer finden, zuviel Zeit für dessen Pflege verbraucht. Sein Freund und Tischnachbar, Johannes, soll ihn daher bei der Stange halten; er ist ein "Wissenschaftler", belesen, sachkundig und wißbegierig, körperlich gehemmt und darum im Sport ängstlich, manchmal mißgünstig, wenn andere besser sind als er, aber doch insgesamt verträglich und freundlich.

Auch unter den Mädchen gibt es zwei "Nachrückerinnen", beide denkbar verschieden. Die eine von ihnen ist Türkin, Filiz; sie hat sich allein angemeldet und ihren Eltern die Erlaubnis nachträglich abgetrotzt; sie wollte unbedingt auf eine Ganztagsschule, um nicht jeden Nachmittag zu Hause sein und arbeiten zu müssen. Die Familie ist verschuldet, und Filiz hilft ohnehin ihrer Mutter am Wochenende beim Putzen, manchmal auch in der Woche nach Feierabend. In der Gruppe hat sie schnell Anschluß gefunden; alle mögen ihre Freundlichkeit, Fröhlichkeit und Hilfsbereitschaft. Hingegen hat Kirsten es sehr schwer, Anschluß zu finden; sie hat eine körperliche Behinderung, darunter schon viel gelitten, wie auch unter ihrem gewalttätigen Vater und den Auseinandersetzungen zu Hause; sie ist darüber mißtrauisch und scharfzüngig geworden, hackt auf anderen herum und wird dann wiederum geärgert, vor allem von einigen Jungen. Sie ist fleißig, strebsam und ordentlich, möchte "in Ruhe arbeiten" und hat und gibt doch keine Ruhe. Daneben Elke, ein fröhliches, etwas pummeliges Kind, schwache Schülerin, aber in der Gruppe ebenso beliebt wie Nina. Sie läßt sich nichts bieten, aber auch sonst nichts durchgehen, was sie nicht gut findet, tritt für ihre Ansichten ein und ebenso für andere Menschen; in besonders schwierigen Situationen wird sie zur Versammlungsleiterin bestimmt und setzt sich dann energisch durch. Ihre Freundin Melanie ist dagegen eher zurückhaltend, mag keine Konflikte, vor allem keine rabaukigen Jungen. Sie ist eine mittelmäßige Schülerin, sehr ängstlich beim Schreiben, und lebt immer in der Furcht, sie lerne vielleicht nicht genug, um den Ansprüchen ihrer Eltern zu genügen. Dann noch zwei "Stars" unter den Mädchen, Sara und Sabine; Sara ist eine glänzende Schülerin, vor allem in Mathematik, ein "Zugpferd" und dabei allgemein beliebt, Klassensprecherin; ihre Freundin Sabine ein hübsches, lustiges Mädchen, Liebling vieler Jungen, gut in den Sprachen und im Sport. Eine gute Schülerin ist auch Annika, aber sie hat es im Leben schwer; ihre Eltern sind geschieden, sie verträgt sich nicht mit dem derzeitigen Lebenspartner ihrer Mutter und dessen kleinem Sohn; sooft sie kann, ist sie bei ihrem Vater, der ebenfalls wieder verheiratet ist, oder bei einer Tante, die ihr geholfen hat, die Zeit der Scheidung zu überstehen. Sie hat also drei Adressen. Sie leidet oft unter Mut- und Lustlosigkeit, ist dann leicht reizbar und schafft es kaum, aus dem "Loch" wieder herauszukommen. Auch ihre Tischnachbarin Nicole hat es zu Hause nicht leicht; ihre Mutter ist schwer krank und die Familie hat große finanzielle Sorgen; sie selbst wirkt nach außen fröhlich und verspielt, aber sie ißt fast nichts und ist in ihren Leistungen stark abgesunken.

Ein Überblick wie dieser gibt über die einzelnen Kinder und ihr Zusammenleben in der Gruppe sicherlich kaum mehr Aufschluß, als ein Buch von seinem Inhalt preisgibt, wenn man es einmal durchblättert. Er sollte vor allem zeigen, was es bedeutet, wenn eine Schule keine "soziologische Mitte" hat. Es gibt keine "typischen" Laborschulkinder und -eltern. Ebenso wenig läßt sich sagen, das Gruppenklima werde etwa von den Kindern aus "gehobenen" Familien bestimmt, obwohl diese, wie man weiß, in der Regel intellektuell führend sind. Aber eine schwache Schülerin wie Frauke kann in der Gruppe ein "Fels" sein, eine gute wie Annika hingegen ängstlich und zurückhaltend; Michael und seine Clique können ebenso den Ton angeben wie die "gymnasialen" Mädchen. Und Kinder wie Michael oder Kirsten können auch die stärkste Gruppe ins Wanken bringen. Diese Erfahrung bestätigt sich immer wieder: Das Klima einer Gruppe hängt kaum von der Schichtzugehörigkeit der Kinder ab, ebenso wenig wie deren Freundschaften. Es ist eine komplizierte Balance, in der viele Faktoren zusammenwirken. Ein ganz entscheidender ist sicherlich die Art der Betreuung und die Person, die sie wahrnimmt. Davon ist im folgenden Abschnitt zu reden.

Es wird Außenstehenden einleuchten und leicht vorstellbar sein, daß es sehr schwer ist, in solchen "unverlesenen" Gruppen zu unterrichten - ob es nun "Latein für alle" ist oder Kunst oder was auch immer. Dazu eine Bemerkung über die Diskrepanz zwischen anfänglichen Erwartungen und späterer Wirklichkeit: Bei der Gründung der Schule hatte man angenommen, die Kinder würden sich in den oberen Jahrgängen so weit auseinanderentwickeln, daß die Stammgruppen nicht bestehen bleiben, sondern sich allmählich von selbst auflösen würden. Dies ist eine der Hypothesen, die sich nicht bestätigt haben. Im Gegenteil: Wie die Abgängeruntersuchung mit eindrücklichen Ergebnissen belegt, ist es gerade die Stammgruppe, die die Kinder über die ganze Schulzeit hinweg als bleibenden Halt, ja als "Heimat" empfinden. Hierher gehören sie, hier haben sie in der Regel ihre Freundschaften, hier reden sie über ihre Angelegenheiten und bekommen Hilfe, wenn sie sie brauchen, hier werden die wichtigsten Gespräche geführt und Entscheidungen getroffen. Dies nimmt in den oberen Jahrgängen nicht ab, sondern eher noch zu; das Lernziel "mit Unterschieden leben", so kann man sagen, erreichen alle Laborschülerinnen und -schüler.

Immer wieder hat sich diese Erfahrung bestätigt: Je deutlicher sich die unterschiedlichen Berufswünsche und Zukunftspläne herausstellen, umso mehr scheint zugleich das Gefühl der Zusammengehörigkeit zu wachsen. In einer normalen Laborschul-Gruppe dürfte, nach den Wünschen zu urteilen, die Bandbreite möglicher Berufe oder doch die ihres Sozialprestiges nahezu vollständig repräsentiert sein. Wenn sie etwa schon wären, was sie später werden wollen, dann säße da der Anstreicher neben der Anwältin, die Schneiderin neben dem Pharmakologen, und dies wird ihnen zunehmend bewußt. Es gehört sicher zu den besten und wichtigsten Erfahrungen der Laborschule, daß man hier immer wieder bestätigt finden kann, wie solches Bewußtsein sie nicht nur nicht trennt, sondern verbindet, wie sie in Kenntnis aller Verschiedenheit völlig unbefangen-freundschaftlich, ja familiär-vertraut miteinander umgehen, wie etwa der erste Schultag nach den Ferien oder nach einem Praktikum für viele zu einem Fest der Wiedersehensfreude wird und wie sie neidlos-neugierig sind, zu erfahren, was die anderen erlebt und gelernt haben. Natürlich gibt es auch dazu Gegenbeispiele, kann man unter Laborschülern auch Neid und Mißgunst, Hochmut und Gewalt beobachten. Aber es ist doch sehr auffällig - und das wird durch Besucher immer wieder bestätigt und ebenso durch die Ergebnisse der Abgängeruntersuchung -, daß das normale Klima eben durch Vertrautheit und Toleranz bestimmt ist, die sich in jahrelangem Zusammenleben herausgebildet haben und die von Schichtgrenzen ebenso wenig tangiert werden wie von Leistungsunterschieden. So etwas wie sozialen Neid auf zukünftige Akademiker oder gar Verachtung gegenüber Aspiranten 'niedrigerer' Berufe wird man darum unter Laborschülerinnen und - schülern kaum finden. An ihnen, die sich vermutlich dessen kaum bewußt sind, kann man sehen, wie natürlich und brüderlich-schwesterlich der Umgang von Menschen mit (ganz un-gleichen anderen) Menschen sein kann.

Natürlich passiert dies alles nicht von selbst, kann es Gruppen geben, die ein weniger harmonisches Bild bieten, in denen also das Gleichgewicht zwischen so unterschiedlichen Personen, Erwartungen, Begabungen und Leistungen - aus welchen Gründen auch immer - nicht stimmt. Damit es gelingt, bedarf es, was die Gruppe betrifft, einer entsprechend intensiven Betreuung und, was die Lern–Entwicklung der einzelnen Schülerin und des einzelnen Schülers betrifft, entsprechend intensiver individueller Förderung Von diesen Aufgaben wird in den folgenden Abschnitten zu reden sein.

5. 3 Betreuung - eine schwierige Vermittlung und ein "Faß ohne Boden"

(Maria F. Rieger)

In fast allen Kapiteln dieser Beschreibung ist von der Institution "Betreuungslehrer" die Rede. Und allen Lesern ist so etwas vertraut von der eigenen Schulzeit; da war es der Klassenlehrer oder die -lehrerin.

In allen Stufen der Laborschule ist die Gruppe und ist die Person, die sie betreut, die wohl wichtigste Bedingung für das Gelingen der Schulzeit. Die Gruppe ändert sich nur einmal in den 11 Jahren Schulzeit, zwischen den Stufen I und II. Die Betreuung sollte nur mit der Stufe wechseln, also höchstens dreimal. (Der Übergang eines Betreuungslehrers oder einer -lehrerin in die nächste Stufe ist durchaus erwünscht, aber selten praktikabel.)

Daß es neben dieser wichtigsten Bezugsperson auch weitere gibt - in der Stufe I die Erzieherinnen, in den weiteren Stufen zunehmend mehr Fachlehrerinnen und -lehrer, wurde bereits erwähnt und entspricht als Faktum (wenn auch nicht in dieser besonderen Stufung) der Regelschule.

Eher anders als dort ist die starke Bindung unter den Mitgliedern eines Betreuungs-Teams. Die drei Personen sind aufeinander angewiesen, also "suchen" sie sich schon im Jahr vor der Übernahme eines Jahrgangs (in der Regel 5 oder 8). Da die Zahl der Lehrenden in der Stufe III noch klein bleiben soll, ist es wünschenswert, daß sie verschiedene Kompetenzen/Fächer haben, oder/und, daß das Jahrgangsteam Fachlehrerinnen und -lehrer sucht, die nicht betreuen, aber mit einem möglichst großen Anteil ihrer Stunden im Jahrgang mitarbeiten wollen. (Was alles nicht immer mit dem Interesse der gesamten Schule vereinbar, d. h. durchsetzbar ist.)

In der Überschrift dieses Kapitels wird Betreuung als eine Vermittlungsaufgabe und diese zugleich als schwierig bezeichnet. Genau betrachtet, gibt es mehrere, z.T. sehr unterschiedliche, solcher Aufgaben. So gilt es zu vermitteln

- innerhalb der Gruppe: Wie kommen Mädchen und Jungen, langsame und schnelle, laute und leise ... miteinander aus? Wäre

Michael für die Gruppe auch noch in der Stufe IV tragbar gewesen? Wie kann man Jens und die Gruppe vor seinen Ausbrüchen schützen?

- zwischen den Lernenden und Lehrenden der Gruppe und unter den letzteren: Wie kann man der neuen Kollegin helfen, die in der Gruppe vorläufig "kein Bein auf den Boden kriegt"? Wie soll man damit umgehen, daß die Kinder erklären, beim Lehrer X lernten sie nichts?

- zwischen dem Wohl der Gruppe und dem der gesamten Laborschule: Die Betreuungslehrerin soll zwei Stunden weniger in der Gruppe und dafür Musik in einem anderen Jahrgang unterrichten - was ist zu tun? Unsere Fläche ist zu klein - wem können wir Platz wegnehmen? Hierher gehören auch die Loyalitäten der Lehrenden gegenüber den Erfahrungsbereichen, denen sie angehören, und gegenüber dem wissenschaftlichen Auftrag und Anspruch der Schule.

- zwischen den Erwartungen der Eltern und den Zielen der Schule: Beim Elternabend wurde die Forderung geäußert, der Lehrer solle endlich "hart durchgreifen", sich für mehr Mathematikstunden einsetzen - wie soll er reagieren? Im Jahrgang soll ein Forschungsprojekt durchgeführt werden, eine Mutter protestiert dagegen mit der Begründung, ihr Kind sei kein Versuchskaninchen - was ist zu tun?

- zwischen dem einzelnen Kind und den Angeboten der Schule: Soll Johannes Latein oder Französisch lernen? Welches Förderprogramm ist für Frauke angemessen? Wie kann man Thomas, der immer nur Fußball spielen will, dazu bringen, mal eine andere Sportart oder Pausenwerken zu wählen?

Die Liste ließe sich fast beliebig verlängern und ausdifferenzieren. Betreuung ist, wie man sieht, auch ein "Faß ohne Boden", eine ständige und prinzipielle Überforderung und könnte somit Anlaß zu einer grundsätzlichen Kritik am Konzept sein.

Ein solches Konzept auszumachen, ist nicht ganz leicht. Vielleicht ist es gut, dafür einen kurzen Blick auf die modischen Wandlungen des Lehrerbilds zu werfen.

Zur Zeit der Planung und Gründung der Laborschule sollte es möglichst wenig Ähnlichkeit mit "Betreuung" haben. Die Pädagogik empfahl den Lehrern Zurückhaltung. Sie sollten fachliche und methodische Könner sein, den Umgang mit Medien beherrschen, Unterrichtsarrangeure und -ingenieure sein. Allenfalls durch politische Parteinahme für alle Schwächeren und damit für die Jüngeren war persönliches Wirken erwünscht.

Im folgenden Jahrzehnt brachte die "Verinnerlichung" der politisch abgesagten Reform den Umschwung. Nicht nur persönliche Zuwendung des Lehrers zur Gruppe und den einzelnen Kindern, sondern therapeutisches Wissen und Handeln war gefragt.

Beide "Lehren" haben die Mitarbeiterinnen und Mitarbeiter der Laborschule beeinflußt, sind heftig und kontrovers diskutiert worden. Insgesamt haben sie wohl in beiden Richtungen "gegengehalten". Einige einfache Erfahrungen, die damals vor allem an neuen Gesamtschulen gemacht oder "wiederentdeckt" wurden, haben Konzeption und Praxis der Laborschule bestimmt:

- Wohlbefinden und Lernen scheinen mehr von stabilen persönlichen Beziehungen abzuhängen als vorausgesehen.

- Solche gedeihen besser zwischen wenigen Personen und brauchen Zeit.

- Wiederkehrende Situationen, z. B. ein einfacher Tages- und Wochenplan, so etwas wie Rhythmus, scheint hilfreich.

- Die Ganztagsschule braucht solche Sicherungen ganz besonders.

- Das alles gilt nicht nur für Kinder, sondern "hält" bis weit in die Entwicklungs-, ja Erwachsenenjahre hinein.

Wie schon gesagt, gibt es verschiedene Organisationsformen von Betreuung und Unterrichtsarbeit an der Laborschule, die diesen (Wieder-)Entdeckungen entsprechen und einander gleichwohl in die Quere geraten können. Etwa: Es gibt geschlossene Jahrgangsteams von 4 bis 5 Lehrerinnen und Lehrern, die mit ihrem vollen Deputat allen Unterricht im Jahrgang geben, also auch fachfremd; dagegen steht die Weigerung des Erfahrungsbereichs Naturwissenschaft, anderes als Naturwissenschaft zu unterrichten und an solchen Teams mitzuwirken. Oder: In einigen Jahrgängen gibt es nach Kriterien zusammengestellte, vorgeschriebene Tischgruppen, in anderen die stets freie Wahl von Tischnachbarn und Arbeitsgenossen. Beide Positionen lassen sich jeweils einleuchtend begründen.

Im Lauf der Jahre haben sich jedoch einige Gewohnheiten so eingespielt, daß sie jetzt in den Stufen II bis IV Quasi-Institutionen sind. Wenn z. B. ein Lehrer eine Gruppe der Stufe III übernimmt, so weiß er, daß folgende Bedingungen gelten:

- Von den 28 Unterrichtsstunden der Woche steht eine der Gruppe und ihrem Betreuer zu freier Verfügung.

- Elternarbeit, Intensivwochen u.ä. liegen in seiner Regie.

- Außer seinen eigenen Fächern soll er auf jeden Fall noch "Eigenarbeit" übernehmen; also sind allermindestens (und dies ist schon die Ausnahme) 4 - 5 Wochenstunden in seiner Hand.

Übernimmt er die Gruppe im Jahrgang 5, so gilt eine andere Regelung: Er erteilt einen aus mehreren Erfahrungsbereichen/Fächern bestehenden Stundenblock, etwa "Sowi", "Nawi", Deutsch, dazu Betreuung und Eigenarbeit, und gibt in den folgenden Jahren stückweise wieder ab, was er fachfremd unterrichtet hat. Damit liegt zumindest am Anfang der Stufe III gut die Hälfte des Unterrichts, in dem die Stammgruppe zusammenbleibt, in seiner Hand.

In diesen "Blöcken" finden u.a. die Projekte und Unterrichtseinheiten statt, die im Abschnitt 4. 2 vorgestellt wurden. Tatsächlich steht in den Wochenplänen der Kinder in den 9 oder 11 Stundenkästchen häufig nur "Projekt" oder auch der Vorname des Betreuungslehrers. Daß dabei Eigenarbeit, Gruppengespräch, Deutsch zu ihrem Recht (ihrer Zeit) kommen, auch wenn etwa drei Wochen lang mit und um Müll gearbeitet wird, dafür sorgen meist die auf Genauigkeit bedachten Kinder. Aber es gehört eben auch zu den "Künsten", die Betreuung erfordert. Dazu später mehr, auch zu ihren Instrumenten. Zunächst ein - nicht vollständiger - Blick auf die *Anforderungen* im Laborschul-Alltag, die etwa auf die Betreuungslehrerin einer Gruppe in der Stufe III zukommen.

- Selbstverständlich wird sie als erste gefragt, wenn in ihrer Gruppe plötzlich Unterricht ausfällt: *Vertreten*? Gruppe sinnvoll beschäftigen?

(Es ist schwierig, abzulehnen, weil immer zu wenig Zeit für gemeinsame Vorhaben, Üben, Fertigmachen bleibt. Aber grad jetzt? Zu allem hin ... ?)

- Ebenso selbstverständlich gehen alle *Klagen über Gruppe* und Einzelne an sie: Aufzug in der Uni blockiert, Labor in saumäßigem Zustand hinterlassen, Sekretärin geneckt, Haus 1 - Kind erschreckt ...

- Und die *Klagen aus der Gruppe* über ... !

(Die Betreuungslehrerin muß alles wissen, vieles ist skandalös. Aber ...: Wer erwartet was von Ermahnungen? Soll es Sanktionen geben?)

- Ebenso bedrückend wie der berechtigte Groll der Klagenden sind die *Sorgen*, z.B. des neuen Mathematik-Lehrers über das Versagen von X, Faulheit und Schwänzen von Y.

(Gespräche mit ihnen, mit Eltern, mit Freund oder Freundin, Zusatzaufgaben ... haben bisher kaum was gebracht. Und wann ist noch Zeit für neues Gespräch? Mit ... ?)

- Zum Glück gibt es auch eine Menge *Ansinnen*, die sie befriedigen kann: mit Taschentüchern, Verbandskasten, komplettem Nähzeug, Plastiktüten, Werkzeug, Buskarten ...

(Bloß: Wie wird das eigentlich finanziert? Wo sind solche Dinge zu verwahren im viel zu dicht besiedelten Großraum? Und wie: eher verschlossen und nur über die Betreuungslehrerin verfügbar? eher offen und damit meist "ausgeliehen", ramponiert?)

- Zum Laborschul-Alltag gehören auch *Besucher*, Praktikanten und andere Erwachsene, die sich in der Schule aufhalten. Kaum die Hälfte der Zeit sind Gruppe und Betreuungslehrerin unter sich. Damit "es gut geht", braucht es wieder: einen Ort zum Reden, möglichst einen Kaffee. Außer für Zeug zur Pannenhilfe sollte die Betreuungslehrerin für bequeme Sitze, Geschirr, Wasserkocher... und für deren einladenden Zustand sorgen. Bewirten ist ein zentrales Stück von Betreuen.

- Für die Zusammenarbeit mit *Eltern* gibt es in den "Dienststunden" der Betreuungslehrerin zwischen 8.30 und 16.00 Uhr kaum Zeit. Die wird vielmehr "selbstverständlich" von ihr überher erwartet und auch geleistet, wie umgekehrt auch manche Eltern viel Zeit überher für die Schule bereitstellen und in ihr verbringen. Der monatliche Elternabend, die Eltern-Kinder-Nachmittage, die Sprechtage und Einzelgespräche und Hausbesuche, die gemeinsame Arbeit (etwa der Bau von Holzbänken für die neue Fläche oder die Vorbereitung eines Basars beim Schulfest) und die gelegentlichen Kneipen-Abende - das kann hier nur am Rande erwähnt werden. Und was die Mitarbeit und der Einsatz von Eltern für die Schule bedeutet, verdiente ein eigenes Buch; zum Glück läßt sich verweisen auf eine wissenschaftliche Untersuchung, die ihre Einstellung gegenüber dieser Schule und deren Zielen, ihr Urteil über die geleistete Arbeit und ihr hohes Engagement mit eindrucksvollen Ergebnissen belegt (Melzer 1989, S. 50 ff.) [16].

- Zu den wichtigsten und arbeitsaufwendigsten Aufgaben nicht nur für Betreuungslehrerinnen und -lehrer, sondern für alle, die an der Laborschule unterrichten, gehört das Schreiben von *Beurteilungen*; darüber wird in einem eigenen Abschnitt zu reden sein.

Eine Umfrage unter Erwachsenen und Kindern der Laborschule würde als wichtigstes *Instrument* von Betreuung wohl das *Gespräch* nennen: als Beratung, als Erzählung von Kindern, Debatte über angesammelte Probleme, Brainstorming für gemeinsame Unternehmungen, als Absprechen von Verfahren und Regeln, natürlich auch als Klage und Ermahnung; in der Gruppe/Kleingruppe/zu zweit/mit Eltern/Kolleginnen und Kollegen. - Es gibt nie genug Zeit dafür!

Aber damit Reden "hilft", die Initiative der Kinder weckt (statt sie zu "belabern"), muß es vor- und nachbereitet werden, z. B. durch *Aufschreiben*: als "Buchführung" (etwa über die Zeitanteile der Fächer im Projektunterricht oder über Versammlungsthemen und -ergebnisse) und "Kontoführung" über Lernfortschritte und Entwicklung jedes einzelnen Kindes.

Wenn man für dieses Notieren ein brauchbares System gefunden und den nötigen Platz auf der Fläche erkämpft und eingerichtet hat, ist vieles davon im Schultag zu erledigen (auch und gerade vor den Augen und mit "Einsicht" der Beschriebenen). Denn Dasein, *Präsenz* scheint mindestens ebenso wichtig zu sein für Betreuung und ihre Wirkung wie das Gespräch. Wenn man sich an die Luft, die Unruhe, den Geräuschpegel im Großraum gewöhnt hat, läßt sich dort leben in den Pausen, den Zwischenstunden, nach 16 Uhr. Erwachsene und Kinder lernen, sich gegenseitig wohlwollend in Ruhe zu lassen; man kann erstaunlich gut arbeiten und ausruhen dort, Besuch haben und allein sein. - Und dabei werden manche der heiklen Aufgaben von Betreuung sich leichter, eher nebenbei erledigen (lassen).

Mehrfach war schon die Rede von *Raum* und *Gerät* als Mittel der Betreuung. Also doch die Medien und der geschickte Umgang mit ihnen? In der Laborschule wird oft zitiert, was eine frühere Mitarbeiterin (die heute noch vielen als Vorbild gilt) einmal pointiert so formuliert hat: "Mein Curriculum liegt in den Regalen". Sicher meinte sie reichliches, brauchbares Material, aber auch, daß es stets verfügbar, d. h. von allen leicht zu finden sei; sicher lockende Spiele und Platz für sie und Raum, wo Schülerwerke verwahrt werden und betrachtet werden können, aber auch: für jedes Kind täglich neu ausliegende Aufgaben und deutlich korrigierte Aufgaben vom Vortag. Also: Die Erwachsenen räumen auf, teilen zu?

Die ganz große Problematik von Medienfetischismus und autoritärer Erziehung und Wohlstandsverwahrlosung kann weder aussen vor bleiben noch hier einbezogen werden. Schwierig genug ist es, gemeinsame Handlungsanweisungen zu finden, die dem Lernziel "Sorgfalt" dienen. Wodurch kann ihr Entstehen begünstigt werden in der Schule? Sicher durch eigenes handwerkliches Herstellen von Dingen. Vermutlich durch persönliche kleine Pflichten für alle: Aufräumen, Tafel putzen, Pflanzen gießen. Vielleicht durch die gemeinsame Verwaltung und Verwendung der Gruppenkasse. Ganz sicher nicht ohne häufiges Bewußtmachen und Rückmeldung, d. h. ohne die Aufmerksamkeit der Erwachsenen, vor allem des Betreuungslehrers oder der Betreuungslehrerin. Daß "Schimpfen" und die von den Kindern gern geforderten Straf-Kassen (oder andere "Wiedergutmachungs-Aktionen") eher unsinnig sind, vermuten alle; trotzdem gibt es beides zeitweise und schadet wohl auch nicht.

Ein Beispiel für Fragliches: Die 20 Kinder einer Gruppe (etwa die "Roten" also oder die "Grauen") werden von ihren Eltern zu Schuljahrsbeginn (und meist auch zwischendurch) fürstlich ausgestattet mit prall gefüllten Federmappen. Trotzdem haben fast *nie alle* die für "Projekt" geforderten Geräte, Blei- und Tintenstift, Radiergummi und Lineal. (Dabei verschwören sich die Laborschullehrerinnen und -lehrer immer mal wieder, solche "Kleinig-

keiten" systematisch zu üben und durchzusetzen, in allen Stufen).
Nun läßt sich allein aus nicht identifizierbaren und rückgenommenen Fundsachen und mit Hilfe von Anspitzer und Schachteln leicht ein Vorrat an stets verfügbarem Gerät anlegen und erhalten. Das spart Zeit und Ärger. Ist das ein Beispiel für schlimmes, weil lähmendes Verwöhnen? Oder ist die Hoffnung berechtigt, daß die hartnäckige, freundliche Geduld eines Erwachsenen (und deren alle erstaunender Erfolg) bei einigen Kindern außer Verwunderung auch Nachdenken bewirkt?

Gerade in der Stufe III gibt es auch bewußt unterschiedliche Verhaltensweisen von Betreuungslehrerinnen und -lehrern. Die einen setzen auf Eigeninitiative und Konsequenz: Nur was aus der Gruppe vorgeschlagen, von der Mehrheit gewollt, gemeinsam (auch mit Eltern) hergestellt oder beschafft wird an "Komfort" und Schmuck, ist dann zur Verfügung, und nur solange, wie es nicht aus Unachtsamkeit oder Mutwillen beschädigt wird.

Die anderen setzen auf die Wirkung von Schönheit und Fülle (in Maßen) und Ordnung. Sie geben diese vor, richten also die Fläche zum Empfang der Gruppe entsprechend her. Natürlich folgen die oben beschriebenen Versuche zu ihrer Erhaltung. Aber manche Reparatur wird auch ohne Kommentar und ohne Kinder vorgenommen.

Es gibt bisher keine "Evaluation", welche dieser beiden Methoden wie wirkt und wie effizient ist.

Besonders wichtige Mittel der Betreuung sind natürlich die *Unternehmungen* in und außerhalb der Schule, von denen im 3. Kapitel die Rede war und die darum hier nur noch am Rande erwähnt werden und die (in allen Stufen durchgeführten) *Eltern-Kinder-Nachmittage* (oder -abende) mit Vorführungen, gemeinsamer handwerklicher Arbeit und Spiel und Bewirtung, deren Bedeutung für den Zusammenhalt der Gruppe, den Kontakt zwischen Eltern und Lehrenden und damit für das Gelingen von Betreuung nicht hoch genug eingeschätzt werden kann, gerade weil sie dabei "von selbst" und "nebenbei" geschieht.

Auch die übrigen Erwachsenen, mit denen die Kinder es in der Schule zu tun haben, sind, ohne daß dies organisiert oder eigens geplant wäre (und vielleicht gerade darum) wichtige "Miterzieher". Häufig sind Studentinnen und Studenten in der Schule, die hier ein Praktikum absolvieren; sie können eine große Hilfe sein, etwa bei Streifzügen draußen oder bei der Tischgruppenarbeit, und sind den Kindern als "große Freundin/großer Freund" (und vor allem nicht unterrichtend!) hoch willkommen, ebenso wie die Erzieherinnen und Erzieher, die hier ihr Anerkennungsjahr machen und deren Mitarbeit längst unverzichtbar geworden ist. Und dann gibt es noch die nie versagenden "Anlaufstellen" (für Kinder und Lehrer) in Gestalt der an der Schule tätigen Sekretärinnen; sie sind Pannenhilfe, Materiallager, Zufluchtstätte, Beratungsstelle in einem, "Rund-um-die-Uhr-Service" sei' s für Kinder, die einen Bleistift oder ein Taschentuch oder ein Interview-"Opfer" brauchen, sei' s für Erwachsene, die ihre Kopie oder ihre Reinschrift "bis gestern" haben wollen oder einen der tausend Gegenstände verlangen, die dort "selbstverständlich" zu haben sind, oder einfach für ein paar Minuten "alle Viere von sich strecken" und plaudern möchten. Für die Kinder sind sie auch ein Stück normale Arbeitswelt: Erwachsene (Nicht-Lehrer), die hier ihrem Beruf nachgehen.

Gibt das Gesagte und vielfach nur Angedeutete eine Vorstellung von Betreuung? Gerade daß es so vielerlei, so Disparates ist, könnte spezifisch sein, könnte Betreuung von dem, was man sich sonst unter den Tätigkeiten und Aufgaben des "guten Lehrers schlechthin" vorstellt, unterscheiden.

Dabei war noch nicht die Rede von einer der wichtigsten und sicher auch schwierigsten Aufgaben, die zur Betreuung gehören: dem Reden über Sexualität. Es bedarf wohl keiner besonderen Erwähnung, daß eine Schule wie diese gerade dieses Thema nicht einem "Fach" überlassen kann und will. Schon oft war davon die Rede (z.B. im Abschnitt über die Erfahrungsbereiche "Umgang mit dem eigenen Körper", "Umgang von Menschen mit Menschen"), daß und wie die Laborschule versucht, Kindern beim Aufwachsen zu helfen, und das heißt - bezogen auf den Umgang der Geschlechter - Mädchen und Jungen natürlich und unverkrampft miteinander aufwachsen zu lassen. Sie kennen sich von klein auf, gehen vertraut geschwisterlich miteinander um, und wenn das gelingt, wird man auch keine "Sexualkunde" brauchen, um Spannungen abzubauen, Verkrampfungen zu lösen - so ist das Konzept. Aber natürlich spielen die Erwachsenen dabei eine wichtige Rolle. Daß Sportunterricht hier "anders" ist, daß er z.B. Massage- und Tanzkurse, Saunagänge und Duschen und das gemeinsame Gespräch nach jeder Stunde - Dinge also, die normalerweise kaum dazu gehören, - als wesentliches Element enthält, ist ein Teil davon. Ein anderer fällt den Betreuungslehrerinnen und -lehrern zu: nämlich das Thema Sexualität da aufzugreifen, wo es sich im Alltag ergibt. Anlässe und Probleme gibt es, hier wie überall, genug. Etwa: In der "roten" 5 ist ein Nachrücker, der nach den Sportstunden nicht mit den anderen duschen will und das Problem dadurch "löst", daß er gar nicht duscht; der Betreuungslehrer wird von seinem Kollegen gebeten, mit ihm darüber zu reden. - Bei den "Gelben" gibt es ein dickes Mädchen, das in übler Weise gehänselt wird, vor allem von bestimmten Jungen; wie kann die Betreuungslehrerin ihm helfen? - Im Jahrgang 7 hat jemand Kondome mitgebracht und die Idee, sie in der Pause als "Wasserbomben" zu verwenden, wird alsbald unter Gejohle in die Tat umgesetzt; wie reagieren die Erwachsenen? - In einer Stammgruppe kursieren Pornos; wie verhält sich der Betreuungslehrer?

Die Erwachsenen sind und reagieren verschieden, hier wie überall. Aber das Prinzip, nicht nur für Lern-, sondern auch für Lebensprobleme "zuständig" zu sein, verbindet sie an dieser Schule ebenso wie die Überzeugung, daß man letztere nicht durch Belehrung lösen kann und schon gar nicht durch Zwang. So wird der Nachrücker-Junge von seinem Lehrer sicher nicht unter Druck gesetzt; dieser wird vielmehr versuchen, ihn mit der Gruppe zu befreunden und diese mit ihm, und darauf setzen, daß sich das Problem dann "von selbst" lösen wird, vielleicht schon bei der nächsten Klassenfahrt; bei vielen Gelegenheiten haben die Kinder früher miteinander nackt gebadet und werden es vermutlich auch dann wieder tun. - Die Betreuungslehrerin des dicken Mädchens wird viel tun, um ihm zu helfen: mit den Eltern reden - über das Kind, seine Eßgewohnheiten und deren Ursachen -, evt. für medizinische Betreuung sorgen, Gespräche mit den Jungen führen, mit der ganzen Gruppe und immer wieder mit dem Mädchen selbst. - Der "Spaß" mit den Kondomen wird vielleicht von den Erwachsenen nicht weiter beachtet, vielleicht aber auch zum Anlaß einer Versammlung, bei der dann vieles zur Sprache kommt. Und ebenso die Pornos: Wer kauft sie? Wer stellt sie her? Und warum? Wenn es gelingt, darüber ein nachdenkliches, gutes Gespräch zu führen, hätte der Lehrer bei diesem Anlaß ein wichtiges Stück Betreuung (und nicht "Sexualkunde") geleistet.

Diese Beispiele mögen genügen, um zu zeigen, daß und wie der Umgang mit dem Thema Sexualität hier zum Alltag gehört.

Aber es wird auch in den Unterricht einbezogen - dann, wenn die Erwachsenen der Meinung sind, mehr Zeit dafür zu brauchen als in den Betreuungsstunden zur Verfügung steht. In der Stufe III ist das in der Regel in jedem Jahr der Fall, und natürlich ist es den Jahrgangsteams überlassen, wie sie das Thema angehen. Dies könnte ein Anlaß sein, die schon eingangs erwähnten modischen Wandlungen des Lehrerbildes noch einmal Revue passieren zu lassen. In den ersten Jahren der Laborschule war "Emanzipation" als oberstes Lernziel in aller Munde, zu dem, wie man glaubte, neuartige Curricula beitragen würden; man setzte auf Fakten und Material als Mittel zur Aufklärung. Heute weiß man (und wußte es auch damals, maß dem aber weniger Bedeutung zu), daß Material zwar sehr wichtig ist (man muß über vieles verfügen und mit Bedacht auswählen; das Beste ist gerade gut genug!), daß aber auch das beste Curriculum nichts bringt, vor allem im Hinblick auf mehr Verständigung zwischen den Geschlechtern, wenn das Klima in der Gruppe nicht stimmt, wenn sie aus dem bekannten Feixen und Kichern nicht herauskommt, wenn die Kinder die Fragen, die sie eigentlich stellen möchten, nicht stellen oder sich durch besonders forsches Reden den Anschein von besonderer "Sachkundigkeit" geben. Man setzt also auf den richtigen Zeitpunkt, den richtigen Ton, gutes, d. h. besonders freundliches und entspanntes Klima - alles mehr oder weniger irrationale und schwer planbare Dinge, ohne die aber, wie man weiß, ein gutes Gespräch nicht gelingen kann, schon gar nicht über Sexualität. Es liegt auf der Hand, daß es dazu an dieser Schule keine einheitlichen Regelungen gibt. Manche Jahrgangsteams gehen das Thema eher sachlich an, behandeln es im Unterricht, d. h. sie strukturieren vor und lassen die Kinder dann ihre Fragen einbringen. Manche tun das nicht und überlassen es den Betreuungslehrerinnen und -lehrern, damit so zu verfahren, wie es ihrem Stil und ihrer Überzeugung entspricht.

Bei den "Grauen" hat die Lehrerin dafür z. B. die Freitagnachmittage reserviert und die Kinder zu sich nach Hause eingeladen; manchmal die ganze Gruppe, manchmal aber auch nur die Mädchen oder die Jungen oder eine andere, von den Kindern gewünschte Gruppe. Die anderen wurden dann mit Aufgaben nach

Hause geschickt; dieses sonst sehr verlockende Angebot war aber keineswegs das begehrtere; fast alle wollten lieber zu denen gehören, die jeweils "dran" waren. So ging es über mehrere Wochen, bis alle Fragen, die von den Kindern gekommen waren (die Lehrerin hatte einen Holzkasten auf ihren Schreibtisch gestellt, in den man, wie in einen Briefkasten, Zettel mit Fragen einwerfen konnte), so ausführlich beantwortet waren, wie sie es wünschten. Dabei erwies es sich als sehr hilfreich, daß eine Biologie-Studentin zur Verfügung stand, die von den Kindern als "Fachfrau" akzeptiert wurde und darum auch als Adressatin für Spezialfragen, hinter denen natürlich entsprechende Ängste steckten. Gerade bei den zehn- bis zwölfjährigen Kindern ist es oft nicht so sehr die "normale" Sexualität, über die sie Bescheid wissen möchten, als vielmehr die Frage, was denn eigentlich "normal" sei (und natürlich die viel wichtigere, ob man selbst denn dieser Normalität entspreche); "Zwitter" ist ein Stichwort für solche Angst-Themen, ein anderes natürlich "Vergewaltigung". Es dauerte viele Nachmittage (und kostete entsprechend viele Unterrichtsstunden), bis alle diese Fragen zuende besprochen waren; jedesmal gab es Tee und Kuchen, jedesmal auch Vorlesen, und gerade dieser Aufwand war *keine* verlorene Zeit, obwohl die Kinder diese Nachmittage sicher nicht für Unterricht gehalten haben, schon gar nicht für "Sexualkunde".

Titel und Beginn dieses Abschnitts nennen "Vermittlung" als spezifische Funktion von Betreuung. Davon war bisher nur indirekt die Rede. Wie, außer durch Anekdoten, ließe sie sich be-reden? Vermitteln geschieht zwischen Gegensätzen, z. B. unvereinbaren Wünschen. Nur wenn keiner sich durchsetzt, ist es geglückt. Aber dann ist auch keiner befriedigt. Das ist für alle erträglich, wenn der Kompromiß (der bekanntlich oft als "faul" gilt) nicht als solcher, sondern als Machtwort durchgesetzt wird. Gerade das sollen und wollen die Erwachsenen an dieser Schule nicht. Sie versuchen vielmehr, die Kontrahenten nicht nur einzubeziehen in den Vermittlungsprozeß, sondern sie zu dessen Akteuren zu machen, ihre Phantasie für den anderen und das andere zu wecken. Aber sie müssen auch zur Kenntnis nehmen, daß der Hunger nach Entscheidung, nach "Durchgreifen" bei Kindern und Eltern groß und - in Maßen - berechtigt ist. Die Betreuungslehrerin, der Betreuungslehrer kommen also um das Entscheiden nicht herum, tun es sicher öfter, als ihnen bewußt ist. Und eben das macht Betreuung so anstrengend.

Zudem muß meistens rasch reagiert werden und in komplexen Situationen; und wer wäre stets unabhängig von der eigenen Verfassung, der mehr oder weniger großen Erschöpfung? Es gibt Fehleinschätzungen, Mißgriffe ... Aber die meisten davon lassen sich korrigieren, weil Kinder - gerade in "starken" Gruppen - ebenso ungeniert kritisch wie verständnisvoll großzügig sind.

Alle wissen aus Erfahrung, daß Versöhnen das Schwierigste von der Welt ist und bitter notwendig, daß Michael nicht weggeschickt werden kann und soll, daß sie alle oft schwer erträglich sind und daß sie je einzeln im Notfall von der Gruppe aufgefangen würden und auch, so gut er oder sie es eben vermag, von ihrer Betreuungslehrerin oder ihrem Betreuungslehrer.

5. 4 Den Einzelnen gerecht werden - Förderung, Differenzierung, Leistungsbewertung

Das Wort "fördern" ist - die Sprache zeigt es - ganz in der Nähe von "fordern" angesiedelt: beides hängt mit "vor" und "vorn" zusammen. Das eine bedeutet: jemanden oder etwas vorwärts bringen, das andere: verlangen, daß jemand oder etwas hervorkommt.

Seitdem er eine schulische Maßnahme bezeichnet, ist der Begriff "Förderunterricht" jedoch im allgemeinen Sprachempfinden in die Nähe von "Nachhilfe" gerückt, die ja bekanntlich - nicht nur sprachlich - am anderen Ende ansetzt, nämlich "hinten". Ein Kind ist "zurückgeblieben" oder "ins Hintertreffen geraten", man diagnostiziert "Lücken" und die werden dann, eben durch Nachhilfe, gestopft, bis der "Anschluß" wiederhergestellt ist.

An der Laborschule sollte es eigentlich solchen Unterricht nicht geben. Vielmehr waren die Angebote der Schule gerade darum so vielfältig und unterschiedlich ausgedacht, damit es allen Kindern immer möglich sein sollte, in der Schule "förderlich" zu leben und zu lernen.

Zu dieser Konzeption stehen die Lehrerinnen und Lehrer der Laborschule nach wie vor. Trotzdem haben sie vor einigen Jahren beschlossen, in der Stufe III - parallel zur zweiten Fremdsprache und für alle Kinder, die keine solche lernen, - Kurse einzurichten, die besser "Aufgabenhilfe" genannt würden, nun aber eben "Förderunterricht" heißen.

Dabei wirkten mehrere Erfahrungen zusammen. Spätestens seitdem der erste "eigene" Jahrgang die Laborschule durchlaufen hat, weiß man, , daß Lernbiographien zwar ganz unerwartet positiv verlaufen können, daß aber bei vielen Kindern, hier wie überall, die Leistungsunterschiede nach oben hin größer werden, auch bei noch so intensiver Zuwendung, daß die Laborschule also in solchen Fällen von dem Erfahrungswert der sich weiter öffnenden Schere keine Ausnahme bildet. Dabei sind die Ergebnisse der Abgängeruntersuchung, die an diesem Jahrgang durchgeführt wurde, für die Schule sehr zufriedenstellend: Fast zwei Drittel der Mädchen und Jungen haben die Qualifikation zum Besuch der Gymnasialen Oberstufe erreicht, und nahezu alle, unabhängig vom erreichten Abschluß, bewerten es auch nachträglich als sehr positiv, was die Schule ihnen geboten, an ihnen bewirkt und in ihrem Leben bedeutet hat. Aber es gibt auch Kritik, vor allem von denen, die später eine weiterführende Schule besucht haben; sie beklagen sich über Lücken in Mathematik, in Naturwissenschaft und - weniger häufig - auch in Englisch.

Eine andere Erfahrung ist die von der negativen Wirkung, die die Besonderheit dieser Schule haben kann. Normalerweise würden Eltern, die finden, ihr Kind sei "schlecht", die Ursachen dafür wohl bei ihm suchen oder bei seinen Lehrern; hier aber sind manche schnell bereit, es auf die Schule zu schieben. So kann deren herausgehobene Stellung eine negative Verstärkerwirkung haben; zumal sich Schlechtes immer schnell herumspricht. Überspitzt gesagt: Wenn ein Kind "gut" ist, liegt das an ihm, wenn es aber "schlecht" ist, liegt es an der Schule. Dann drohen Abmeldungen. Unter diesem Druck stehen die Lehrerinnen und Lehrer; sie müssen die Eltern also überzeugen, daß hier alles getan wird, im ihre Kinder möglichst gut zu fördern.

Letztlich entscheidend für die Einführung dieser Kurse waren aber die Konflikte, die es gab, als zum erstenmal Französisch und Latein im Jahrgang 5 zur Wahl standen. Eltern, deren Kindern man von der zweiten Fremdsprache abgeraten hatte, hielten das für eine Benachteiligung; dies ließ sich nur entschärfen durch ein Alternativ-Angebot, das ihnen ebenso "wertvoll" erschien. Und da den Kindern an dieser Schule mit den Wahlkursen, Clubs, Pausenangeboten und Lerngelegenheiten ja viel an anschaulichem, praktischem Lernen geboten wird, fanden die meisten es gut, ihre Kinder in den traditionellen Hauptfächern Deutsch, Englisch und Mathematik gefördert zu wissen.

So kam es also zur Einrichtung solcher Kurse. Sie gleichen vermutlich weitgehend denen anderer Schulen, und die Erfahrungen, die die Lehrerinnen und Lehrer hier damit machen, würden vermutlich dort ebenfalls bestätigt: daß nämlich dieser Unterricht in der Tat sehr hilfreich sein kann, wenn die Gruppen klein sind und der Lehrer oder die Lehrerin die Kinder gut kennt. Werden die Förderstunden hingegen zu "Lückenbüßern" der Stundenplanung, bringen sie herzlich wenig; dann würde man viele Kinder stattdessen besser eine Stunde nach draußen schicken.

Unter den genannten guten Bedingungen könnte eine Deutsch-Fördergruppe im Jahrgang 6 etwa folgendermaßen arbeiten:

In den ersten Wochen des Schuljahrs haben die drei Stammgruppen parallel ein Diktat geschrieben; diese Ergebnisse und natürlich seine Kenntnis der Kinder waren für den Lehrer Grundlage für die Fehler-Diagnosen, die er für jedes einzelne erstellt hat. Dann wurde das Material verteilt, zum Teil vom Jahrgang für diese Gruppe angeschafft, zum Teil einer Kartei entnommen, die vor Jahren zu diesem Zweck angelegt wurde und mittlerweile sehr umfangreich geworden ist, und dazu für jedes Kind zusammengestellte Aufgabenblätter, die im Förderunterricht beearbeitet werden sollten. Die Kinder arbeiten in dieser Stunde (in den beiden anderen haben sie Englisch und Mathematik) in der Regel allein oder zu zweit. Einmal im Monat wird ein Kassetten- oder Partner- oder Gruppendiktat geschrieben, das, nach intensiver Vorübung, allen die Chance bietet, gut abzuschneiden.

Vermutlich ist auch dies eine alte Erfahrung aller, die sich je an solchem Unterricht versucht haben: Man kann noch so vielfältiges und gutes Material anbieten - der Erfolg bleibt fraglich. So geht es auch in dieser Gruppe, trotz sorgfältig geplanter und durchgeführter Differenzierung. Da gibt es zwei Jungen, die ständig herumhampeln und offensichtlich überhaupt keine Lust zu "Förder" haben; ihr Problem ist wohl weniger die Rechtschreibung als vielmehr ihre Unfähigkeit, sich überhaupt auf Schreiben zu konzentrieren. Der Lehrer weiß, daß zur Zeit im Nachbarjahrgang von einer Psychologin Konzentrationstraining angeboten wird; es gelingt ihm, die beiden Jungen in dieser Gruppe unterzubringen, und sie arbeiten dort gern und eifrig mit. Dann gibt es in der Gruppe einen vor kurzem aufgenommenen Gastschüler aus Peru, der noch kaum ein Wort Deutsch kann; für ihn findet der Lehrer einen "Privatlehrer" in Gestalt eines Studenten, der einige Monate an der Laborschule hospitiert. Ganz anders liegt der "Fall" Michaela, die sich schlicht weigert, zu schreiben. An den Grund dieses Verhaltens kommt der Lehrer, nach einigen gescheiterten Versuchen, endlich gesprächsweise heran: Michaela muß angeblich jeden Tag nach der Schule "stundenlang" zu Hause schreiben, führt einen ständigen Kleinkrieg gegen ihre Mutter, die gesagt haben soll: "Wenn das nicht besser wird, kommst du auf die Sonderschule." Nun blockt sie total, obwohl sie das Üben bitter nötig hätte. Ein

Bertreuungsfall also. Und da sind noch die 10 übrigen Kinder mit ihren je individuellen Problemen. Die meisten sind lernwillig und arbeiten sich gern durch die Übungsprogramme hindurch. Nur: Die setzen alle auf das Verstehen und Anwenden von Regeln, und es gibt unter diesen Kindern etliche, die überhaupt nicht oder kaum in Regeln denken. Tanja z. B. kann die Konsonantenverdoppelung nicht; sie brauchte erst einmal ein Training zum Unterscheiden langer und kurzer Vokale. Jens "vergißt" häufig ein n oder m, schreibt etwa "brigen" statt "bringen"; hat er einen Hörfehler und, wenn ja, woran liegt das? Frauke hingegen schreibt einfach chaotisch, ohne erkennbar typische Fehler; sollte man es mit Schönschreiben versuchen? Oder mit der Schreibmaschine?

Die Beispiele sollen zeigen, daß an der Laborschule sicherlich alle Arten von Rechtschreibungsproblemen zu finden sind und daß man hier, wie andernorts, keine Patentrezepte dagegen hat. Die besondere Chance der Schule liegt wiederum in ihrer Kleinheit, in der pädagogischen Kontinuität und in der Freiheit der Lehrerinnen und Lehrer, sich etwas Besonderes ausdenken zu können, u. U. auch ganz unkonventionelle Lösungen. So kann es z.B. vorkommen, daß ein Kind stundenweise in das Haus 1 zurückgeht, wo es mit den Kleinen Schreibschwünge übt und sich so - vielleicht - von der eigenen Verkrampfung löst; der Kurslehrer kann sich ja jederzeit mit den Kolleginnen und Kollegen, die es früher betreut haben, in Verbindung setzen, um die Ursachen der Schreibschwierigkeiten besser zu verstehen. In der Regel sind die Maßnahmen natürlich weniger spektakulär. Michaela wird vorerst vom Rechtschreibungsprogramm "beurlaubt" und darf in der Bibliothek aus ihrem Lieblingsbuch abschreiben, was sie gern tut; der Lehrer wird mit ihrer Mutter reden, und dann sieht man weiter. Frauke, die besser lesen als schreiben kann, bekommt einen Rekorder und eine Übungskassette; sie nimmt einfache Sätze auf und schreibt sie dann als "Selbstdiktat." Von den übrigen Kindern arbeiten drei selbständig an ihren Übungsprogrammen, die restlichen mit dem Lehrer, der allerdings nicht die ganze Stunde Zeit für sie hat, weil er ja auch nach den anderen sehen muß.

Was hier am Beispiel eines Förderkurses "Rechtschreibung" über Differenzierung gesagt wurde, gilt zum Teil auch für den normalen Unterricht in der Stammgruppe. Wenn die "Weißen" z. B. Englisch haben, weiß der Lehrer - oder merkt es bald, sofern er neu ist -, mit welchen Leistungsunterschieden er es zu tun hat, und stellt sich darauf ein. Er wird also - um ein gemeinsames Pensum herum, das für alle gilt - eine Menge sehr unterschiedlicher Angebote und Aufgaben bereitstellen und mit den Kindern einzeln absprechen, was sie davon mit wem und in welcher Reihenfolge machen werden.

Solche Bemühungen bezeichnet man in der Fachsprache bekanntlich mit dem Begriff "Binnendifferenzierung", und alle erfahrenen Lehrerinnen und Lehrer wissen, daß das ein Zauberwort ist, das viel mit des Kaisers neuen Kleidern zu tun hat: Es suggeriert Fülle und Reichtum und bezeichnet doch vor allem einen Mangel, die Tatsache nämlich, daß man es nie allen recht machen kann, weil es unmöglich ist, sich auf jedes Kind einzeln vorzubereiten.

Das ist denn auch die Gretchenfrage, die von kritischen Besuchern (etwa Lehrer-Ausbildern) immer wieder gestellt wird: Wie haltet ihr es mit den Unterschieden im Fachunterricht, den alle 20 Kinder einer Stammgruppe zusammen haben?

Die Antwort der Laborschule darauf ist eine pädagogische Grundüberzeugung, die ihre gesamte Konzeption bestimmt: daß nämlich dieses Problem nicht allein auf der Ebene des Fachunterrichts zu lösen ist, sondern nur im Zusammenspiel zwischen konkreten didaktisch-methodischen Angeboten und Maßnahmen einerseits und dem gesamten Umfeld andererseits. Das "System Schule" muß auf das einzelne Kind ausgerichtet und entsprechend flexibel, also "förderlich" in des Wortes ursprünglicher Bedeutung sein - nur dann kann die einzelne Maßnahme greifen, etwa der Förderkurs Rechtschreibung. Natürlich muß Michaela schreiben lernen, und ihr Lehrer wird sich alle Mühe geben, sie dahin zu bringen, sei es mit besonders pfiffigen Übungen, Einzelhilfe oder auch mit energischem Zureden. Vor allem aber muß er mit der Mutter reden, ihre Situation und ihre Befürchtungen verstehen, sie zu überzeugen versuchen, daß Drohungen und Zwang nicht geeignet sind, eine Schreibschwäche zu beheben, und daß es für Michaela sehr schädlich ist, wenn Schule und Elternhaus nicht am gleichen Strang ziehen. Da sie blaß und häufig krank ist, wäre es vielleicht gut, eine Kur zu beantragen; das würde auch dem zur Zeit sehr gespannten Verhältnis zwischen Mutter und Tochter gut bekommen. Oder man könnte versuchen, Einzelhilfe zu bekommen: etwa eine Studentin, die jeden Tag eine Stunde mit ihr liest und schreibt. Für

den Schulalltag ist wichtig, daß Michaela nicht von allen Seiten
die gleiche Rechtschreib-Schelte zu hören bekommt; der Lehrer
wird also mit den Kolleginnen und Kollegen reden, wird Michaela, die zum Glück gern liest, darin bestärken und ihr Zeit dafür
geben. Wenn die Wahlkurse und Clubs neu gewählt werden, wird
er ihr zu solchen raten, in denen sie voraussichtlich Erfolg haben
wird. Denn wenn sie etwa eine gute Schwimmerin ist, zu Weihnachten eigene Seidenmalereien verschenkt, in den Pausen im Zoo
als Helferin mitarbeitet und dort jüngere Kinder einweist, dann
wird sie - bei noch so! vielen Fehlern im Diktat und allen famili-
ären Problemen - sich nicht "minderwertig" fühlen und nicht aus-
brechen, sondern, so ist die Hoffnung, trotz allem ein fröhliches
und selbstbewußtes Kind sein.

Auf die Frage, ob das denn immer gelinge, ob hier alle Kinder
optimal betreut würden, wäre natürlich zu antworten: nein; denn
weder lassen sich alle Probleme lösen, noch sind die Lehrerinnen
und Lehrer der Laborschule "Übermenschen", die mehr oder ganz
anderes leisten als die an anderen Schulen. Vielmehr sind sie oft
genug verzagt, angesichts der Probleme im Alltag, deren Fülle die
eigene Kraft manchmal bei weitem zu übersteigen droht. Die
Frage der Überforderung, von der im Abschnitt über Betreung die
Rede war, wäre also ganz generell zu stellen. Dagegen ließe sich
zurückfragen: Ist nicht jede Pädagogik, die dem eigenen Anspruch
standzuhalten sucht, eine Überforderung? Sind die Kinder einer
Haupt- oder Realschul- oder Gymnasialklasse nicht auch so unterschiedlich, daß man den Unterricht für jedes individuell planen
müßte? Ist es darum nicht pädagogisch vernünftiger, die Unterschiede nicht durch Schulart- oder Leistungsdifferenzierung "be-
strafen", sondern in ihrem ganzen Ausmaß anerkennen und ernst-
nehmen zu wollen?

Die Laborschule hat, was diese Frage betrifft, ihre Option getroffen, zu der alle Lehrerinnen und Lehrer, mögen sie auch sonst
noch so unterschiedlich sein, stehen. Das Prinzip "Angebot statt
Auslese" bestimmt also nicht nur die Konzeption und Organisation
der ganzen Schule, sondern auch die der einzelnen Unterrichtsstunde und vor allen die Beratungs- und Betreuungstätigkeit der
Erwachsenen. Dabei haben sie es einerseits schwerer als an anderen Schulen, weil eben die Unterschiede hier größer sind, andererseits aber auch leichter, weil diese Schule sowohl voraussetzt als

auch begünstigt, daß sie sich in ihrer Arbeit an *allen* Kindern und deren Unterschiedlichkeit orientieren.

Mehrere Faktoren wirken dabei zusammen. Der wichtigste ist sicherlich die selbstverständliche, weil von klein auf gelebte Toleranz unter den Kindern. Sie wissen am besten, wie verschieden sie sind, und sehen es darum als völlig natürlich an, daß sie auch im Unterricht Unterschiedliches und unterschiedlich schnell arbeiten. Wenn Jens also in einer Englisch-Stunde Vokabeln abschreibt, während Nina mit ihrer Freundin ein selbst entworfenes Hörspiel aufnimmt, so ist das für alle Beteiligten normaler Alltag.

Der kann nur funktionieren, wenn zwei weitere Bedingungen erfüllt sind. Zunächst: Die Kinder müssen selbständig und an verschiedenen Orten arbeiten können. Auch das ist ihnen von klein auf vertraut, und es ist darum ein normaler Anblick, wenn Einzelne oder Kleingruppen sich irgendwo in der Schule niederlassen, um etwas zu üben, oder sich in die Bibliothek zurückziehen oder auch, wenn es einen entsprechenden Anlaß gibt, die Schule verlassen.

Sodann: Die Zeitplanung muß so flexibel sein, daß die Schnelleren ebenso zu ihrem Recht kommen wie die Langsameren. Das geht natürlich nicht, wenn Arbeitspensum und -zeit für alle gleich bemessen sind. In der Stufe III, wo überwiegend an fächerübergreifenden Unterrichtseinheiten gearbeitet wird, verfährt man oft ähnlich wie an Montessori-Schulen: In einer Wochenübersicht ist jeweils zu sehen, was wann fertig sein soll - etwa im Zusammenhang mit dem gerade anstehenden Projekt; darüber hinaus gibt es Aufgaben, die zwar für alle gleich sind, aber in beliebiger Reihenfolge gemacht werden können, andere, die ähnlich, aber verschieden schwierig oder umfangreich und wieder andere, die so offen gehalten sind, daß sie sehr unterschiedliche Gestaltungsmöglichkeiten zulassen (etwa: ein Referat schreiben). Nur wenn man dafür viel Zeit ansetzt, können so unterschiedliche Kinder alle die ihnen mögliche Leistung erbringen. Das ist ein Grund, warum an der Laborschule - was manche Besucher erstaunt - so viel und so Unterschiedliches geschrieben wird, warum schon Viertkläßler lange "Fortsetzungsromane" schreiben, Sechstkläßler Referate und Schüler der oberen Jahrgänge Semesterarbeiten, die bis zu 100 Seiten umfassen. Und weil der Bedarf an solcher flexiblen Arbeitszeit so groß ist, hat man vor einigen Jahren, ähnlich wie an anderen Gesamtschulen, für die Jahrgänge 5 - 10 auf dem Stundenplan je eine Stunde (in Jg. 10 zwei) als "Eigenarbeit" festgeschrieben; diese reicht natürlich nicht aus für alle anstehenden Aufgaben, schafft aber zusätzlichen Freiraum für einen flexiblen, auf sehr unterschiedliche Kinder abgestimmten Umgang mit der Zeit.

Unterschiede anerkennen: Das kann nur gelingen, wenn Leistungen nicht an normierten Maßstäben gemessen werden. Darum hat die Laborschule, als unabdingbare Voraussetzung zur Erfüllung ihres Auftrags, ein eigenes Beurteilungssystem [17] und damit zugleich ein besonderes pädagogisches Mittel, vielleicht das wichtigste, der Individualisierung. Zweimal im Jahr, wenn überall sonst die Notenzeugnisse ausgegeben werden, bekommen die Laborschülerinnen und -schüler ihre "Berichte zum Lernvorgang" - von allen Erwachsenen, die sie in diesem Halbjahr unterrichtet haben, je einen, und außerdem einen zusammenfassenden des Betreuungslehrers oder der Betreuungslehrerin.

Ein solcher Bericht, etwa von der Englischlehrerin, umfaßt zwei Teile: eine "Beschreibung des Unterrichts", die für alle gleich ist, und einen individuellen Abschnitt zum "Lernverhalten des Schülers/der Schülerin". Der erste Teil, etwa zwei Drittel des gesamten Textes, berichtet also, wie der Unterricht verlaufen ist, wie er geplant war und zu welchen Ergebnissen er geführt hat; er richtet sich in ersten Linie an die Eltern. Der zweite, individuelle Teil hingegen richtet sich in ersten Linie an das einzelne Kind und ist auch so geschrieben; mehr und mehr hat sich im Lauf der Jahre die "Du"-Form gegenüber der unpersönlicheren "dritten Person" durchgesetzt. Dieser Bericht ist natürlich auch für die Eltern bestimmt, aber es macht doch einen großen Unterschied, ob er an sie direkt geht, oder ob das Kind, an das er sich richtet, ihn gleichsam als sein Eigentum an die Eltern weiterreicht.

In diesen Berichten wird also in schriftlich-offizieller Form vollzogen und bestätigt, was die Schule täglich zu tun versucht: die Vermittlung zwischen Allgemeinem und Besonderem, zwischen einem gemeinsamen Pensum und der individuellen Lernleistung, zwischen dem für alle abgesteckten Weg und den verschlungenen oder gradlinigen und je besonderen Pfaden, die das einzelne Kind jeweils zurückgelegt hat. Sie ziehen Bilanz, enthalten also sowohl sachliche Information als auch persönliche Bewertung. Etwa:

"Dein letztes Diktat enthielt nur noch zehn Fehler, fast um die Hälfte weniger als das davor. Du hast in der Rechtschreibung hervorragende Fortschritte gemacht." Oder auch: "Du bist in der Rechtschreibung eigentlich sicher. Die vielen Flüchtigkeitsfehler in Deinem Referat sind für mich darum ein ärgerliches Zeichen von Unachtsamkeit." Das Beispiel zeigt, daß objektiv ähnliche Leistungen also ganz unterschiedlich bewertet werden können, gemessen am Maßstab des individuellen Leistungsvermögens. So kann an dieser Schule ein "Guter" eine "schlechte" Beurteilung bekommen und umgekehrt ein besonders leistungsschwaches Kind eine besonders "gute". Die Kinder verstehen dieses Prinzip sehr genau und akzeptieren es, weil sie in dem Bewußtsein aufgewachsen sind, daß ich "gut" bin, wenn ich mich anstrenge, wenn ich *mein* Bestes leiste. So (und nur so) können sie lernen, mehr und mehr bewußt zu sich selbst zu stehen, selbst-bewußt zu werden; und wenn dieser Prozeß gelingt, können sie auch Unterschiede akzeptieren, einschließlich der eigenen Schwächen und bis hin zu den harten Tatsachen der unterschiedlichen Zensuren und Abschlüsse, die sie am Ende bekommen.

Es bedarf keiner besonderen Erwähnung, daß diese Berichte für die Lehrerinnen und Lehrer eine große pädagogische Chance, aber auch eine große Belastung darstellen. Nicht nur das Quantum (in Einzelfällen bis zu 100 Berichten pro Person und Halbjahr) kann entmutigen, sondern auch der Anspruch. Jedesmal muß eine schwierige Balance neu hergestellt werden: zwischen Bericht und Bewertung, zwischen objektiver Information und persönlicher Anrede; und immer ist das Schreiben eine Gratwanderung zwischen falscher Zurückhaltung, d.h. nichtssagender Unpersönlichkeit, und falscher Allmacht mit ihren möglicherweise schlimmen Folgen.

Das mag im Einzelfall mißlingen. Trotzdem sind die "Berichte zum Lernvorgang" im Konzept dieser Schule ein unverzichtbarer "Pfeiler" und werden von den Schülerinnen und Schülern entsprechend ernstgenommen.

Gespannte Erwartung bestimmt, hier wie andernorts, die Wochen vor der Zeugnisausgabe. Aber im Gegensatz zu den per se unpersönlichen Noten sind die "Berichte zum Lernvorgang" oft Ergebnisse eines dialogischen Prozesses, der, wenn er gelingt, ohne Angst verläuft. "Schreibst du das in meine Beurteilung?" "Heute konnte ich die Vokabeln nicht, hoffentlich steht das nicht in meiner Beurteilung!" "Ich habe mir so viel Mühe bei dieser Geschichte gegeben, und du hast gar nichts darüber geschrieben!" Solche Äusserungen gehören an dieser Schule zum Alltag. Die Berichte werden in der Regel vor der Ausgabe gemeinsam besprochen und danach nicht selten noch geändert. Für den verantwortlichen Erwachsenen ist das eine wichtige Rückversicherung. Ein Satz ruft eine unbeabsichtigte Wirkung hervor, also wird er ihn ändern; er bemerkt im Gespräch unerwartete Ängste und wird vorsichtiger formulieren; dem Kind ist etwas besonders wichtig, was er nicht beachtet hat, und er wird ein oder zwei Sätze darüber nachträglich einbauen.

"Gut" ist eine Beurteilung, wenn das Kind weiß und bestätigt: Ja, das stimmt, so bin ich und so habe ich in diesem Halbjahr gearbeitet. "Schlecht" kann sie also beispielsweise sein, wenn sie zu gut ist. ("Du hast mich zu sehr gelobt. So gut war ich nicht.") Es kommt auch vor, daß Kinder empört reagieren, weil sie sich ungerecht behandelt fühlen, oder umgekehrt, daß sie ihrerseits dem Erwachsenen zurückschreiben (oft im Ton der Berichte und diese unabsichtlich parodierend), weil sie die ihnen zuteil gewordene Würdigung erwidern möchten. Ganz sicher mißlungen sind Beurteilungen dann, wenn die Kinder sie gelangweilt oder gar verächtlich aus der Hand legen. ("Da steht ja überall dasselbe drin! Der X hat sich überhaupt keine Mühe gegeben.")

Für dieses System der Leistungsbewertung gilt also ebenso wie für die übrigen Formen der Individualisierung: Entscheidende Voraussetzung für ihr Gelingen ist die Arbeit der Lehrerinnen und Lehrer; ihre Planung muß sowohl flexibel und großzügig sein als auch gründlich und präzise im Detail - beides bedingt einander; sie müssen die Kinder allein lassen und sie doch "im Griff haben"; sie müssen für alle ansprechbar sein und sich zugleich den Einzelnen intensiv zuwenden und sie müssen das alles in jedem Halbjahr neu und für jedes Kind schriftlich überzeugend zum Ausdruck bringen. Das gelingt mehr oder weniger gut - wie Unterricht eben immer, wie Pädagogik überhaupt. Es läßt sich aber an dieser Schule täglich beobachten, daß und wie der Alltag durch Individualisierung bestimmt ist. Eine Nina, auch ein Kai, kommen dabei auf ihre Kosten, weil sie viel Zeit haben und diese nutzen wollen und können, ein Michael nicht, weil er Letzteres nicht von klein auf gelernt und später nicht mehr angenommen hat. Die Prämisse, daß alle Kinder gern lernen, daß sie "gut" sein und sich verwirklichen wollen, bestätigt sich - das kann man an der Laborschule an vielen Beispielen sehen - wenn die Lernbedingungen und -wege entsprechend stimmig sind; umgekehrt liegt ein Scheitern - wie am Beispiel Michael zu sehen - fast immer daran, daß diese Bedingung nicht erfüllt, daß ein Kind also zu großen Widersprüchen ausgesetzt ist. Auch Leistungsschwächen lassen sich häufig auf solche "Unstimmigkeiten" zurückführen; bei den Absolventen kamen z. B. die Klagen über Defizite ganz überwiegend aus solchen Gruppen, in denen häufig Lehrerwechsel stattgefunden hatte.

Es gibt also an dieser Schule kein "Teilkonzept" für Differenzierung und Förderung; diese sind vielmehr integraler Bestandteil und zugleich Ausdruck eines umfassenderen pädagogischen Systems. Wenn es "stimmt", wenn also seine Faktoren richtig und ausgewogen zusammenwirken, dann kommt dabei heraus, was die Absolventen ihrer Schule eindrucksvoll bestätigt haben: daß sie sie nämlich, je unterschiedlich, "nach vorn gebracht" hat (also auch zum entsprechenden Abschluß) ; und das nicht, obwohl - sondern gerade, weil sie so verschieden waren.

Zum Schluß: Idee und Wirklichkeit - ein altes Problem und keine Lösung

Es ist eine Binsenweisheit, daß Idee und Wirklichkeit oft wenig miteinander gemein haben. Diese Diskrepanz, schon an einigen Beispielen zur Sprache gekommen, soll nun zum Schluß noch einmal Gegenstand einer etwas allgemeineren Betrachtung sein. Wieviel von ihrem Anspruch kann die Schule einlösen? Und wie verhält sich das, was sie will und tut, zu den Interessen und Erwartungen, die Eltern, Abnehmer, Schulträger, Schulaufsicht, eine interessierte Öffentlichkeit und insbesondere die Wissenschaft - allgemein gesagt also: die Gesellschaft - mit ihr verbinden?

Jede Schule ist ein Ort, an dem Kinder und Jugendliche aufwachsen und lernen. Von welcher Idee läßt sie sich dabei leiten? Hartmut von Hentig antwortet darauf mit einer klaren Unterscheidung:

"Pädagogik heißt: Kindern helfen, in unserer Welt erwachsen zu werden, nicht: sie auf die mangelhaften Zustände und die machtvollen Forderungen gesellschftlicher Gruppen abrichten." (HENTIG 1987 a, Cover-Text)

Wie eine Schule beschaffen sein soll, die solche Pädagogik verwirklichen will, beschreibt er in Form von *Lernbedingungen*, denen sie genügen soll. Es sind die folgenden:

1. Eine Gemeinschaft von Menschen, die ihre Sache mit *Zuversicht* tun

2. Eine Gemeinschaft von Menschen, die füreinander *Zeit* haben

3. Eine Einrichtung, an der *Arbeit* erfahren werden kann und nicht nur als Arbeit verkleidetes Lernen

4. Eine Einrichtung von *menschlichen Ausmaßen*

5. Ein *Lebensort*, "A place for kids to grow up in"

6. Eine Einrichtung, in der die Menschen sich bewußt *gemeinsame Regeln des Handelns* geben, deren Funktion man dort also erfahren kann

7. Eine Einrichtung, in der sich Menschen die *gemeinsamen Formen des Erkennens* bewußt machen - an der es dafür Anlässe gibt

8. Eine Einrichtung, in der die *Unterschiede* unter den Menschen wahrgenommen und bejaht werden können

9. Ein Ort, an dem der *Körper* zu seinem Recht kommt

10. Eine Einrichtung, an der man sich der *Medien* bedient und nicht die Medien bedient

11. Eine Gemeinschaft von Menschen, in der die Erwachsenen ihr *Erwachsensein* bejahen - um der Kinder willen

12. Eine Einrichtung, die hilft und *nicht heilt* (therapiert)

13. Eine Einrichtung, an der *nicht alles geregelt* ist, an der man die Kinder weitgehend in Ruhe läßt - eher weniger als mehr zu tun geneigt ist

14. Ein Ort, an dem sich die *Lust an der Sache* einstellen kann

15. Ein Ort, an dem *Konzentration* möglich ist und *Durchhaltekraft* belohnt wird

16. Ein Ort, an dem *Martin Wagenschein* würde lehren wollen

17. Ein Ort, an dem man *gemeinsame Grunderlebnisse* hat und sich bewußtmacht

18. Ein Ort, an dem *Gemeinsinn* herrscht und wohltut

19. Ein Ort, an dem man mit einem *Stück Natur* leben kann

20. Ein Ort, an dem man erfahren kann, wie man *Frieden* macht

21. Ein Ort, an dem die *Frage nach dem Sinn* gestellt werden kann - und gestellt wird.

   (HENTIG 1987, S. 28, 31, 35, 41, 45, 50, 55, 62, 67)

Diese Lernbedingungen, deren erklärtes Ziel es ist, den "von fast allen als sinnlos erkannten Streit zwischen sogenannten Progressiven und sogenannten Konservativen überflüssig zu machen" und stattdessen eine "Rückkehr zur Pädagogik" einzuleiten (S. 73), könnten zugleich einen harten Prüfstein abgeben, an dem jede einzelne Schule, an dem auch unser gesamtes Schulsystem sich messen lassen müßte.

Aber das steht hier nicht zur Disposition, sondern "nur" die Wirklichkeit einer Schule, die gegründet wurde, um an der Erfüllung solcher Bedingungen zu arbeiten. Ist sie ein durch diese definierter Ort?

Es bedarf wohl keiner besonderen Phantasie, um zu ermessen, daß im Alltag der Laborschule ebenso Pannen, Rückschläge, Unglücke, Enttäuschungen, Defizite und Fehlleistungen vorkommen, daß ihre Wirklichkeit also ebenso weit vom eigenen pädagogischen Anspruch entfernt sein kann wie an jeder anderen Schule. Angenommen etwa, der Betreuungslehrer der "Weißen" kommt an einem Montagmorgen in die Schule, er ist - aus welchem Grund auch immer - müde und schlecht vorbereitet, hat ohnehin - mit fünf Zeitstunden und einer Pausenaufsicht - einen harten Tag vor sich und sieht dann auf dem Vertretungsplan, daß er in seiner Freistunde, die er zum Arbeiten nutzen wollte, für Vertretung eingesetzt ist. Seine Stammgruppe ist zur Zeit besonders schwierig - Jungen und Mädchen hacken aufeinander herum, und die Michael-Clique terrorisiert jüngere Kinder, so daß fast täglich Beschwerden eingehen, immer neue Gespräche geführt werden müssen. Heute ist zudem noch schlechtes Wetter, die Kinder sind gereizt, latent aggressiv, viele haben bis kurz vor Mitternacht einen Horrorfilm gesehen, der nun ihr Gesprächsthema ist. Als der Lehrer gerade mit der Montagsversammlung beginnen will, kommen zwei Besucher und fragen, sehr höflich und bescheiden, ob sie sich ganz unauffällig in der Nähe aufhalten und auf diese Weise am Unterricht teilnehmen dürften. Sie sind zum erstenmal in der Laborschule, haben Hentig und Wagenschein gelesen und wollen nun vor Ort erleben, wie eine Pädagogik, die solchen Ansprüchen genügen will, im Alltag aussieht. Der Unterricht in dieser Stammgruppe an diesem Morgen könnte nun auf sie ziemlich desillusionierend wirken. Und der Lehrer dürfte, wie schon oft, unter eben diesen Ansprüchen leiden, weil sie ihm unter den gegebenen Bedingungen gänzlich unerfüllbar scheinen.

Das Beispiel ist ausgedacht, aber keineswegs unrealistisch. Es gibt andere Niederlagen, schlimmere; sie werden umso härter als solche empfunden, je mehr die betroffenen Personen es mit dem pädagogischen Anspruch dieser Schule ernst meinen. Natürlich gibt es auch Erfolge, und man könnte an vielen Beispielen zeigen, daß und wie die zitierten Lernbedingungen hier verwirklicht werden können. Aber ein Ort, an dem sie immer alle erfüllt sind, an dem also jeder Alltag jeder Gruppe und der Alltag der Schule insgesamt durch ihr Zusammenwirken geprägt ist, eine solcher Ort ist sicherlich keine Schule und ist auch die Laborschule nicht.

"Nicht-Ort" - das ist bekanntlich die wörtliche Übersetzung von "Utopie". Und bekanntlich gibt es zwei Weisen, sich dazu zu verhalten. Die einen sagen: Weg mit der Überforderung, mit den Illusionen, man muß die Wirklichkeit so sehen, wie sie ist. Die anderen sagen: Man muß die Wirklichkeit immer auch so sehen, wie sie sein soll, nur dann kann man sie ändern. Ihnen gilt die Utopie als etwas, was *noch* nicht ist, der Ort nämlich, an dem Idee und Wirklichkeit ganz übereinstimmen, den man immer nur annäherungsweise erreichen kann und nicht aus dem Blick verlieren darf.

Es dürfte niemanden wundern, daß es diese unterschiedlichen Einstellungen auch bei den Lehrerinnen und Lehrern der Laborschule gibt. Natürlich stehen sie alle hinter den pädagogischen Prinzipien und den besonderen Strukturmerkmalen dieser Schule; aber darüber, wie diese im Alltag umzusetzen sind, kann man sehr verschiedener Meinung sein, und es kommt vor, daß Einzelne oder Gruppen sogar heftig zerstritten sind. Und es gibt niemanden, der nicht täglich in seiner Seele das Spannungsverhältnis zwischen Anspruch und Wirklichkeit auszuhalten hätte. Lehren wie Wagenschein etwa: Wer möchte das nicht? Aber wer kann das? Und wenn mein Unterricht überhaupt nicht so ist, sondern vielmehr "stinknormal" und langweilig, dann wird der - ohnehin unter Lehrern weitverbreitete - "Frust" umso größer sein, je mehr ich mir dieser Diskrepanz bewußt bin. Oder: Man braucht in dieser Schule, die ja nicht auf den "verordneten Gleichschritt" setzt, viel mehr Zeit für jedes einzelne Kind, als man je aufbringen kann. Das ist *ein* Grund, warum die Lehrerinnen und Lehrer dieser Schule sich fast ständig überlastet fühlen und es auch sind; und gerade das verhindert, was sie doch wollen: Gelassenheit und Großzügigkeit in der Zuwendung zu Kindern und, allgemein, im Umgang mit der Zeit.

Jede der genannten Lernbedingungen ließe sich in ähnlicher Weise als Überforderung interpretieren. Aber was folgt daraus?

Die "Idealisten" würden darauf wohl mit einer Gegenfrage antworten: Ist nicht jede Pädagogik, die ihre Aufgabe ernst nimmt, eine Überforderung? Muß sie nicht, um ihrem "Gegenstand" gerecht zu werden, die höchsten Maßstäbe an sich selbst anlegen und sich immer wieder selbstkritisch an ihnen messen? So gesehen, wäre die Laborschule ein Ort, an dem das Spannungsverhältnis zwischen Idee und Wirklichkeit bewußt offen- und ausgehalten und nicht mit beruhigenden Verordnungen (Stoffplänen, Lernziel- und Maßnahmenkatalogen) zugedeckt wird.

Aber diese Position wird so nicht immer und nicht von allen geteilt. Es gibt immer auch die gegenläufige Tendenz: Strengere Planung, weniger Individualisierung und Offenheit; mehr Anpassung an Anforderungen von außen, weniger eigene Didaktik; mehr "Schule", weniger "Entschulung".

Mit diesem Spannungsverhältnis muß die Laborschule leben, ebenso wie alle anderen Schulen, die in irgendeiner Weise von der Norm abweichen. Es bestimmt auch maßgeblich die Einstellung der Eltern, der Schülerinnen und Schüler (vor allem der älteren) zu dieser Schule. Schon mehrfach war von der Abgängeruntersuchung die Rede, die von Wissenschaftlern der Universität Bielefeld durchgeführt wurde: In zwei Jahrgängen wurden die Schülerinnen und Schüler ein halbes Jahr vor dem Abschluß, ein halbes Jahr danach und dann noch einmal drei Jahre später mit Hilfe eines kombinierten Verfahrens (Fragebogen und Interview) befragt: nach ihren Wünschen und Befürchtungen, Erfolgen und Mißerfolgen und vor allem nach ihrer Einstellung zur Laborschule. In ähnlicher Weise, wenn auch weniger aufwendig (weil keine Längsschnitt-Untersuchung angestrebt war), wurde eine Elternbefragung durchgeführt.

Die Ergebnisse beider Untersuchungen stimmen darin überein, daß die Eltern ebenso wie die Jugendlichen die Schule insgesamt sehr positiv bewerten. Sie äußern auch Kritik, zum Teil harte: es fehle an Wissensvermittlung, vor allem in Mathematik, Naturwissenschaft und Englisch. Verständlicherweise will man beides: angstfreies Lernen, eine Schule als Lebens- und Erfahrungsraum, wo Kinder und Jugendliche gern leben, sich sicher und geborgen fühlen, also die menschenfreundliche Pädagogik, die die Laborschule auf ihre Fahnen geschrieben hat, und das gleiche Quantum an Wissen, das andere Schulen, insbesondere Gymnasien, vermitteln. Die Äußerungen der Befragten machen auch deutlich, daß sie sich des Spannungsverhältnisses zwischen diesen beiden Ansprüchen wohl bewußt sind. Und ihre Gesamtwertung fällt eindeutig aus: Das Maß an Zufriedenheit mit der Schule ist in beiden Gruppen ungewöhnlich hoch; es übertrifft die Ergebnisse aller anderen Schularten in, wie die Wissenschaftler sagen, "hochsignifikanter" Weise.

Mit Widersprüchen leben - das gilt also für die Laborschülerinnen und -schüler ebenso wie für ihre Eltern und für die Lehrerinnen und Lehrer. Dazu ein Beispiel aus der Absolventenuntersuchung. Dort ging es unter anderem um sogenannte "überfachliche Qualifikationen"; den Jugendlichen wurden Sätze vorgelegt, etwa: "Ich habe an der Laborschule gelernt, einer Sache auf den Grund zu gehen", oder: "Ich habe an der Laborschule gelernt, die Standpunkte anderer zu achten", und sie sollten dann in einer Skala von 6 Stufen ihre Zustimmung oder Ablehnung ausdrücken. Von den Wissenschaftlern wurden dann bei der Auswertung den Sätzen einzelne "Tugenden" zugeordnet (hier: "Gründlichkeit" und "Toleranz"), die Werte in einer Tabelle zusammengefaßt und mit denen einer Kontrollgruppe aus einer anderen Schule verglichen. In diesem Teil der Untersuchung schnitt die Laborschule hervorragend ab. Nicht nur wurden alle "Tugenden" mit entsprechend positiven Aussagen bestätigt, sondern auch ihre Reihenfolge entsprach dem, was die Lehrerinnen und Lehrer dieser Gruppen, hätte man sie vorher danach gefragt, vermutlich als Wunsch geäußert hätten: Als oberste Tugenden ergaben sich Hilfsbereitschaft, Toleranz und Bereitschaft zur Zusammenarbeit mit anderen. - Als die Jugendlichen dann später, in ihrer weiterführenden Schule, erneut befragt wurden, gaben sie wiederum an, diese Tugenden in besonderem Maße gelernt zu haben, aber auch, daß sie sie jetzt am wenigsten brauchen könnten, weil sie am wenigsten gefragt seien. - Ein ähnliches Ergebnis ergab die Frage, was ihnen in der Schule am wichtigsten sei; man konnte z.B. antworten "einen guten Abschluß zu erreichen" oder: "Dinge zu lernen, die ich später gut gebrauchen kann" oder auch: "Ich lerne gern, Schule macht mir Spaß". Das letztgenannte Motiv wurde von den Laborschülerinnen und -schülern, als sie im 10. Schuljahr befragt wurden, am häufigsten genannt; in der Kontrollgruppe hingegen gar nicht. Ein Jahr später sah das Ergebnis anders aus: Die ehemaligen "Idealisten" antworteten nun mehrheitlich, es gehe ihnen vor allem um den Abschluß. Sie waren "Realisten" geworden.

Dieser Sachverhalt stimmt genau überein mit Forschungsergebnissen, denen zufolge die Schüler *aller* Schularten den Sinn von Schule nicht in dem sehen, was sie dort lernen und tun, sondern in den Berechtigungen für "später", die damit verbunden sind. Dieser Sachverhalt - Pädagogen können ihn eigentlich nur als niederschmetternd empfinden - wird von den befragten Laborschülerinnen und -schülern in eindrucksvoller Weise widerlegt: Ihre Aussagen zeigen, daß die Wirklichkeit so nicht sein muß. Aber die

Untersuchung zeigt auch, auf wie wackeligen Füßen dieses Ergebnis steht, wie schnell eine in vielen Jahren erworbene positive Einstellung unter dem Druck anderer Verhältnisse zusammenbrechen kann. Trotzdem: Wenn denn eine erfüllte Schulzeit, die ihren Sinn vor allem in sich selbst trägt, gegenwärtig, wie die Forschungsergebnisse zeigen, utopisch erscheint, so kann man wenigstens an einer Stelle sehen, daß und wie Utopie Wirklichkeit sein kann.

In einem anderen Bereich ist die Laborschule weniger erfolgreich gewesen. Sie war von Anfang an durch den doppelten Auftrag definiert, Versuchsschule und Wissenschaftliche Einrichtung zugleich zu sein. An ihr sollten Lehrerinnen und Lehrer Zeit haben zum Beobachten und Nachdenken, sie sollten wechselnden Aufgaben nachgehen, allein oder in Zusammenarbeit mit Wissenschaftlern, sich - je nach Aufgabe - verschiedener Erkenntnisformen und -methoden bedienen und die Ergebnisse einer interessierten Öffentlichkeit vorstellen. Dieses sogenannte Lehrer-Forscher-Konzept ist oft mißverstanden worden. Es war nie gemeint, Lehrer sollten - sozusagen über Nacht - Wissenschaftler werden. Aber das Wissen, das sie von der Praxis haben, sollte fruchtbar und nutzbar werden - in Form von Erfahrungsberichten, die Wissenschaftler nicht schreiben, und ebenso auch in Form von Forschungsprojekten, die Lehrer allein nicht durchführen könnten. Sie sollten ihre Grenzen kennen, die Zusammenarbeit mit Wissenschaftlern suchen, wenn sie sie brauchten, aber nie aus der Verantwortung für den *ganzen* Erkenntnisprozeß entlassen sein, der sich aus der Praxis ergeben und dessen Ergebnisse immer wieder in die Praxis eingehen sollten; "Erkennen" sollte immer an "Handeln" gebunden sein und umgekehrt, und darum sollten die Personen, die die Pädagogik dieser Schule verwirklichen, *beides* verantwortlich gestalten.

Das haben sie auch seither getan. Aber die Aufbaujahre waren so schwer, brachten so viele Krisen mit sich und kosteten so viel Kraft, daß die Lehrerinnen und Lehrer ihre Zeit weitgehend in die Praxis investierten, im Zweifelsfall also die Kinder "vorzogen" und die geplante Publikation auf später verschoben. Auf diese Weise ist immer noch sehr viel zusammengekommen. Aber den Ministerien reichten diese Ergebnisse nicht aus; sie hatten vielleicht auch immer schon Zweifel an dieser Auffassung von Wissenschaft, die eng verbunden ist mit dem Namen und der Person Hartmut von Hentig. Als dieser in Ruhestand ging, wurde daher beschlossen, der Laborschule eine neue Struktur zu geben: Die Versuchsschule soll weiterarbeiten wie bisher und dem Kultusministerium unterstellt, die Wissenschaftliche Einrichtung hingegen in die Verantwortung der Fakultät für Pädagogik der Universität Bielefeld gestellt werden. Lehrerinnen und Lehrer sollen weiterhin - im Umfang von 5 Lehrerstellen - an der wissenschaftlichen Arbeit beteiligt sein. Es wird also nach wie vor eine enge Verzahnung von Wissenschaft und Praxis angestrebt. Aber die ursprüngliche Idee, daß Praxis zu Wissenschaft werden kann, wenn diejenigen, die die pädagogische Verantwortung tragen, zugleich auch verantwortlich sind für den Erkenntnisprozeß, - diese Idee ist als Utopie abgesagt.

Es könnte sein, daß dieser Umstrukturierungsprozeß noch ganz andere, schlimmere, vielleicht tödliche Folgen für die Schule hat. Die Diskussionen um diesen Prozeß haben sich zu einem politischen Parteienstreit ausgewachsen, und im Zuge des Landtagswahlkampfs 1990 wurde von der derzeitigen Oppositionspartei der Antrag gestellt, die Versuchsschule und Wissenschaftliche Einrichtung Laborschule zu schließen. Begründung: Das Experiment sei gescheitert, eine Reformruine, sei sowohl pädagogisch als auch wissenschaftlich ohne Bedeutung.

Wenn diese oder andere Kritiker sich jetzt oder später einmal durchsetzen, dann wird also auch das, was hier als Laborschul-Pädagogik am Beispiel zehn- bis dreizehnjähriger Kinder vorgestellt wurde, als Utopie abgesagt und abgeschafft sein.

Dieses Buch hätte sein Ziel erreicht, wenn es den Leserinnen und Lesern eine Ermutigung wäre, sich zum Problem von Idee und Wirklichkeit in der Pädagogik - wo und wie es sich ihnen stellt - ihre eigenen Gedanken zu machen, ihre eigene Meinung zu bilden und für diese einzustehen.

Anmerkungen

1 Der *Strukturplan der Bielefelder Laborschule* gibt Auskunft über
   deren pädagogische Prinzipien und die organisatorische Umset-
   zung. In ihm sind also alle Rahmenvorgaben ausgewiesen.
   Groeben et al. (1989): *Strukturplan der Bielefelder Laborschule*

2 In einer von Wissenschaftlern der Fakultät für Pädagogik der
   Universität Bielefeld durchgeführten Längsschnitt-Untersuchung
   sind zwei Abgänger-Jahrgänge befragt worden: die Schülerinnen
   und Schüler, die bei der Eröffnung der Laborschule in den Jg. 5
   aufgenommen worden waren (Abgängerjahrgang 1980) und diejenigen, die sie als erste ganz durchlaufen hatten (Abgängerjahrgang 1985). Die Befragung erfolgte jeweils zu drei unterschiedlichen Zeitpunkten: ein halbes Jahr vor Verlassen der Schule, ein
   halbes Jahr danach und dann noch einmal drei Jahre später.
   Ergebnisse dieser Untersuchungen sind in mehreren Publikatio-
   nen nachzulesen, zuletzt bei Kleinespel (1990): *Schule als biographische Erfahrung*

3 genauere Daten und Interpretationen dazu bei Kleinespel (1990),
   S. 76 ff.

4 Grundlage für die Planung des Labyrinth-Projekts war insbesondere ein Unterrichtsvorschlag der MUED "Geometrie aus dem
   Handwerk. Genauer Hinschauen beim Mauern und Häuserbau-
   en"(Volk 1984). Die MUED (Mathematik Unterrichts Einheiten
   Datei) ist eine Selbstorganisation von Lehrenden für Lehrende.
   Es werden Unterrichtseinheiten vorgestellt und diskutiert (bisher
   über 100), denen folgende pädagogische Prinzipien zugrunde
   liegen: Handlungsorientierung, Lebensbezug, Eigeninitiative, So-
   ziales Lernen. (MUED e.V. - Bahnhofstr. 72 - 4405 Appelhüsen)

   Darstellung des Projekts bei Ehlers/Schluckebier/Wachendorff
   (1988)

5 Genauere Darstellung bei Lenzen (1982): *Schulalltag in der Eingangsstufe der Laborschule*

6 Genauere Darstellung bei Lenzen (1986): *Schulalltag in der Stufe
   II der Laborschule* sowie bei Bambach (1989): *Tageslauf statt
   Stundenplan* und (1989): *Erfundene Geschichten erzählen es rich-
   tig*

275

[7] Genauere Darstellung bei Heuser/Kübler (1988): *SchülerInnenbetriebspraktika und Berufswahlorientierung* sowie bei Groeben (1984): *Hydraulik, Stechuhr, Ermessensspielraum*

[8] So der Titel eines der 5 Video-Filme, in denen Hartmut von Hentig in Zusammenarbeit mit Siegfried Kätsch und Wolfgang Kosiek vom Audiovisuellen Zentrum der Universität Bielefeld die Laborschule dargestellt hat. Die Titel lauten:
Teil 1: Carmen, Dennis und andere. Wie Kinder in der Laborschule aufwachsen
Teil 2: Britta, Lümmel und ein Labyrinth - Schule als Erfahrumgsraum
Teil 3: Versuch einer Systematik
Teil 4: Wenn Schule aufhört, Schule zu sein
Teil 5: Eine Schule kritisiert sich selbst
Universität Bielefeld, 1989

[9] Genauere Darstellung bei Nicaragua-Gruppe der Laborschule Bielefeld/ Dritte Welt Haus Bielefeld (Hrsg.) (1988): *Schulpartnerschaft Laborschule - Las Praderas*

[10] WESTFALENBLATT vom 24.5. 1986 (Kommentar von Harald Kalwoda)

[11] Projektbeschreibung bei Plümpe/Schluckebier (1988)

[12] Genauere Darstellung zum Konzept des Pausensports und den damit gemachten Erfahrungen bei Schmerbitz/Witteborg (1982): *Pausengestaltung in der Sporthalle*

[13] Zur Integration von Mathematik vgl. auch: Strukturplan der Laborschule, Kap. sowie Anhang Nr. (Groeben et al. 1989, S.)

[14] Kraaz (1989): *ENGLISH - WHAT FUN*

[15] Groeben (1986): *Französisch für Kinder*

[16] Zur Elternmitwirkung an der Laborschule vgl. Melzer (1989) Kap. 6, S. 77 ff.

[17] Genauere Darstellung bei Hentig (1982): *Das Beurteilungssystem der Bielefelder Laborschule*

Im Text erwähnte Literatur

Bambach, H. 1989:
Tageslauf statt Stundenplan - Fünfzehn Jahre Erfahrungen mit individualisierendem Unterricht in der Primarstufe der Bielefelder Laborschule. Bielefeld: IMPULS (Schriftenreihe der Laborschule Bielefeld) 13

Bambach, H. 1989:
Erfundene Geschichten erzählen es richtig. Konstanz: Faude

Ehlers, U./Schluckebier, D./Wachendorff, A. 1988:
Bau eines Labyrinths auf dem Schulgelände. In: Haensel, D./Müller, U. (Hrsg.): *Das Projektbuch Sekundarstufe.* Weinheim/Basel: Beltz

Funke, J./Schmerbitz, H. 1984:
Erfinden und miteinander spielen. 20 Modellstunden. Bielefeld: IMPULS (Schriftenreihe der Laborschule) 5

Groeben von der, A. 1984:
Hydraulik, Stechuhr, Ermessensspielraum ... Was Laborschüler und ihre Betreuungslehrer im Praktikum lernen können. In: Neue Sammlung 1984, H. 6. Überarbeitete Fassung in: Fauser, O./Konrad, F.-M./Wöppel, J. 1989 (Hrsg.): *Lern-Arbeit. Arbeitslehre als praktisches Lernen.* Weinheim/Basel: Beltz

Groeben von der, A. 1986:
Französisch für Kinder. Ein Bericht über den Anfangsunterricht in Jahrgang 5/6 an der Laborschule Bielefeld. Bielefeld: IMPULS (Schriftenreihe der Laborschule) 9

Groeben von der, A./Hentig von, H./Kübler, H./Wachendorff, A. 1989:
Strukturplan der Bielefelder Laborschule. Bielefeld: IMPULS (Schriftenreihe der Laborschule) 15

Hentig von, H. 1968:
Systemzwang und Selbstbestimmung. Über die Bedingungen der Gesamtschule in der Industriegesellschaft. Stuttgart: Klett

Hentig von, H. et al. 1971.
Die Bielefelder Laborschule. Sonderpublikation der Schriftenreihe der Schulprojekte Laborschule/Oberstufen-Kolleg, Heft 2. Stuttgart: Klett

Hentig von, H. 1981:
Aufwachsen in Vernunft. Kommentare zur Dialektik der Bildungsreform. Stuttgart: Klett-Cotta

Hentig von, H. 1982:
Das Beurteilungssystem der Bielefelder Laborschule. In: Neue Sammlung 3/4/5 1982, S. 238-260, S. 391-450, S. 481-502. Auch in: Becker, H./Hentig von, H. (Hrsg.) 1983: *Zensuren. Lüge - Notwendigkeit - Alternativen.* Frankfurt a.M./Berlin/Wien: Ullstein

Hentig von, H. 1985:
Die Menschen stärken, die Sachen klären. Stuttgart: Reclam

Hentig von, H. 1987 a:
"Humanisierung" - eine verschämte Rückkehr zur Pädagogik? Stuttgart: Klett-Cotta

Hentig von, H. 1987 b:
Kommentartext zum Film: Die Laborschule an der Universität Bielefeld. Teil III: Versuch einer Systematik. Universität Bielefeld, AVZ

Hentig von, H. 1987 c:
Was ist eine humane Schule? Drei Vorträge. Mit einem aktualisierenden Epilog. München: Hansa

Heuser, C./Kübler, H. 1988:
SchülerInnenbetriebspraktika und Berufswahlorientierung. In: Hänsel, D./Müller, H. (Hrsg.) 1988: *Das Projektbuch Sekundarstufe.* Weinheim/Basel: Beltz

Hurrelmann, K. 1988:
Schule wozu? Wie Jugendliche ihren wichtigsten Arbeitsplatz wahrnehmen. In: Pädagogische Beiträge 1988, H.3, S. 33-41

Kleinespel, K. 1990:
Schule als biographische Erfahrung. Die Laborschule im Urteil ihrer Absolventen. Weinheim/Basel: Beltz

Klemm, K./Rolff, H.-G./Tillmann, K.-J. 1985:
Bildung für das Jahr 2000. Bilanz der Reform, Zukunft der Schule. Reinbek bei Hamburg: Rowohlt

Kraaz, U. 1989:
English - What Fun! Bielefeld: IMPULS (Schriftenreihe der Laborschule) 14

Lenzen, K.D./Stüwe, B. 1982:
Schulalltag in der Eingangsstufe der Laborschule. Eine Dokumentation. Bielefeld: IMPULS (Schriftenreihe der Laborschule) 3

Lenzen, K.D. 1988 (Redaktion):
Schulalltag in der Stufe II der Laborschule. Eine Dokumentation. Bielefeld: IMPULS (Schriftenreihe der Laborschule) 12

Melzer, W. (unter Mitarbeit von Hesse, S: und Mürl, U.) 1989:
  Die Laborschule und ihre Eltern - Eine Studie zur Elternpartizipation. Bielefeld: IMPULS (Schriftenreihe der Laborschule) 18
Nicaragua-Gruppe der Laborschule Bielefeld/Dritte Welt Haus Bielefeld (Hrsg.) 1988:
  Schulpartnerschaft Laborschule/Las Praderas. Bielefeld: AJZ Druck und Verlag
Plümpe, A./Schluckebier, D. 1988:
  Ausdauerschulung. In: Zeitschrift Mathematik Lehren Heft 26/Februar 1988
Schmerbitz, H./Witteborg, J. 1982:
  Pausengestaltung in der Sporthalle. In: Sportpädagogik 5/1982

Weitere Publikationen aus der Laborschule und über sie (Auswahl)

Bambach, H./Thurn, S. 1984:
  Alexander. Zweimal fünf Jahre Laborschule. In: Neue Sammlung 6/1984, S. 572-597
Biermann, C./Büttner, G./Lenzen, K.D./Schulz, G. 1984:
  Körper, Ernährung, Gesundheit. Projektunterricht Primarstufe. Bielefeld: IMPULS (Schriftenreihe der Laborschule) 6
Büttner, G. (Redaktion) 1987:
  Wiederentdeckung der Sinne. Körper, Ernährung, Gesundheit. Ein Aktionsheft für Jg. 3-6. Bielefeld: IMPULS (Schriftenreihe der Laborschule) 11
Döpp, W. 1988:
  Die Ameise im Feuer. Schulgeschichten. Essen: Neue Deutsche Schule
Görlich-Kreitmann, R./Horstmann, R. 1986:
  Indianer - ein Projekt in der Eingangsstufe der Laborschule. Bielefeld: IMPULS (Schriftenreihe der Laborschule) 10
Groeben von der, A./Hentig von, H. 1983:
  Spiralcurriculum Deutsch an der Bielefelder Laborschule. Erste Versuche zur Verwirklilchung eines didaktischen Modells. Bielefeld: IMPULS (Schriftenreihe der Laborschule) 4
Groeben von der, A. 1989:
  Laborschule in den Stufen III und IV (Jg. 5-10). Ein Überblick in Fragen und Antworten. Bielefeld: IMPULS (Schriftenreihe der Laborschule) 16

Harder, W. 1974:
Drei Jahre Curriculum-Werkstätten. Ein Bericht über die Aufbau-Kommissionen Laborschule/Oberstufenkolleg. Sonderpublikation der Schriftenreihe der Schulprojekte Laborschule/Oberstufenkolleg. Bd. 4. Stuttgart: Klett

Heine, E. 1984:
Die Waschmaschine. Das Schicksal einer Elternspende. In: Neue Sammlung 6/1984, S: 655-666

Hentig von, H. 1982:
Erkennen durch Handeln. Versuche über das Verhältnis von Pädagogik und Erziehungswissenschaften. Stuttgart: Klett-Cotta

Hentig von, H. 1983:
Als Reformer in Bielefeld. In: Ders.: *Aufgeräumte Erfahrung. Texte zur eigenen Person.* München/Wien: Hanser

Hentig von, H. 1984:
Meine Pädagogik: Eine lehrbare Praxis. In: Westermanns Pädagogische Beiträge 6/1984, S. 306-311

Hentig von, H. 1985:
Ergötzen, belehren, befreien. Schriften zur ästhetischen Erziehung. München: Hanser

Hentig von, H. 1990:
Die Bielefelder Laborschule. Eine empirische Antwort auf die veränderte Funktion der Schule. Bielefeld: IMPULS (Schriftenreihe der Laborschule) 7

Hentig von, H./Kätsch, S./Kosiek, W. 1988:
Die Laborschule an der Universität Bielefeld (5 Video-Filme). Bielefeld: Universität Bielefeld, Audiovisuelles Zentrum
Teil 1: *Carmen, Dennis und andere. Wie Kinder an der Laborschule aufwachsen.*
Teil 2: *Britta, Lümmel und ein Labyrinth. Die Laborschule als Erfahrungsraum.*
Teil 3: *Die Laborschule an der Universität Bielefeld. Versuch einer Systematik.*
Teil 4: *Kalteiche. Wenn Schule aufhört, Schule zu sein.*
Teil 5: *Eine Schule kritisiert sich selbst.*

Lambrou, U. 1984:
"Ich kann schreiben." Schreibwerkstatt im Unterricht. In: Neue Sammlung 6/1984, S. 627-637

Lambrou, U. 1987:
Gegen den Strich gelesen, gesprochen und geschrieben. Weinheim/Basel: Beltz

Lenzen, K.-D. 1989:
  Theater macht Schule - Schule macht Theater. Schultheater in der Primarstufe. Bielefeld: IMPULS (Schriftenreihe der Laborschule) 17

Lübke, S.-I./Michael, M. 1989:
  Absolventen '85 - Eine empirische Längsschnittstudie über die Bielefelder Laborschule. Bielefeld: IMPULS (Schriftenreihe der Laborschule) 19

Lüth, C. 1984:
  Platon in Bielefeld. Zur Vorgeschichte des Bielefelder Laborschulkonzepts. In: Neue Sammlung 6/1984, S. 638-646

Rumpf, H. 1984:
  Lebenszeichen. Ein Bericht über Streifzüge durch die Laborschule. In: Neue Sammlung 6/1984. S. 556-571

Schulz, H./Groeben von der, A. 1985:
  Laborschulabsolventen '80. Zwei Interpretationen. Bielefeld: IMPULS (Schriftenreihe der Laborschule) 8

Thurn, S. 1980:
  "Als Hitler das rosa Kaninchen stahl" - vorgelesen bei den "Malven" in der Laborschule Bielefeld. In: Tribüne. Zeitschrift zum Verständnis des Judentums 76/1980, S. 126-136

Thurn, S. 1985:
  Frieden - Donnerstag von 11 bis 12 Uhr? Anmerkungen zur Friedenserziehung. In: Neue Sammlung 2/1985, S. 260-268

Thurn, S. 1988:
  Kinder erzählen vom Alten Ägypten. In: Geschichte lernen 2/1988, S. 16-19

Thurn, S./Werneburg, E. 1987:
  Conditions for more Democracy. Laborschule and Oberstufen-Kolleg as an example. In: *A Report on European Conference concerning School Democratisation.* Royal Danish School of Educational Studies, Department of Pedagogy and Psychology, Copenhagen 1987, S. 106-124

Thurn, S./Werneburg, E. 1989:
  A good place to grow up in. The Laborschule and the Oberstufen-Kolleg, Bielefeld. In: Jensen, K./Walker, S. (Eds.(1989: *Towards Democratic Schooling. European Experiences.* Milton Keynes, Philadelphia (Open University Press) 1989, S. 41-55

Anhang: Laborschule von A bis Z

Die folgenden Stichworte sollen ein schnelleres Zurechtfinden im
"System Laborschule" ermöglichen. Querverweise sind durch ein
vorgestelltes * gekennzeichnet.

Abschlüsse

Die Laborschule vergibt am Ende des 10. Schuljahrs die für
Gesamtschulen üblichen Abschlüsse: Hauptschulabschluß
(HS) und Fachoberschulreife (FOR); diese kann mit einem
Qualifikationsvermerk (Q), der zum Besuch der Gymnasialen
Oberstufe berechtigt, verbunden sein.

Bauspielplatz

Einer der *Lerngelegenheiten: ein offenes Gelände mit Feuerstelle und einem kleinen Teich, wo es auch Bretter und
Werkzeug zum Budenbauen gibt.

Berichte zum Lernvorgang

Die Laborschule hat statt der üblichen
Notenzeugnisse ein eigenes Beurteilungssystem zur individuellen Leistungsbewertung. Am Ende jedes Halbjahres (Jg.
5-10) bzw. Schuljahres (Jg. 1-4) erhalten die Schülerinnen und
Schüler diese Berichte von dem/den jeweils zuständigen
Lehrerinnen und Lehrern. Im ersten Teil (Beschreibung des
Unterrichts) wird darüber informiert, was die Gruppe in diesem Zeitraum getan und gelernt hat. Der zweite (Lernverhalten des Schülers/der Schülerin) beschreibt und bewertet
die individuelle Lernleistung.

Betreuung/Betreuungslehrerinnen und -lehrer

Die Laborschule versteht sich als Lebens- und Erfahrungsraum, wo es demnach nicht nur um Lernprobleme geht,
sondern ebenso auch um die Lebensprobleme der Kinder und
Jugendlichen. Betreuung gehört zu den zentralen Aufgaben
der Lehrerinnen und Lehrer, die darum mehr Zeit in ihren
Gruppen sind als andernorts die Klassenlehrer: in Jg. 5-7
etwa ein Drittel der Unterrichtszeit, in Jg. 8-10 etwa ein
Fünftel. Kinder der *Eingangsstufe haben eine Lehrerin/ei-
nen Lehrer und werden nachmittags von einer Erzieherin
betreut. In der *Stufe II liegt der Unterricht überwiegend in
der Hand des Betreuungslehrers oder der Betreuungslehrerin.
Auf dem Stundenplan (Jg. 5-10) wird "Betreuung" mit einer
Stunde ausgewiesen.

Beurteilungen

s. "Berichte zum Lernvorgang"

Bibliothek

Einer der *Lerngelegenheiten, Ausleih- und Präsenzbibliothek (ca. 8000 Bücher), betreut von einer Bibliothekarin, ganztägig durchgehend geöffnet. Ruhezone der Schule und als solche notwendiges Korrelat zur Offenheit des *Großraums.

Clubs

Angebote für Kinder vom 3.-7. Schuljahr: Spiele, Sport, Singen/Musizieren, Basteln/Bauen/Werken und ähnliche "Freizeit"-Beschäftigungen werden in der Laborschule in den Schultag integriert. Da dazu keine Lehrerstunden zur Verfügung stehen, werden sie von * Praktikantinnen/Praktikanten betreut.

Discothek

Eines der *Pausenangebote für die höheren Jahrgänge, in einem abgelegenen Raum von Jugendlichen eingerichtet und von ihnen "Disco" genannt.

Eigenarbeit

An der Laborschule gibt es die übliche Leistungsdifferenzierung nicht; sie will Unterschieden gerecht werden durch Differenzierung der Angebote (*Wahlunterricht) und Individualisierung im Unterricht. Dazu muß es flexible Arbeitszeit geben. Die "Eigenarbeit" auf dem Stundenplan (Jg. 5-9 eine Stunde, Jg. 10 zwei) sichert ein Minimum davon.

Eingangsstufe

s. "Stufe I"

Erfahrungsbereiche

Unterricht ist an der Laborschule nicht nach Fächern gegliedert. Er beginnt vielmehr ganzheitlich/ungefächert (*Stufe I); die Gliederung der Lerngegenstände und -verfahren entwickelt und differenziert sich erst allmählich und endet in der *Stufe IV bei den Fächern. Ein Mittleres zwischen beidem sind die Erfahrungsbereiche. Sie bezeichnen die verschiedenen möglichen Zugänge zu Dingen oder Menschen, was in den ursprünglichen Bezeichnungen "Umgang mit ..." zum Ausdruck kommt. Die im Schulalltag verwendeten Bezeichnungen betonen mehr die in ihnen enthaltenen Fächergruppen. Hier stehen beide nebeneinander.

Umgang von Menschen mit Menschen	Sozialwissenschaft
Umgang mit Sachen: beobachtend, messend, experimentierend	Naturwissenschaft
Umgang mit Sachen: erfindend, gestaltend spielend	Wahrnehmen und Gestalten
Umgang mit Gedachtem, Gesprochenem, Geschriebenem	Sprache, Mathematik
Umgang mit dem eigenen Körper	Körpererziehung, Sport und Spiel

Mathematik hat sich in der Schulpraxis zu einem eigenen Erfahrungsbereich verselbständigt, so daß es jetzt deren 6 gibt.

Feld

Die Jahrgänge 3 - 10 sind im *Haus 2 untergebracht. Dessen *Großraum ist gegliedert in drei große Flächen, genannt Felder, die von höher gelegenen, kleineren Flächen, genannt *Wiche, begrenzt sind.

Fläche

Jede *Stammgruppe der Laborschule hat im Großraum ihren festen Platz, genannt Fläche oder Stammfläche.

Förderkurse/Förderunterricht

Parallel zur zweiten Fremdsprache wird für alle Schülerinnen und Schüler, die diese nicht gewählt haben, von Jg. 5-10 Förderunterricht angeboten.

Frühbeginn der Fremdsprachen

An der Laborschule beginnen die Fremdsprachen zwei Jahre früher als üblich: Englisch im 3. Schuljahr, Französisch und Latein im 5. Für Französisch gibt es außerdem einen zweiten Kurs ab Jg. 7.

Garten

Einer der *Lerngelegenheiten, genutzt von Schülerinnen und Schülern aller Jahrgänge. "Biologischer" Anbau von Obst, Gemüse, Zierpflanzen, Geräte- und Gewächshaus, Teich, Bienenstock, Kompost-Anlage.

Großraum

Innengliederung der Laborschule: offener Raum, wiederum gegliedert durch *Felder und *Wiche, auf denen die *Stammgruppen untergebracht sind. Von den Funktionsräumen (wie Werkstatt, Labore usw.) durch die *Schulstraße getrennt.

Haus 1

Das Gebäude, in dem die Jahrgänge 0-2 (*Stufe I) untergebracht sind.

Haus 2

Das Gebäude, in dem die Jahrgänge 3-10 untergebracht sind (*Stufe II, III, IV).

Individuelle Leistungsprofile

Die unterschiedlichen Lernwege von Laborschülerinnen und -schülern ergeben am Ende ebenso unterschiedliche Profile: durch die *Wahl- und *Leistungskurse, durch die Fremdsprachen, die *Semesterarbeiten und *Praktika.

Intensivphase

Zeit, in der der Unterricht aussetzt zugunsten einer besonderen Unternehmung der *Stammgruppe; in der Regel ein- bis zweimal jährlich eine Woche.

Jahrgangs-Teams

Gruppen von Lehrerinnen und Lehrern, die den Unterricht in einem Jahrgang erteilen und auch für dessen Planung verantwortlich sind. Sie bilden zugleich die jeweilige Jahrgangskonferenz, deren Personenzahl nach oben hin zunimmt. Die Teams sind jedoch durchgehend möglichst klein gehalten; in der *Stufe III (Jg. 5-7) teilen sich z.B. 5-6 Lehrerinnen und Lehrer den Unterricht in einem Jahrgang.

Küche

Die Schulküche im *Haus 2 der Laborschule steht den Jahrgängen 3-10 zur Verfügung. Im *Haus 1 gibt es für drei bis vier Gruppen je eine eigene Küche.

Labore

Sie gehören zu den *Lerngelegenheiten. Es gibt drei naturwissenschaftliche Labore (Physik Chemie, Biologie) und ein Fotolabor.

Leistungskurse

Teil des *Wahlunterrichts in der *Stufe IV (Jg. 8-10). In diesen Kursen sollen sich die Schülerinnen und Schüler auf einem Gebiet besonders profilieren. Angeboten werden traditionelle Schulfächer wie Deutsch, Mathematik, Englisch, aber auch andere wie Theater, Fotografie, Informatik.

Lerngelegenheiten

An der Laborschule soll, soweit es möglich und sinnvoll ist, Erfahrung an die Stelle von Belehrung treten. Darum ist sie mit *Lerngelegenheiten* ausgestattet, die dies ermöglichen (Werkstätten, Labore, Bibliothek, Kunst- und Musikräume, Küche, Garten, Sporthallen, Spielgelände). Lerngelegenheiten im weiteren Sinne werden, soweit dies möglich und sinnvoll ist, in den Unterricht einbezogen (Projektwochen, Intensivphasen, Feste, Exkursionen, Fahrten, Auslandsaufenthalte, Gestaltung der Schule, Mahlzeiten, Versammlungen, Praktika usw.)

"Nawi"

Im Schulalltag Abkürzung für "Naturwissenschaft": einer der *Erfahrungsbereiche.

"Nuller"

Die Laborschule nimmt Kinder mit 5 Jahren auf. Diese werden im Schulalltag "Nuller" genannt.

Oberstufen-Kolleg

Der Laborschule benachbarte und wie diese von Hartmut von Hentig gegründete Schule, die an die Sekundarstufe I anschließt. An die Stelle der Gymnasialen Oberstufe und der ersten beiden Studienjahre setzt sie einen 4-jährigen integrierten Studiengang, in dem Allgemein- und Spezialbildung durch ein System verschiedener Unterrichtsarten und -angebote miteinander verbunden sind.

Pausenangebote
Laborschülerinnen und -schüler können in den Pausen (10.30-11 Uhr und 13-14 Uhr) zwischen folgenden Angeboten wählen: *Teestuben (Frühstückspause), "Pausensport", "Pausenwerken", Musik (Mittagspause), *Discothek, Bibliothek, *Zoo. Diese Angebote werden überwiegend von *Praktikantinnen und Praktikanten betreut.

Praktika
In der Stufe IV absolvieren alle Laborschülerinnen und -schüler folgende Praktika: Im Jg. 8 sind sie in einem Produktionsbetrieb (3 Wochen), im Jg. 9 in einem Dienstleistungsbetrieb (3 Wochen), im Jg. 10 in einem Betrieb, der ihrem Berufswunsch entspricht (2 Wochen) und in der Schule, die sie voraussichtlich nach dem Abschluß besuchen werden (1 Woche).

Praktikantinnen, Praktikanten
In der Ausbildung befindliche Erzieherinnen und Erzieher, Sozialarbeiterinnen und Sozialarbeiter, die an der Laborschule ihr Anerkennungsjahr machen.

Projektfläche
Einer der *Lerngelegenheiten für den Unterricht in *Wahrnehmen und Gestalten, wo handwerklich-künstlerische Tätigkeiten ausgeführt werden können.

Projekte, Projektwochen
Unterricht hat an der Laborschule häufig die Form von .Projekten. Projektwochen sind dafür vorgesehene Zeiten, die für einen Jahrgang oder eine Stufe, gelegentlich auch für mehrere oder für die ganze Schule vereinbart werden (in der Regel ein- bis zweimal jährlich).

Qualifikationen
Beim Übergang von einer *Stufe in die nächst höhere werden einfache, allgemein gehaltene Kriterien zugrunde gelegt, die *Übergangsqualifikationen*. Die vom Kultusministerium angeforderten und genehmigten *Abschlußqualifikationen* informieren darüber, was Laborschülerinnen und -schüler am Ende des 10. Schuljahrs in der Regel gelernt haben und können.

reseda, rosa, rubin ...
(und ebenso alle anderen Farb-Bezeichnungen): alle *Stammgruppen an der Laborschule haben solche Namen.

Schulstraße
Ein breiter Gang zwischen dem *Großraum und den Funktionsflächen (Werkstätten usw.) der Laborschule, der diese mit dem *Oberstufen-Kolleg verbindet.

Semesterarbeiten
Selbständig angefertigte, größere Arbeiten zu selbstgewählten Themen. Die Schülerinnen und Schüler der *Stufe IV machen in den Jahrgängen 8-10 insgesamt 5 solcher (theoretischen oder praktischen) Werkstücke. Auf Wunsch kann eine *Jahresarbeit* an die Stelle von zwei Semesterarbeiten treten.

Soziale Studien (Abk. "Sowi")
Einer der *Erfahrungsbereiche

Spätbeginn
Französisch-Kurs, der im Gegensatz zum *Frühbeginn im 7. Schuljahr einsetzt.

Stammfläche
s. "Fläche"

Stammgruppe
Kinder der *Stufe I leben und lernen in altersgemischten Gruppen (je 14); im 3. Schuljahr werden aus diesen neue, altershomogene Gruppen von je 20 Kindern gebildet, die bis zum 10. Schuljahr zusammenbleiben.

Stufe/Stufung
Der Lernweg eines Laborschülers/einer Laborschülerin ist durch diese gegliedert. Jede Stufe bedeutet ein Mehr an Freiheit, Komplexität, Verantwortung.

Stufe I (Jg. 0-2): Kleine, altersgemischte Gruppen; Unterricht und Betreuung bei einer Person; ungefächertes, ganzheitliches Lernen "am Tag entlang".

Stufe II (Jg. 3/4): 20-er Gruppen; Übergang in *Haus 2; Unterricht und Betreuung in einer Hand; beginnende Differenzierung; *Frühbeginn Englisch.

Stufe III (Jg. 5-7): Unterricht nach *Erfahrungsbereichen gegliedert; im 5. Schuljahr Beginn der 2. Fremdsprache, des *Wahl- und *Förderunterrichts; 5-6 Lehrende pro Jahrgang.

Stufe IV (Jg. 8-10): Unterricht überwiegend nach Fächern differenziert; Erweiterung des Wahlunterrichts in Wahl- und *Leistungskurse; *Praktika (3 mal 3 Wochen), *Semesterarbeiten, Vergabe der *Abschlüsse nach dem 10. Schuljahr.

Teestuben
Für Kinder der Stufen II und III eines der *Pausenangebote; von Schülerinnen und Schülern organisierter Verkauf von Speisen und Getränken zum Selbstkostenpreis.

Übergang

Der Beginn einer neuen *Stufe; für Kinder, die vom 2. ins 3. Schuljahr kommen, auch räumlich (Übergang *Haus 1 - 2)

Versammlung

Treffen einer *Stammgruppe (gelegentlich auch mehrerer); Gelegenheit zum Besprechen und Regeln eigener Angelegenheiten.

Wahlkurse/Wahlunterricht

Ergänzung zum Pflichtunterricht; im 5. Schuljahr einsetzend und nach oben hin zunehmend. In *Stufe III (Jg. 5-7) sog. "Wahlgrundkurse", in Stufe IV (Jg. 8-10) Wahlkurse und *Leistungskurse. Die Wahlkurs-Angebote sind überwiegend praktisch-künstlerisch-handwerklicher Art.

Wahrnehmen und Gestalten (Abk. "WuG")

Einer der *Erfahrungsbereiche

Werkstatt

Die Laborschule verfügt über eine Holz- und eine Metallwerkstatt als *Lerngelegenheiten.

Wich

Der *Großraum der Laborschule ist in niedriger und höher gelegene Flächen untergliedert. Erstere werden *Felder, letztere Wiche genannt (ein altdeutsches Wort, das "Erhöhung" bedeutet).

Zoo

Der Umgang mit Tieren gehört zum "Erfahrungsraum" Laborschule. Im *Haus 1 sind diese auf den Flächen untergebracht, im *Haus 2 in einem abgetrennten Raum, der in den Pausen geöffnet ist. Die Tiere werden von Kindern versorgt; Organisation und Leitung liegt bei der "Zooversammlung".

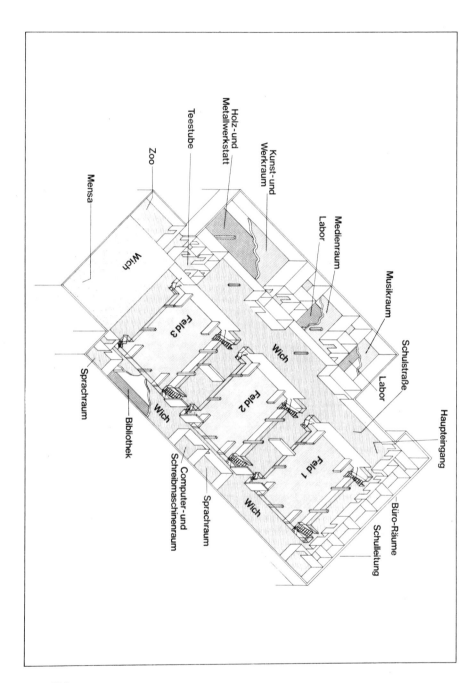

Mensa

Zoo

Teestube

Holz- und
Metallwerkstatt

Kunst- und
Werkraum

Medienraum

Labor

Musikraum

Labor

Schulstraße

Haupteingang

Büro-Räume

Schulleitung

Sprachraum

Computer- und
Schreibmaschinenraum

Bibliothek

Sprachraum

Wich

Wich

Wich

Wich

Wich

Feld 1

Feld 2

Feld 3